LUCIANA CORDEIRO
DE SOUZA FERNANDES

INSTITUIÇÕES DE DIREITO

Desmistificando o Direito Público, Privado e Difuso

saraiva uni

Av. Doutora Ruth Cardoso, 7221, 1º Andar
Pinheiros – São Paulo – SP – CEP: 05425-902

SAC | Dúvidas referentes a conteúdo editorial, material de apoio e reclamações:
sac.sets@somoseducacao.com.br

Direção executiva	Flávia Alves Bravin
Direção editorial	Renata Pascual Müller
Gerência editorial	Rita de Cássia S. Puoço
Coordenação editorial	Fernando Alves
Edição	Ana Laura Valerio
	Neto Bach
	Thiago Fraga
Produção editorial	Daniela Nogueira Secondo
Serviços editoriais	Juliana Bojczuk Fermino
Preparação	Ligia Alves
Revisão	Lilian Queiroz
Diagramação	2 estúdio gráfico
Capa	Deborah Mattos
Impressão e acabamento	Bartira

DADOS INTERNACIONAIS DE CATALOGAÇÃO NA PUBLICAÇÃO (CIP)
ANGÉLICA ILACQUA CRB-8/7057

Fernandes, Luciana Cordeiro de Souza
Instituições de direito : desmistificando o direito público, privado e difuso / Luciana Cordeiro de Souza Fernandes. – São Paulo : Saraiva Educação, 2020.
312 p.

Bibliografia
ISBN 978-85-7144-077-7

1. Direito 2. Leis e legislação - Brasil I. Título

19-2019 CDU 34
CDD 340

Índice para catálogo sistemático:
1. Direito

Copyright © Luciana Cordeiro de Souza Fernandes
2020 Saraiva Educação
Todos os direitos reservados.

1ª edição

Nenhuma parte desta publicação poderá ser reproduzida por qualquer meio ou forma sem a prévia autorização da Saraiva Educação. A violação dos direitos autorais é crime estabelecido na Lei n. 9.610/98 e punido pelo art. 184 do Código Penal.

COD. OBRA 646480   CL 651842   CAE 713986

Dedico este livro a todos aqueles que querem conhecer o Direito, e aos que precisam estudar suas disciplinas, para que encontrem nestas páginas a alegria da descoberta do saber.

E, especialmente, aos meus ex-alunos de Direito: no Centro Universitário Padre Anchieta (Unianchieta) de 2002-2013, da Universidade Paulista (Unip) de São José dos Campos de 2003-2004, da Faculdade Claretianas de Rio Claro de 2006--2007; e aos ex e atuais alunos de Administração da Faculdade de Ciências Aplicadas da Universidade Estadual de Campinas (Unicamp), para quem o *Just* criou vida e hoje estampa as páginas deste livro para me ajudar a falar de Direito.

AGRADECIMENTOS

Agradeço a Deus por me capacitar para este ofício de ensinar o Direito.

Aos meus pais – Elzo (*in memoriam*) e Clarinda que sempre me estimularam a estudar, pois, somente por meio do estudo é possível vislumbrar futuro.

Aos meus irmãos Wilson e Lucimeire, e meus amados sobrinhos Guilherme, Marcio Júnior e Mariana, esperança do meu legado.

Especialmente, ao meu marido Alexandre Martins Fernandes, que me permite ser quem sou – sem rótulos ou máscaras – e que me apoia incondicionalmente. Meu melhor amigo!

Aos meus professores, do primário até a pós-graduação: sou um pouco de cada de um de vocês!

À minha amiga Claudia Halembeck, por toda amizade.

E agradeço ao meu editor Fernando Alves e a toda equipe do Somos Saraiva Educação, notadamente ao Thiago Belmiro Fraga, que carinhosamente aceitou a proposta de dar vida ao *Just*.

SOBRE A AUTORA

Luciana Cordeiro de Souza Fernandes é professora-doutora de Direito na Faculdade de Ciências Aplicadas da Universidade Estadual de Campinas (Unicamp). Professora permanente no Programa de Pós-graduação em Ensino e História das Ciências da Terra (PEHCT) no Instituto de Geociências da Unicamp. Doutora e mestra em Direito (área de Direitos Difusos: Direito Ambiental) pela Pontifícia Universidade Católica de São Paulo (PUC-SP). Especialista em Direito Processual Civil e em Direito Penal e Processual Penal. Advogada, parecerista e consultora ambiental. Sócia-fundadora da Associação dos Professores de Direito Ambiental do Brasil (APRODAB). Titular da Cadeira número 9 da Academia Jundiaiense de Letras Jurídicas (AJLJ). Sócia permanente da Academia Transdisciplinaria Internacional del Ambiente (ATINA). Foi titular da Comissão Estadual de Logística, Infraestrutura e Desenvolvimento Sustentável da Ordem dos Advogados do Brasil de São Paulo (OAB-SP). Foi assessora da diretoria jurídica da Companhia de Desenvolvimento Habitacional e Urbano do Estado de São Paulo (CDHU) na área de Direito Ambiental e Urbanístico. Foi diretora de habitação do município de Jundiaí-SP. Representou o Brasil como especialista legal junto ao Projeto Sistema Aquífero Guarani em Montevidéu, no Uruguai. Criou e coordenou, de 2007 a 2013, os cursos de pós-graduação *lato sensu* em Direito Ambiental e em Direito Imobiliário no Centro Universitário Padre Anchieta (Unianchieta).

APRESENTAÇÃO

Este livro é fruto das aulas que ministrei nos cursos de Administração de Empresas, Administração Pública, Gestão em Agronegócio, Gestão em Comércio Internacional, Gestão Ambiental, Publicidade e Propaganda e em Engenharias (civil, mecatrônica, elétrica, mecânica etc.), como disciplina introdutória de Direito, em diversas Instituições, notadamente na Universidade Estadual de Campinas (Unicamp). Além dessa vivência, lecionei disciplinas jurídicas ao longo de 12 anos na Faculdade de Direito do Centro Universitário Padre Anchieta (Unianchieta) e em outras renomadas faculdades de Direito do estado de São Paulo, em cursos de graduação e pós-graduação.

Olá, leitor(a)! Serei a sua professora durante essa jornada. Vou aparecer por aqui neste livro em vários momentos para apoiar sua leitura, trazer esclarecimentos adicionais e facilitar ainda mais seu entendimento. Preparado(a)?

Iniciei o magistério superior lecionando Direito Civil (Parte Geral, Contratos, Família e Sucessões), Instituições de Direito, Teoria Geral do Estado e Ciências Políticas, apesar de minha formação acadêmica, após duas especializações em Direito Processual Civil e em Direito Penal e Processual Penal, ter se concentrado na área de Direitos Difusos, especificamente Direito Ambiental.

Quando abracei a carreira docente, precisei rever os conhecimentos adquiridos durante toda a graduação. Esse reencontro com os conceitos e bases teóricas do direito, aliado ao exercício da advocacia, principalmente nas áreas de direito civil e direito ambiental, possibilitou levar para a sala de aula exemplos de casos práticos vivenciados na rotina profissional dos casos processuais. Surgiu daí um personagem criado exclusivamente para as turmas de Direito Civil (Contratos) do curso de Direito das Faculdades Claretianas, em Rio Claro (2006), com o objetivo de facilitar a compreensão do tema pelos alunos. Muitos anos depois, na Unicamp, o personagem foi resgatado e passou a frequentar as aulas de diversas disciplinas, notadamente de Instituições de Direito, tornando-se tão querido e bem recebido, teve seu enredo ampliado para viver

muitas aventuras e desventuras do direito, de tal forma que é apresentado neste livro.

Just é um homem comum, honesto e de boa-fé que se envolve em inúmeros problemas do cotidiano, desdobramentos de situações que surgem diariamente na vida das pessoas de bem. Como não tem conhecimento sobre o direito, acaba por se ver envolvido em inúmeras confusões legais. No **Capítulo 10**, casos práticos envolvendo episódios da vida de Just vão nos ajudar a compreender de que maneira a existência do Direito e das leis impactam sobre a nossa existência, desde o nascimento até a morte (e depois dela). Além de Just, outros personagens compõem os enredos dessas situações do cotidiano. O objetivo é possibilitar o aprendizado do conteúdo indispensável aos alunos de Instituições de Direito, fazendo-os perceber que o direito é composto por um sistema formado de subsistemas integrados e complementares. Assim, um simples contrato, por exemplo, poderá ter reflexos em diversas áreas do direito, como o Direito Civil, Direito Penal, Direito do Consumidor, entre outras, a depender da situação concreta.

Ei, eu sou o Just! Pode ser que tenhamos em comum muitas aflições e dúvidas relacionadas a Direito. Ao longo deste livro, vou compartilhar muitas delas com você e com a professora.

Embora elaborada como material didático complementar às disciplinas de Instituições de Direito e outras introdutórias a essa temática, esta obra destina-se a cada um de nós – público leigo, pessoas comuns, que vivem em sociedade sob o manto do regramento legal. Afinal, em cada ação e a todo momento, da concepção à morte, do casamento à separação, na compra e venda de bens, surgem consequências jurídicas! Somos todos regidos pelo direito e, ao longo destas páginas, vamos conhecer os principais assuntos que afetam o viver no Estado brasileiro.

Os primeiros capítulos apresentam as noções introdutórias do direito. Sua proposta é oferecer os conceitos elementares do direito em linguagem acessível, possibilitando que o leitor tenha acesso fácil e compreensível a esse mundo. As explicações são objetivas e concisas, sem rodeios, visando formar uma base teórica para, posteriormente, trabalharmos com exemplos práticos. Discutir teorias ou se aprofundar nas temáticas não é a pretensão do livro; seu objetivo é compartilhar a informação a fim de que esse conhecimento seja multiplicado.

O estudo é feito com base na Constituição Federal de 1988 – nossa Lei Maior –, complementado pelos principais textos legais que regem nosso cotidiano.

Instituições de Direito se reveste também de um caráter de cidadania. Afinal, como é possível participarmos da vida política de nosso país sem ter consciência dos direitos e deveres que possuímos?

Devemos ser protagonistas em nossas vidas e no Estado!

Aproveite a leitura!

Luciana Cordeiro de Souza Fernandes

SUMÁRIO

INTRODUÇÃO XVII

CAPÍTULO 1
NOÇÕES PRELIMINARES DE DIREITO 1

1.1 ORIGENS DA SOCIEDADE E DO DIREITO 1

1.2 O DIREITO COMO REGULADOR DA VIDA SOCIAL: O QUE É DIREITO? 6

1.3 NORMAS JURÍDICAS 8

1.3.1 Diferenças entre direito, moral, religião e ética 17

1.4 SISTEMA JURÍDICO 20

1.5 A TEORIA TRIDIMENSIONAL DO DIREITO 23

1.6 DIREITO OBJETIVO E DIREITO SUBJETIVO 25

1.7 RELAÇÃO JURÍDICA 30

1.8 DIREITO PÚBLICO, DIREITO PRIVADO E DIREITO DIFUSO 31

1.8.1 Conceito e subdivisões. Ramos do direito 32

1.8.1.1 Características do direito público. Principais diplomas legais 32

1.8.1.2 Características do direito privado. Principais diplomas legais 35

1.8.1.3 Características dos direitos difusos. Principais diplomas legais 35

1.8.2 Alocação do direito constitucional 36

CAPÍTULO 2
INICIANDO NOSSO ESTUDO DO DIREITO 39

2.1 FONTES DO DIREITO 39

2.2 CARATERÍSTICAS DAS NORMAS JURÍDICAS 41

XII   Instituições de Direito

2.3 PRINCÍPIOS DO DIREITO 42

2.4 LEI DE INTRODUÇÃO ÀS NORMAS DO DIREITO BRASILEIRO 43

CAPÍTULO 3
DIREITO CONSTITUCIONAL 51

3.1 NOÇÕES BÁSICAS DE DIREITO CONSTITUCIONAL 51

3.1.1 Do poder constituinte 53

3.1.2 Princípios constitucionais...57

3.1.3 Interpretação das normas constitucionais...59

3.1.4 As normas constitucionais e sua aplicabilidade 60

3.1.4.1 Normas constitucionais de eficácia plena, contida e limitada 60

3.1.4.2 Normas constitucionais com eficácia absoluta, plena, relativa restringível e relativa complementável ou dependentes de complementação..61

3.1.4.3 Normas programáticas..61

3.2 FUNDAMENTOS E OBJETIVOS DA REPÚBLICA FEDERATIVA DO BRASIL..62

3.2.1 Fundamentos 63

3.2.2 Objetivos fundamentais 65

3.2.3 Princípios regentes das relações internacionais da República brasileira 66

3.3 DIREITOS E GARANTIAS INDIVIDUAIS...66

3.3.1 Direito à vida..77

3.3.2 Direito à liberdade 80

3.3.3 Direito à igualdade 83

3.3.4 Direito à propriedade 85

3.3.5 Direito à segurança 86

3.3.6 Princípio da legalidade 86

3.4 DIREITOS SOCIAIS...89

3.5 DIREITOS POLÍTICOS 95

    3.5.1 Da nacionalidade 97

3.6 ORGANIZAÇÃO DO ESTADO..103

    3.6.1 União 104

    3.6.2 Estados federados..105

    3.6.3 Municípios 106

    3.6.4 Distrito Federal 107

    3.6.5 Território..108

3.7 DOS PODERES OU FUNÇÕES DO ESTADO 108

    3.7.1 Do Poder Executivo 108

    3.7.2 Do Poder Legislativo 113

    3.7.3 Do Poder Judiciário 116

        3.7.3.1 Princípios organizativos do Poder Judiciário.........................117

        3.7.3.2 Garantias aos magistrados 117

        3.7.3.3 Vedações aos magistrados 118

        3.7.3.4 Princípios do Poder Judiciário: arts. 93 a 100 da CF/1988.........118

3.8 DAS FUNÇÕES ESSENCIAIS À JUSTIÇA 120

    3.8.1 Ministério Público 121

    3.8.2 Advocacia Pública 121

    3.8.3 Advocacia e Defensoria Pública..122

CAPÍTULO 4
DIREITO CIVIL 123

4.1 NOÇÕES BÁSICAS DE DIREITO CIVIL...123

    4.1.1 Personalidade e capacidade jurídica 124

    4.1.2 Do nome, estado civil e domicílio 130

4.1.2.1 Do nome 130

4.1.2.2 Do estado civil.. 133

4.1.2.3 Do domicílio... 133

4.1.3 Fatos, atos e negócios jurídicos **134**

4.1.4 Objeto de direito: coisas e bens **137**

4.2 NOÇÕES INTRODUTÓRIAS DE CONTRATOS 141

4.2.1 Princípios fundamentais do direito contratual............................. **141**

4.3 DIREITO DE FAMÍLIA 144

4.3.1 Casamento **146**

4.3.2 União estável **158**

4.3.3 Relações de parentesco...**162**

4.3.3.1 Da filiação 163

4.3.4 Poder familiar **163**

4.3.4.1 Da proteção dos filhos.. 165

4.3.5 Dos alimentos **165**

4.3.6 Bem de família **166**

4.3.7 Tutela e curatela..**167**

4.3.7.1 Tutela 167

4.3.7.2 Curatela.. 168

4.4 DIREITO DAS SUCESSÕES 170

4.5 DIREITO DE VIZINHANÇA.. 176

CAPÍTULO 5
DIREITO EMPRESARIAL 179

5.1 NOÇÕES INTRODUTÓRIAS DE DIREITO EMPRESARIAL........................... 179

5.2 SOCIEDADES EMPRESARIAIS 184

5.3 TÍTULOS DE CRÉDITO 190

CAPÍTULO 6
DIREITO PENAL 193

6.1 CONCEITO DE DIREITO PENAL 194

6.2 A NORMA PENAL 195

6.3 TEORIA GERAL DO CRIME 196

6.4 CULPABILIDADE 198

6.5 EXCLUSÃO DA ILICITUDE 201

6.6 DAS PENAS 201

6.7 RESPONDENDO A QUESTIONAMENTOS INICIAIS 203

CAPÍTULO 7
DIREITO DO CONSUMIDOR 207

7.1 INTRODUÇÃO 207

7.2 CONCEITOS: CONSUMIDOR, FORNECEDOR E PRODUTO 209

7.3 INSTRUMENTOS DA POLÍTICA NACIONAL DAS RELAÇÕES DE CONSUMO 209

7.4 DIREITOS DO CONSUMIDOR 210

7.5 OBRIGAÇÕES DO FORNECEDOR 210

7.6 DIREITO À INFORMAÇÃO 212

7.7 COMPRA FORA DO ESTABELECIMENTO COMERCIAL 213

7.8 CRIMES E SANÇÕES 214

7.9 DA DEFESA DO CONSUMIDOR EM JUÍZO 215

CAPÍTULO 8
DIREITO ADMINISTRATIVO 217

8.1 NOÇÕES BÁSICAS DE DIREITO ADMINISTRATIVO 217

8.2 PRINCÍPIOS DE DIREITO ADMINISTRATIVO 218

8.2.1 Princípio da legalidade 218

XVI   Instituições de Direito

8.2.2 Princípio da impessoalidade **220**

8.2.3 Princípio da moralidade **221**

    8.2.3.1 Instrumentos para combater a imoralidade dos atos administrativos ... 222

    8.2.3.2 Hipóteses exemplificativas de imoralidade administrativa........................ 223

    8.2.3.3 Sanções aos agentes públicos que pratiquem atos imorais 223

8.2.4 Princípio da publicidade **225**

    8.2.4.1 Exceções ao princípio da publicidade 225

    8.2.4.2 Garantias contra a negativa injustificada de oferecimento
    pelo Poder Público... 226

8.2.5 Princípio da eficiência **226**

8.3 DA ADMINISTRAÇÃO PÚBLICA 229

8.4 LICITAÇÃO.. 230

CAPÍTULO 9
DIREITO AMBIENTAL...**239**

9.1 INTRODUÇÃO 239

9.2 NOÇÕES BÁSICAS DE DIREITO AMBIENTAL 240

9.2.1 Conceito de meio ambiente...**241**

9.2.2 Primórdios do art. 225 – a Lei da Política Nacional do Meio Ambiente **243**

9.3 ANALISANDO A ESTRUTURA DO ART. 225 DA CF/1988......................... 246

9.4 PRINCIPIOLOGIA E INSTRUMENTOS DE PROTEÇÃO AMBIENTAL.......... 249

9.5 OBJETIVOS DO DESENVOLVIMENTO SUSTENTÁVEL (ODS)................... 253

CAPÍTULO 10
DIREITO APLICADO – CASOS COTIDIANOS............................**257**

10.1 CARRO: PAIXÃO NACIONAL.. 257

10.2 O AMOR ESTÁ NO AR.. 262

10.3 A MORTE CHEGA PARA TODOS.. 264

10.4 UMA REPÚBLICA DE AMIGAS 265

10.5 FESTA NA REPÚBLICA... 266

10.6 UM PAR DE TÊNIS PARA AS AULAS 266

10.7 NAS REDES SOCIAIS 268

10.8 MUDANDO MINHA CIDADE 270

INDÍCE REMISSIVO 271

REFERÊNCIAS 279

INTRODUÇÃO

Just, nosso herói, fica atônito com tantas situações que ocorrem em sua vida. O tempo todo e em tudo o direito o circunda, e ele não entende nada sobre leis e direito. O mesmo acontece com todos e cada um de nós no Estado brasileiro, pois vivemos sob o manto do direito.

Diversos são os questionamentos que vêm à mente de Just ao pensar sobre o direito:

— Por que essa lei tem que existir?

Deve ser para alguém ganhar dinheiro, só pode...

— Por que esse tal de direito existe? Não seria melhor que não houvesse tantas leis, tantos regramentos? Se não fosse o direito, poderíamos ser livres em nossas ações diárias. Afinal, estamos no século XXI.

A inquietação de Just, que talvez reflita o pensamento de alguns dos leitores deste livro, será o ponto de partida para o nosso estudo.

Comecemos com mais uma questão: Por que saber direito?

O jurista José Renato Nalini oferece a resposta:

> A criatura humana é um repositório imenso de tonalidades temperamentais, de personalidade, de caráter. A diversidade é a regra e o pluralismo um valor que passou a ser expresso e reconhecido nesta era. Não existe unanimidade na espécie humana e a obtenção de consenso é mera aspiração. Por isso é que se mostra essencial a todas as pessoas o conhecimento de algumas noções fundamentais do que seja o direito.[1]

Desde os primórdios de sua história, os seres humanos vivem agrupados, organizados segundo algum tipo de estrutura social, seja em seu pequeno núcleo familiar, inserido no clã ao qual pertencia sua família, em tempos remotos, seja nas grandes metrópoles, como ocorre hoje em dia. Sempre existiram e sempre existirão regras

---

[1] Palestra proferida no Centro Universitário Anchieta (Unianchieta) em junho de 2012.

XX   Instituições de Direito

de convivência para os membros de todos os grupos. Se olharmos para os homens da época das cavernas, verificaremos que as regras eram ditadas pelo mais forte; ao longo do tempo, elas passaram a provir do mais inteligente. Se voltarmos nosso olhar para os textos bíblicos, o povo de Israel seguia regramentos instituídos por Deus, e o mesmo ocorria com muitos povos de outras religiões. Durante o Absolutismo, o rei era tido como Deus. Com a evolução da sociedade e a instituição do Estado, as regras de convivência passaram a ter sua origem no Poder Legislativo.

No ordenamento legal brasileiro, o Poder Legislativo representa o povo, e cada lei criada deve representar a vontade e a necessidade deste, de acordo com os ditames de nossa Lei Maior – a Constituição Federal.[2] É dela que derivam os fundamentos do direito, base para que o homem possa viver harmonicamente em sociedade. Afinal, ao Estado cabe prover o bem comum de todos.

> Art. 1º [...]
> Parágrafo único. Todo o poder emana do povo, que o exerce por meio de representantes eleitos ou diretamente, nos termos desta Constituição.

Importa ressaltar que o direito só pode existir em função do homem. Maria Helena Diniz[3] aponta para o fato de que o ser humano é gregário por natureza, não só pelo instinto sociável, mas também por força de sua inteligência, que lhe demonstra que é melhor viver em sociedade para atingir seus objetivos. O homem é essencialmente coexistência: não existe apenas, mas coexiste, isto é, vive necessariamente na companhia de outros indivíduos. Com isso, espontânea e até inconscientemente, é levado a formar grupos sociais: família, escola, associações esportivas, recreativas, culturais, religiosas, profissionais, sociedades agrícolas, mercantis, industriais, grêmios, partidos políticos etc.

Feita essa introdução, vale anotar, antes de iniciarmos nossos estudos, que o art. 3º da Lei de Introdução às Normas do Direito Brasileiro – Decreto-lei n. 4.657,[4] de 4 de setembro de 1942, preceitua:

---

[2] BRASIL. *Constituição da República Federativa do Brasil de 1988.* Disponível em http://www.planalto.gov.br/ccivil_03/constituicao/constituicaocompilado.htm. Acesso em: 15 jul. 2019. Sempre que precisar consultar a Constituição Federal ou qualquer outra norma da legislação federal, recorra ao maior e mais atualizado repositório de leis federais do país: o *site* do Planalto.

[3] DINIZ, M. H. *Compêndio de introdução à ciência do direito.* São Paulo: Saraiva, 2012. p. 260.

[4] BRASIL. *Decreto-lei n. 4.657, de 4 de setembro de 1942.* Lei de Introdução às Normas do Direito Brasileiro. Disponível em: http://www.planalto.gov.br/ccivil_03/Decreto-Lei/Del4657.htm. Acesso em: 9 set. 2019.

> Art. 3º Ninguém se escusa de cumprir a lei, alegando que não a conhece.

Embora seja humanamente impossível dominar todas as regras do direito, o certo é que não há possibilidade legal de invocar o desconhecimento da lei para se desculpar ou justificar em caso de seu descumprimento.

Assim, com base na constatação de que vivemos em sociedade, de que a lei e o direito são ferramentas imprescindíveis para um convívio social harmônico, de que ambos são construídos a partir das necessidades de seu povo e de que não é possível se desculpar pelo desconhecimento legal, *devemos aprender sobre a lei e o direito!*

Na verdade, a disciplina Direito deveria acompanhar o aluno desde o início da alfabetização, uma vez que o povo tem o direito e a obrigação de conhecê-lo e cumpri-lo.

Dito isso, convido você para entrar no mundo do direito a fim de desvendarmos juntos o fundamento de algumas das principais leis vigentes e suas consequências. Para a condução desse trabalho, contaremos com o auxílio de diversos juristas, que nos darão apoio e informações relevantes. Além disso, vamos recorrer a exemplos cotidianos, que permitirão percebermos a importância e a grandeza de nossos direitos e deveres constitucionais para o exercício da cidadania plena.

Somos povo brasileiro e devemos conhecer nossa Lei Maior.

Assim como se procede na construção de uma casa, nosso conhecimento começará a ser construído pelo alicerce e depois passaremos por diversos temas que permeiam nossa vida.

Não deixe de fazer a leitura introdutória; ela é importante para que você assimile com clareza o papel e a efetividade do direito em nosso dia a dia.

 Vamos começar?

CAPÍTULO 1

NOÇÕES PRELIMINARES DE DIREITO

1.1 ORIGENS DA SOCIEDADE E DO DIREITO

Nesta nossa conversa sobre direito, iniciaremos com um olhar sobre a sociedade. Ela surgiu muito antes do direito, quando os homens se organizaram em grupos e as regras sociais se mostraram necessárias para o convívio pacífico no interior destes. No entanto, à medida que as populações cresciam e os fatos novos surgiam dessas relações sociais, notadamente também os conflitos, o direito foi se apresentando para, por meio de regras ou leis, ordenar essas relações e apaziguar conflitos.

> A vida em sociedade traz evidentes benefícios ao homem, mas, por outro lado, favorece a criação de uma série de limitações que, em certos momentos e em determinados lugares, são de tal modo numerosos e frequentes que chegam a afetar seriamente a própria liberdade humana. E, apesar disso, o homem continua vivendo em sociedade. Como se explica este fato? Haverá, por acaso, uma coação irresistível, que impede a liberdade dos indivíduos e os obriga a viver em sociedade, mesmo contra sua vontade?[1]

A origem da sociedade pode ser examinada sob dois pontos de vista: por sua *natureza social* ou por uma necessidade associativa de *natureza contratual*. Nas lições de Dalmo de Abreu Dallari, a sociedade pode ser fruto da própria natureza humana (sociedade natural) ou um ato de escolha (sociedade contratual). A teoria da sociedade natural conta com maior número de adeptos e exerce influência mais marcante na vida concreta do Estado. Aponta esse autor que em Aristóteles (século IV a.C.) encontramos o antecedente mais remoto de que o homem é um ser social por natureza. Para o filósofo grego, "o homem é naturalmente um animal político", e somente um indivíduo de natureza vil ou superior ao homem procuraria viver isolado[2] dos outros homens sem que a isso fosse constrangido. Nesse sentido, Cícero (Roma, século I a.C.) afirmava que a primeira causa da agregação entre os homens é menos a debilidade do que certo instinto de sociabilidade em todos inato. Para ele, a espécie humana não nasceu para o isolamento e para a vida errante, mas

---

[1] DALLARI, D. A. *Elementos de teoria geral do Estado*. São Paulo: Saraiva, 2002. p. 9.

[2] De acordo com DALLARI, 2002, p. 10, para Santo Tomás de Aquino a vida solitária é exceção, que pode ser enquadrada em uma das três hipóteses: quando se tratar de indivíduo notavelmente virtuoso, que vive em comunhão com a própria divindade, como ocorria com os santos eremitas; nos casos de anomalia mental; e quando por acidente, como no caso de naufrágio ou de alguém que se perca em uma floresta, o indivíduo passa a viver em isolamento.

com uma disposição que, mesmo na abundância de todos os bens, a leva a procurar o apoio comum. Na Idade Média, Santo Tomás de Aquino defendia as ideias de Aristóteles e, na Modernidade, Ranelletti sustentava que o homem é induzido fundamentalmente por uma necessidade natural, porque o associar-se aos outros seres humanos é para ele condição essencial de vida. O professor Dallari assim conclui: "A sociedade é o produto da conjugação de um simples impulso associativo natural e da cooperação da vontade humana".[3]

Opondo-se à sociedade natural, muitos autores sustentam que "A sociedade é, tão só, o produto de um acordo de vontades, ou seja, de um contrato hipotético celebrado entre os homens, razão pela qual esses autores são classificados como contratualistas".[4] Dentre eles destacam-se Thomas Hobbes (*O Leviatã*, 1651), segundo o qual os homens vivem inicialmente em estado de natureza mas, em razão da guerra de todos contra todos, dominados pelo temor e em estado de desconfiança, tomam a iniciativa de agredir antes de ser agredidos, levando-os à celebração do contrato social. Para Montesquieu (*O espírito das leis*, 1748), existem leis naturais que levam o homem a escolher a vida em sociedade. Essas leis são as seguintes:

- o desejo de paz;
- o sentimento das necessidades, experimentado principalmente na procura de alimentos;
- a atração natural entre os sexos opostos;
- o desejo de viver em sociedade, resultante da consciência que os homens têm de sua condição e de seu estado.

Rousseau (*O contrato social*, 1762), por sua vez, embora tenha adotado posição semelhante à de Montesquieu, afirma que a ordem social é um direito sagrado que serve de base a todos os demais, mas esse direito não provém da natureza, encontrando seu fundamento em convenções. Assim, podemos concluir que é a *vontade*, e não a natureza, o fundamento da sociedade.[5]

Nesse sentido, conclui Dallari, "predomina, atualmente, a aceitação de que a sociedade é resultante de uma necessidade natural do homem, sem excluir a participação da consciência e das vontades humanas".[6]

---

[3] DALLARI, 2002, p. 11.

[4] DALLARI, 2002, p. 12.

[5] DALLARI, 2002, p. 10-18.

[6] DALLARI, 2002, p. 18-21.

CAPÍTULO 1 | NOÇÕES PRELIMINARES DE DIREITO 3

É por isso que diversos autores apontam para o fato de que a sociedade possui três elementos característicos:

1. uma finalidade ou valor social;
2. uma manifestação de conjunto ordenada;
3. o poder social.

A finalidade social será sempre o *bem comum*,[7] por meio de uma ação conjunta e ordenada que atenderá a três requisitos:

1. reiteração (ações conjuntas continuadamente);
2. ordem (movimentos ordenados segundo determinadas leis);
3. adequação (orientação das ações para o que se considera o bem comum).

É preciso entender que o bem comum é um objetivo permanente de cada sociedade e em cada momento – tendo em mente que podem surgir fatores novos a influenciar a própria noção de bem comum. A ordem se revela pela manifestação de conjunto ordenada de acordo com determinadas leis; são as leis que conduzem as ações em prol do bem comum. Já a adequação deve acompanhar o evoluir e as necessidades da sociedade em busca do bem comum ao longo do tempo.[8] E o poder social encerra a ideia de uma luta ao longo da história da humanidade para que a sociedade pudesse compor esse fenômeno na organização social. Ao discorrer sobre o poder social, Dallari[9] perpassa diversos momentos históricos e apresenta olhares distintos sobre o tema, inclusive sobre a anarquia (negação do poder). Ao final, o autor apresenta as configurações atuais do poder e seus métodos de atuação, sintetizando-os nos seguintes termos:

a. O poder, reconhecido como necessário, quer também o reconhecimento de sua legitimidade, o que se obtém mediante o consentimento dos que a ele se submetem.
b. Embora o poder não chegue a ser puramente jurídico, ele age concomitantemente com o direito, buscando uma coincidência entre os objetivos de ambos.
c. Há um processo de objetivação, que dá precedência à vontade objetiva dos governados ou da lei, desaparecendo a característica do poder pessoal.

---

[7] Essa também é a finalidade do próprio Estado: a busca do bem comum de seu povo.
[8] DALLARI, 2002, p. 25-33.
[9] DALLARI, 2002, p. 34-45.

4   Instituições de Direito

d. Atendendo a uma aspiração à racionalização, desenvolveu-se uma técnica do poder, que o torna despersonalizado (poder do grupo, poder do sistema), ao mesmo tempo que busca meios sutis de atuação, colocando a coação como forma extrema.[10]

Ao conhecermos a origem da sociedade e a necessidade do homem de viver em sociedade, quer por força da natureza ou de contrato, a história mostra que haverá sempre regras sociais, traduzidas em leis a organizar a vida em grupo, a fim de que todos possam viver em harmonia. É nesse momento social que está a origem do direito.

Neste ponto você deve estar se perguntando por que algumas leis não são justas nem promovem a justiça, ou por que não alcançamos a harmonia social, se a cada instante somos todos esmagados por notícias de conflitos e desigualdade, ausência de direitos e corrupção.

> Sobre esse assunto vamos falar mais à frente, nos próximos capítulos. Então, continue sua leitura!

Saindo da esfera histórica da formação da sociedade e origem do direito, vamos pensar em nosso cotidiano. Vivemos em família, e na nossa casa possivelmente existem inúmeras regras de convívio, de divisão de tarefas. Ao iniciarmos nossa vida escolar, vivenciamos regras sociais mais amplas; e assim continuará na nossa adolescência, nas relações de trabalho, até nos apercebermos de que, na verdade, as regras do direito estão e sempre estiveram presentes no mundo que nos cerca.

Vejamos alguns exemplos muito simples. Ao nascermos, a lei dita a regra de que devemos ser registrados no Cartório de Registro Civil (art. 9º da Lei n. 10.406/2002,[11] o Código Civil [CC]; Lei n. 6.015/1973),[12] formalizando nossa existência civil e social ao recebermos um nome (art. 16 do CC). De acordo com o Código Civil, o nascimento com vida nos faz adquirir personalidade jurídica[13] (art. 2º), tornando-nos sujeitos de direitos e deveres (art. 1º), inclusive com efeito retroativo à concepção.

---

[10] DALLARI, 2002, p. 44-45.

[11] BRASIL. *Lei n. 10.406, de 10 de janeiro de 2002*. Institui o Código Civil. Disponível em: http://www.planalto.gov.br/ccivil_03/leis/2002/l10406.htm. Acesso em: 15 jul. 2019.

[12] BRASIL. *Lei n. 6.015, de 31 de dezembro de 1973*. Dispõe sobre os registros públicos, e dá outras providências. Disponível em: http://www.planalto.gov.br/ccivil_03/leis/L6015compilada.htm. Acesso em: 15 jul. 2019.

[13] Os direitos da personalidade encontram-se nos arts. 11 a 21 do Código Civil.

CAPÍTULO 1 | NOÇÕES PRELIMINARES DE DIREITO   5

Porém, até os 18 anos (se não formos emancipados aos 16) somos representados e ou assistidos por nossos pais ou representantes legais (arts. 3º, 4º e 5º).

Já que falamos em escola, a Constituição Federal de 1988 (CF/1988)[14] preceitua que a educação é um direito de todos e dever do Estado e da família (art. 205), e o Estatuto da Criança e do Adolescente (ECA – Lei n. 8.069/1990)[15] estabelece que os pais ou representantes legais que não levarem seus filhos menores a frequentarem a escola responderão criminalmente por abandono intelectual de incapaz, com implicações em diversas leis (art. 227 da CF/1988; art. 246 do Código Penal;[16] art. 1.634 do CC; art. 4º do ECA). Então, os pais não são livres para deixar seus filhos fora da escola, tampouco a criança ou adolescente tem o direito de escolher se deseja estudar ou não: os pais têm o dever de encaminhar seus filhos para a escola. A educação é um direito social previsto constitucionalmente (art. 6º da CF/1988).

Mantendo o exemplo do direito à educação, outros regramentos legais se somam a esses. Vejamos: para levar os filhos à escola, se os pais optarem por utilizar seu próprio carro, deverão obedecer ao Código de Trânsito Brasileiro (CTB – Lei n. 9.503/1997).[17] Se parar em fila dupla, o pai ou mãe sofrerá sanções, como multa e pontos na Carteira Nacional de Habilitação (CNH) (art. 181, XI, do CTB). Além disso, o proprietário de um automóvel tem o dever de pagar o Imposto Sobre a Propriedade de Veículos Automotores (IPVA) (art. 155, III, da CF/1988). Agora, se os pais optarem por levar seus filhos à escola em transporte público, será estabelecido, nesse ato, um contrato de consumo (Lei n. 8.078/1990)[18] – Código de Defesa do Consumidor; se o fizerem por meio da contratação de uma van de transporte escolar, será firmado um contrato de direito civil (regido pelo Código Civil). Ainda, a compra do material e do uniforme escolar contempla uma relação de consumo, regida pelo Código de Defesa do Consumidor, além de tornar os pais da criança contribuintes (CF/1988 e Lei n. 5.172/1966[19] – Código Tributário Nacional). Afinal, nessa compra incidem tributos que financiarão

---

[14] BRASIL. *Constituição da República Federativa do Brasil de 1988*. Disponível em: http://www.planalto.gov.br/ccivil_03/constituicao/constituicaocompilado.htm. Acesso em: 15 jul. 2019.

[15] BRASIL. *Lei n. 8.069, de 13 de julho de 1990*. Dispõe sobre o Estatuto da Criança e do Adolescente e dá outras providências. Disponível em: http://www.planalto.gov.br/ccivil_03/leis/l8069.htm. Acesso em: 15 jul. 2019.

[16] BRASIL. *Decreto-lei n. 2.848, de 7 de dezembro de 1940*. Código Penal. Disponível em: http://www.planalto.gov.br/ccivil_03/decreto-lei/Del2848compilado.htm. Acesso em: 15 jul. 2019.

[17] BRASIL. *Lei n. 9.503, de 23 de setembro de 1997*. Institui o Código de Trânsito Brasileiro. Disponível em: http://www.planalto.gov.br/ccivil_03/leis/l9503.htm. Acesso em: 15 jul. 2019.

[18] BRASIL. *Lei n. 8.078, de 11 de setembro de 1990*. Dispõe sobre a proteção do consumidor e dá outras providências. Disponível em: http://www.planalto.gov.br/ccivil_03/LEIS/L8078.htm. Acesso em: 15 jul. 2019.

[19] BRASIL. *Lei n. 5.172, de 25 de outubro de 1966*. Dispõe sobre o Sistema Tributário Nacional e institui normas gerais de direito tributário aplicáveis à União, Estados e Municípios. Disponível em: http://www.planalto.gov.br/ccivil_03/leis/l5172.htm. Acesso em: 15 jul. 2019.

as atividades administrativas do Estado, inclusive a de oferecer educação gratuita aos seus filhos (arts. 205 e 206 da CF/1988).

Você conseguiu perceber, nesse rápido exercício, que a lei está presente em nossa vida o tempo todo, e que as situações cotidianas são regradas pelo direito? Que da compra do material escolar ao oferecimento do ensino gratuito pelo Estado, fechou-se um círculo em razão do recolhimento dos tributos? Notou que foram citados inúmeros diplomas legais? Muitas vezes deixamos de perceber, no dia a dia, que estamos exercendo direitos e cumprindo deveres, estabelecendo inúmeras relações e contratos jurídicos.

Muito louco!

Nesta parte introdutória vamos conhecer muitos conceitos elementares para o conhecimento jurídico, sempre com o apoio de doutrinadores cuja autoridade é inquestionável. Esse processo do desvendar do direito será um dos alicerces para consolidar este conhecimento.

> Um ponto que merece ser destacado refere-se ao fato de que os regramentos oriundos do direito não se confundem com moral, ética ou religião, e sobre isso falaremos no tópico **Diferenças entre direito, moral, religião e ética** deste capítulo.

1.2 O DIREITO COMO REGULADOR DA VIDA SOCIAL: O QUE É DIREITO?

 Espero que você, leitor, e o nosso amigo Just estejam compreendendo a grandeza e a presença constante, embora por vezes imperceptível, do direito em nossa vida.

Respondido o porquê, agora surge a necessidade de saber o que é o direito.

Partindo da própria etimologia, o verbete *direito* aponta para um significado bastante compreensível para qualquer pessoa. É fácil concluir que direito é aquilo que não é *torto*.

Dentre os sinônimos indicados para a palavra *direito*, podem ser enunciados: acertado, aprumado, correto, desempenado, direto, empertigado, empinado, equitativo, ereto, espetado, exato, franco, hirto, honrado, imparcial, inflexível, íntegro, inteiro, justo, leal, legítimo, levantado, perpendicular, probo, reto, seguido, sincero, teso e virtuoso. Essa coleção de significados converge para uma síntese que tenta abrangê-los. Sob essa designação genérica, pretende-se traduzir o conceito de direito como um conjunto de disposições, costumes e condutas apropriadas à mais adequada disciplina para o homem na vida em sociedade.

De acordo com Paulo Dourado de Gusmão, "a palavra Direito vem do latim *directum*, que supõe a ideia de regra, direção, sem desvio".[20] No Ocidente, temos, em alemão a palavra *recht*, em italiano *diritto*, em francês *droit* e em espanhol *derecho* e todas as expressões possuem o mesmo sentido. Os romanos não a empregavam, pois, para eles, *jus* era direito, diferente de *justitia*, que significava a justiça, ou seja, qualidade do direito. De modo muito amplo, pode-se dizer que a palavra *direito* é usada em três sentidos:

1º **sentido:** regra de conduta obrigatória (direito objetivo);

2º **sentido:** sistema de conhecimentos jurídicos (ciência do direito);

3º **sentido:** faculdade ou poderes que tem ou pode ter uma pessoa, ou seja, o que pode uma pessoa exigir da outra (direito subjetivo).

Anotamos ainda que a expressão "direito positivo" é largamente utilizada, afinal o direito só pode ser positivo na medida em que é sancionado pelo poder público ou pelos costumes ou é reconhecido pelo Estado ou pelo consenso das nações. Assim, o direito positivo é tido como aquele efetivamente observado em uma comunidade ou efetivamente aplicado pelas autoridades do Estado ou pelas organizações internacionais, definido como "Direito histórica e objetivamente estabelecido, efetivamente observado, encontrado em leis, códigos, tratados internacionais, costumes, regulamentos, decretos etc.".[21] Ou seja, o direito positivo é a garantia da certeza do direito.

Assim,

O direito é um complexo de normas jurídicas, tendentes a permitir um convívio harmônico das pessoas em sociedade.

---

[20] GUSMÃO, P. D. *Introdução ao estudo do direito*. Rio de Janeiro: Forense, 1984. p. 71.

[21] GUSMÃO, 1984, p. 75-76.

1.3 NORMAS JURÍDICAS

O que são normas jurídicas?

— "Norma" para mim é nome de mulher — murmura Just.

Sim, Just, é verdade, mas norma também é sinônimo de lei, de regramento legal. Como ensina Paulo Dourado de Gusmão, norma jurídica é

a proposição normativa inserida em uma ordem jurídica, garantida pelo poder público (direito interno), ou pelas organizações internacionais (direito internacional). Proposição que pode disciplinar condutas ou atos (regras de conduta), como pode não as ter por objeto, coercitivas e providas de sanção. Visam a garantir a ordem e a paz social e internacional.[22]

Parece um conceito muito hermético e de difícil entendimento, por isso recorremos a outros autores e estudiosos do tema para nos auxiliar nesse desvendar.

O ser humano encontra-se em estado convivencial, ou seja, vive em sociedade, por isso é levado a interagir, certo? Assim sendo, ele se encontra sempre sob a influência de alguns homens e está sempre influenciando outros. Como toda interação perturba os indivíduos em comunicação recíproca, sempre haverá situações em que alguns aceitam as regras de convivência e outros não, e é por isso que é preciso delimitar a atividade das pessoas que compõem a sociedade, mediante normas jurídicas que buscam estabelecer e manter o *equilíbrio social*.

Se observarmos a sociedade atentamente, verificaremos que os grupos sociais são fontes inexauríveis de normas. O Estado não é o único criador de normas jurídicas, mas é ele que condiciona a criação dessas normas, que não podem existir fora da sociedade política. Trata-se de uma instituição maior, que dispõe de amplos poderes e que dá efetividade à disciplina normativa das instituições menores. Portanto, uma norma só será jurídica se estiver conforme à ordenação da sociedade

---
[22] GUSMÃO, 1984, p. 99.

política; logo, o Estado é o fator de unidade normativa da Nação, como leciona Maria Helena Diniz.[23] E as normas jurídicas derivam do Poder Legislativo.

Os acontecimentos do cotidiano inspiram a elaboração das normas jurídicas, fatos e condutas que se repetem continuamente, constituindo conflitos e danos à sociedade que precisam ser regrados. Daí o fato de que as normas sempre advêm do cotidiano. Algumas condutas demoram para ser reguladas, por isso dizemos que a norma jurídica está sempre atrasada. Um exemplo é a necessidade de lei específica para combater os crimes cibernéticos.

> **Dizemos que primeiro ocorrem os fatos de forma reiterada, e depois as normas são criadas.**

Importa ainda ressaltar que a Constituição Federal (art. 5º, XXXIX)[24] prevê que todo crime deve ter expressa e anterior previsão legal, inclusive com previsão clara da respectiva sanção.

> Art. 5º [...]
> XXXIX – não há crime sem lei anterior que o defina, nem pena sem prévia cominação legal.

Assim acontece em todos os ramos do direito, não só no direito penal!

As normas de uma ordem jurídica regulam a conduta humana, e essa conduta pode consistir em uma ação positiva ou em uma omissão. Na medida, porém, em que a ordem jurídica é uma ordem social, ela somente regula, de maneira positiva, a conduta de um indivíduo enquanto este se refere – imediata ou mediatamente – a outro indivíduo. É a conduta de um indivíduo em face de um, vários ou todos os outros indivíduos, a conduta recíproca dos indivíduos, que constitui o objeto da regulamentação. A referência da conduta de um a outro ou a vários outros indivíduos pode ser individual, como no caso da norma que vincula toda e qualquer pessoa a não matar outra pessoa, ou da norma que obriga o devedor a pagar ao credor determinada soma de dinheiro, ou da norma que a todos obriga a respeitar a propriedade alheia. Essa referência, porém, também pode ter caráter coletivo.

---

[23] DINIZ, M. H. *Compêndio de introdução à ciência do direito.* São Paulo: Saraiva, 2012. p. 261.

[24] BRASIL, 1988.

A conduta regulada por uma norma que obriga ao serviço militar não é a conduta de um indivíduo em face de outro indivíduo determinado – como no caso da norma que determina que matar alguém é crime de homicídio. No caso do alistamento no serviço militar, estamos falando da conduta de um indivíduo em face da comunidade jurídica, de todas as pessoas pertencentes à comunidade jurídica. A autoridade jurídica prescreve determinada conduta humana apenas porque – com razão ou sem ela – a considera valiosa para a comunidade jurídica dos indivíduos. A referência à comunidade jurídica é decisiva, em última análise, para a regulamentação jurídica da conduta de uma pessoa que individualmente se refere a outra pessoa determinada. Não é apenas – e talvez não seja tanto – o interesse do credor concreto que é protegido pela norma jurídica que vincula o devedor ao pagamento: é antes o interesse da comunidade – apreciado pela autoridade jurídica – na manutenção de determinado sistema econômico, segundo explica Hans Kelsen.[25]

Maria Helena Diniz chama a atenção para o fato de que a norma jurídica pertence à vida social, pois tudo o que há na sociedade é passível de revestir a forma da normatividade jurídica. Somente as normas de direito podem assegurar as condições de equilíbrio imanentes à própria coexistência dos seres humanos, proporcionando a todos e a cada um o pleno desenvolvimento de suas virtualidades e a consecução e gozo de suas necessidades sociais ao regular a possibilidade objetiva das ações humanas. Portanto, é por meio das normas que o direito pretende obter o equilíbrio social, impedindo a desordem e os delitos, procurando proteger a saúde e a moral pública, resguardando os direitos e a liberdade das pessoas.[26]

O traço distintivo entre as normas jurídicas e as demais normas está no fato de que na norma jurídica existe a possibilidade de aplicação forçada da sanção ou do uso da força – a coação – para obrigar alguém ao seu cumprimento ou à reparação do dano e pagamento de certa pena.[27] O momento da coação, isto é, a circunstância em que o ato estatuído pela ordem jurídica como consequência de uma situação de fato considerada socialmente prejudicial deve ser executado mesmo contra a vontade da pessoa atingida e – em caso de resistência – mediante o emprego da força física, esse é o critério decisivo.[28]

---

[25] KELSEN, H. *Teoria pura do direito.* Tradução de João Baptista Machado. 6. ed. São Paulo: Martins Fontes, 1998. p. 34-35.

[26] DINIZ, 2012, p. 262-263.

[27] NUNES, L. A. *Manual de introdução ao estudo do direito.* São Paulo: Saraiva, 1996. p. 146.

[28] KELSEN, 1998, p. 61-62.

Segundo Kelsen,[29] a ciência do direito não se relaciona com a conduta efetiva do homem, mas com o prescrito juridicamente. Não é uma ciência de fatos, como a sociologia, mas uma ciência de normas; seu objeto não é o que é ou o que acontece, mas sim um complexo de normas. O mundo do direito difere profundamente do mundo natural. O mundo normativo tem existência própria, diversa do mundo natural, desligada dele, com um modo de ser e de existir particular.

No mundo do direito há previsões de condutas/comportamentos ligados a consequências/punições. Sua lógica é diferente da que sustenta o mundo natural, em que imperam as leis da natureza (física, química e biologia) e dada conduta terá sempre o mesmo resultado. Dallari ensina que, "sempre que for verificada a mesma condição, ocorrerá a mesma consequência, não podendo haver qualquer interferência que altere a correlação. Assim, o aquecimento de um metal, que é a condição, acarreta sempre a sua dilatação, que é a consequência. E esse fenômeno está inserido numa cadeia contínua e interminável".[30] Já no mundo do direito, que é o da ordem humana, a condição deve gerar determinada consequência, mas pode não gerar. Essa consequência ocorrerá ou não de acordo com o caso fático, com a realidade dos fatos.

Ou seja, no mundo natural vigora a lei da causalidade, a relação de causa e efeito: se você jogar um objeto (**A** – condição) para o alto, ele fatalmente cairá no chão (**B** – consequência) pela ação da gravidade (lei da física). Já no mundo do direito vigora a relação de imputação: se você cometer um crime (**A** – condição), deve ser punido (**B** – consequência), o que significa dizer que essa punição não é objetiva no sentido, por exemplo, de que todos os que matarem serão condenados e presos. Na verdade, essa noção se refere ao fato de que será analisada a forma como o crime foi cometido, os aspectos mentais e emocionais do criminoso, as ações da vítima, serão ouvidas as testemunhas, analisadas as provas técnicas, os antecedentes do criminoso, ou seja, a conjunção de uma série de fatores (condição) determinará ou não uma imputação – a pena –, a maneira como esta será aplicada e por quanto tempo; provando-se que existiu legítima defesa, não haverá pena (consequência).

---

[29] KELSEN, 1998, *passim.*
[30] DALLARI, 2002, p. 28.

12   Instituições de Direito

Para Kelsen, a regra de direito e a lei da natureza não diferem tanto pelos elementos que relacionam quanto pela maneira em que é feita a conexão.

A lei da natureza estabelece que, se **A** é, **B** é (ou será).
A regra de Direito diz: se **A** é, **B** deve ser.

A regra de direito é uma norma (no sentido descritivo do termo). O significado da conexão estabelecida pela lei da natureza entre dois elementos é o "é", ao passo que o significado da conexão estabelecida entre dois elementos pela regra do direito é o "deve ser". O princípio segundo o qual a *ciência natural* descreve seus objetos é o da *causalidade*; o princípio segundo o qual a *ciência jurídica* descreve seu objeto é o da *normatividade ou imputação*.[31]

A norma não descreve a realidade, não diz como ela é, mas apenas como deve ser.

Portanto, as normas, em seu conjunto, pressupõem três elementos: hipótese, mandamento e sanção. A hipótese é a previsão abstrata de uma situação ou de um comportamento; o mandamento é o comando, o ditame de caráter obrigatório; e a sanção é a consequência jurídica desfavorável, imputada a alguém pela violação do fundamento. Essa é a estrutura das normas jurídicas.[32]

Exemplificando, temos, no art. 121[33] do Código Penal, que "matar alguém" sujeita o infrator a pena de "reclusão de 6 a 20 anos". A hipótese é: havendo alguém (um ser humano), o mandamento é "é proibido matá-lo". A sanção (pena) aplicável a quem não obedece ao mandamento é de "reclusão de 6 a 20 anos". Nesse artigo verificamos que a lei não proíbe uma conduta, apenas indica que *aquele que conjugar o verbo matar estará sujeito à sanção descrita na lei penal.*

---

[31] SUNDFELD, C. A. *Fundamentos de direito público.* São Paulo: Malheiros, 2000. p. 125.
[32] SUNDFELD, 2000. p. 124.
[33] BRASIL, 1940.

Para facilitar o entendimento, tomemos um fato corriqueiro do mundo natural:

Em uma bela tarde de verão, Joy, amiga de Just, sai para passear e começa a chover. Ela se esqueceu de trazer seu guarda-chuva e não consegue encontrar um local para se abrigar.

O que acontece?

Ela fica inteiramente molhada! *E isso é imutável.*

Da mesma forma, o resultado sempre será o mesmo no mundo natural.

• Se levarmos um metal ao fogo, ele esquentará.
• Se comermos muito e não nos exercitarmos, engordaremos.
• Se chover, molha!

No mundo do direito podemos continuar analisando o art. 121 do Código Penal, que preceitua que matar alguém sujeita o infrator a uma sanção que irá variar de acordo com a forma como se deu a conjugação do verbo "matar". Para entender melhor, acompanhe as hipóteses a seguir.

• Rodinaldo e Bup saíram para assistir a uma partida de futebol pela TV em um barzinho próximo à faculdade onde estudam. No momento em que o time deles sagrou-se campeão, Rodinaldo, tomado de imensa alegria, deu um tapão no ombro de Bup, que se desequilibrou e caiu, batendo a cabeça no meio-fio e morrendo no mesmo instante. Rodinaldo não tinha a intenção de matar Bup, estava apenas comemorando um gol e o título conquistado por seu time, de forma corriqueira e usual. No entanto, responderá pela morte de Bup por homicídio culposo e receberá uma sanção correspondente à situação ocorrida – poderá ser uma detenção, de um a três anos. Em razão das provas e da situação fática, essa sanção poderá ser substituída por pena alternativa de "prestação de serviços à comunidade", por exemplo.
• Mistress e Every eram amantes. Every era casado e não tinha a intenção de deixar sua esposa. Em uma tarde, enquanto os amantes se encontravam em um motel, Every tentou colocar um ponto-final no seu relacionamento com Mistress. Ela não aceitou o rompimento e, tomada de fúria, apunhalou o amante diversas vezes pelas costas enquanto este dormia, usando uma faca de cozinha, que estava na bandeja do almoço que fora servido. Foram 60 golpes, que acabaram por tirar a vida de Every. Nessa ocorrência, provado que ela cometeu o

14 Instituições de Direito

crime, Mistress foi condenada por homicídio doloso, com sanção de 25 anos de reclusão.

- Spring foi assassinada a facadas dentro de sua residência. Vizinhos da vítima ouviram gritos e chamaram a Polícia Militar. Segundo os policiais, a mulher foi morta dentro do quarto e o principal suspeito é o companheiro dela, um homem de 28 anos. O crime foi cometido na presença de sua filha menor. Identificado o agressor, este foi levado a julgamento por feminicídio e condenado a pena de 24 anos, acrescido de um terço, totalizando 32 anos.

- But estava em sua casa quando ouviu um barulho no andar de baixo. Ao descer as escadas, deparou-se com um homem vindo em sua direção, armado com uma faca. Ambos lutaram e o agressor caiu sobre sua própria faca, falecendo enquanto os paramédicos prestavam socorro. But conjugou o verbo "matar". Levado a julgamento, as provas demonstraram que ele agiu em legítima defesa, motivo pelo qual não lhe foi aplicada nenhuma sanção.

- Ever saiu de casa apressado. Como fazia diariamente, deveria deixar seu bebê de oito meses na creche, próxima do seu local de trabalho. No entanto, a caminho da creche, o celular tocou e ele parou o carro para atender. Era seu chefe, que exigia a entrega de um relatório com a máxima urgência. Sentindo-se pressionado, ele correu para a empresa e lá permaneceu por cerca de duas horas discutindo sobre o relatório com o chefe, até que se lembrou de seu bebê dentro do carro, preso à cadeirinha. Fazia muito calor, e assim que chegou ao veículo Ever verificou que a criança estava morta. Nesse caso ocorreu homicídio culposo. No julgamento, o juiz deixou de aplicar a sanção, por se tratar de hipótese prevista no Código Penal em que as consequências da infração atingiram o próprio agente de forma tão grave que a sanção penal se tornou desnecessária.

Esses exemplos demonstram que, no *dever ser* discutido por Kelsen, a sanção é aplicada de acordo com o caso fático (provas, circunstâncias, testemunhas etc.) e dentro de um devido processo legal (art. 5º, LIV, da CF/1988; Código Penal e Decreto-lei n. 3.688/1941[34] – Lei das Contravenções Penais). A depender do caso fático, da forma como ocorreu e de sua comprovação judicial, mesmo diante do fato de um indivíduo matar outro, verificando-se como se deu a *conjugação do verbo "matar"*,

---

[34] BRASIL. *Decreto-lei n. 3.688, de 3 de outubro de 1941.* Lei das Contravenções Penais. Disponível em: http://www.planalto. gov.br/ccivil_03/decreto-lei/Del3688.htm. Acesso em: 15 jul. 2019.

CAPÍTULO 1 | NOÇÕES PRELIMINARES DE DIREITO   15

o infrator terá sua sanção dosada de forma proporcional ao acontecido. Por vezes não haverá aplicação de sanção, como no caso da legítima defesa.

Após esses exemplos, convido você, leitor, a conhecer o art. 121 do Código Penal,[35] para entender como o legislador disciplina esse tema. Com o passar do tempo e a evolução da sociedade, esse artigo de lei sofreu alterações, passando, recentemente, a contemplar o feminicídio, tema impensável quando da elaboração da lei penal, em 1940.

No Capítulo 10 você encontrará exemplos desse assunto!

Homicídio simples

Art. 121. Matar alguém:

Pena – reclusão, de seis a vinte anos.

Caso de diminuição de pena

§ 1º Se o agente comete o crime impelido por motivo de relevante valor social ou moral, ou sob o domínio de violenta emoção, logo em seguida a injusta provocação da vítima, o juiz pode reduzir a pena de um sexto a um terço.

Homicídio qualificado

§ 2º Se o homicídio é cometido:

I - mediante paga ou promessa de recompensa, ou por outro motivo torpe;

II - por motivo fútil;

III - com emprego de veneno, fogo, explosivo, asfixia, tortura ou outro meio insidioso ou cruel, ou de que possa resultar perigo comum;

IV - à traição, de emboscada, ou mediante dissimulação ou outro recurso que dificulte ou torne impossível a defesa do ofendido;

V - para assegurar a execução, a ocultação, a impunidade ou vantagem de outro crime:

Pena - reclusão, de doze a trinta anos.

Feminicídio

VI - contra a mulher por razões da condição de sexo feminino:

VII - contra autoridade ou agente descrito nos arts. 142 e 144 da Constituição Federal, integrantes do sistema prisional e da Força Nacional de Segurança

---

[35] BRASIL, 1940.

Pública, no exercício da função ou em decorrência dela, ou contra seu cônjuge, companheiro ou parente consanguíneo até terceiro grau, em razão dessa condição:

Pena – reclusão, de doze a trinta anos.

§ 2º A Considera-se que há razões de condição de sexo feminino quando o crime envolve:

I - violência doméstica e familiar;

II - menosprezo ou discriminação à condição de mulher.

Homicídio culposo

§ 3º Se o homicídio é culposo:

Pena – detenção, de um a três anos.

Aumento de pena

§ 4º No homicídio culposo, a pena é aumentada de 1/3 (um terço), se o crime resulta de inobservância de regra técnica de profissão, arte ou ofício, ou se o agente deixa de prestar imediato socorro à vítima, não procura diminuir as consequências do seu ato, ou foge para evitar prisão em flagrante. Sendo doloso o homicídio, a pena é aumentada de 1/3 (um terço) se o crime é praticado contra pessoa menor de 14 (quatorze) ou maior de 60 (sessenta) anos.

§ 5º Na hipótese de homicídio culposo, o juiz poderá deixar de aplicar a pena, se as consequências da infração atingirem o próprio agente de forma tão grave que a sanção penal se torne desnecessária.

§ 6º A pena é aumentada de 1/3 (um terço) até a metade se o crime for praticado por milícia privada, sob o pretexto de prestação de serviço de segurança, ou por grupo de extermínio.

§ 7º A pena do feminicídio é aumentada de 1/3 (um terço) até a metade se o crime for praticado:

I - durante a gestação ou nos 3 (três) meses posteriores ao parto;

II - contra pessoa menor de 14 (catorze) anos, maior de 60 (sessenta) anos ou com deficiência;

III - na presença de descendente ou de ascendente da vítima.

Vale anotar que no **Capítulo 6**, dedicado às noções de direito penal, discutiremos sobre culpabilidade, sanção e os regimes prisionais.

É importante ressaltar que apesar dos exemplos apresentados anteriormente serem do Direito Penal, esta regra do "*dever ser*" é utilizada em todas as áreas do direito, nas quais sempre será analisado o caso real, as provas etc. para aplicação ou não de uma sanção, embora não consistent com a pena de perda da liberdade como no direito penal; o certo que sempre haverá uma consequência jurídica desfavorável ao perdedor de uma ação judicial, quer seja da área cível, empresarial, consumidor, ambiental ou de qualquer outra disciplina jurídica.

1.3.1 Diferenças entre direito, moral, religião e ética

Muito falamos de moral, ética, religião e direito em nosso dia a dia, sem na verdade distinguir os termos. O estudo do direito é uma oportunidade para descobrir quais são as diferenças e os pontos de contato entre as quatro entidades.

Em uma breve definição de moral, podemos dizer que se trata do conjunto de valores, normas e noções sobre o que é certo ou errado, proibido e permitido, dentro de determinada sociedade, de uma cultura. A moral está relacionada aos valores que regem a ação humana enquanto inserida na convivência social, tendo assim um caráter normativo, porém não jurídico.

 Não se trata de norma jurídica!

A moral diz respeito a uma consciência coletiva e a valores construídos por convenções, que por sua vez são formuladas por uma consciência social, o que equivale a dizer que são regras sancionadas pela sociedade, pelo grupo, sem valor legal.

O fator moral está quase sempre ligado ao religioso. Difícil seria, pode-se dizer mesmo impossível, separar a moral dominante no Ocidente do cristianismo. No direito arcaico, ou melhor, até Roma, nos códigos e nos direitos antigos era difícil distinguir o direito da religião e da moral. O antigo direito judaico é religioso. O próprio direito romano, sistema jurídico laico, secular, ao ser acolhido pela civilização europeia na Idade Média, sofreu a influência do cristianismo, sendo modificado nas partes que se referem ao casamento, ao divórcio, à filiação etc. Pode-se dizer, para concluir, que a religião desempenha papel relevante na criação do direito, conforme assinala Gusmão.[36]

---
[36] GUSMÃO, 1984, p. 129-130.

18   Instituições de Direito

Quando ouvimos falar de ética, sempre nos reportamos à *ideia de moral, de justiça e de direito*, como se fossem termos sinônimos. Temos a certeza de que, como linhas paralelas, caminham juntos, em alguns momentos se tocam e em outros se fundem. Porém, podemos afirmar que a ética ascendeu em nível de ciência, de princípio universalizado, enquanto a moral, que até então pensávamos ser uma expressão sinônima, diz respeito a princípios individuais, padrões de conduta individual adotados pela sociedade sem influência do direito, mas que exercem influência sobre o direito.

A ética de uma sociedade nem sempre pode ser aplicada a outra sociedade, assim como valores morais inseridos em uma sociedade nem sempre são aplicáveis de maneira igual em outra. Cada sociedade tem uma ética, uma moral e um conjunto de valores. Essa conformação se dá de acordo com a época – o tempo, historicamente falando.

A sociedade permanece em contínua transformação, e com isso observamos mudanças nos valores, na moral e na ética, podendo afirmar que ocorre uma evolução do pensar e agir do homem. E algumas vezes, tristemente, verificamos uma involução ou um "congelamento" do comportamento humano em determinados temas.

Decerto que a ética e a justiça, no decorrer da história, foram se juntando e se separando alternadamente. A ética trata de problemas comportamentais, condutas, sobre o como devemos agir, é decisão pessoal.

Outrossim, no direito há a possibilidade de agir de forma unilateral e muitas das condutas são individuais (dentro de casa), sem provocar interferência na vida dos outros. Há, porém, padrões de conduta exteriores, que afetam os outros.

Normalmente os padrões de condutas morais não sofrem represálias no direito. No entanto, encontramos no Código Penal brasileiro algumas condutas criminalizadas, tipificadas como norma jurídica, e que ao longo do tempo caíram em desuso em razão do evoluir do pensamento social, embora estivessem no texto da lei e possuíssem uma sanção. O exemplo mais clássico é o antigo crime de adultério (art. 240, revogado pela Lei n. 11.106/2005),[37] que mais importava ao direito civil – na questão do direito de família e suas consequências no processo de separação do casal, uma vez que tinha por objeto jurídico da tutela penal "a organização jurídica da família e do casamento" – do que propriamente ao direito penal.

---

[37] BRASIL. *Lei n. 11.106, de 28 de março de 2005*. Altera os arts. 148, 215, 216, 226, 227, 231 e acrescenta o art. 231-A ao Decreto-Lei n. 2.848, de 7 de dezembro de 1940 – Código Penal e dá outras providências. Disponível em: http://www.planalto.gov.br/ccivil_03/_Ato2004-2006/2005/Lei/L11106.htm. Acesso em: 15 jul. 2019.

Sobre isso observamos que, para muitos penalistas, o direito penal deve ser considerado a *ultima ratio* da política social, ou seja, a última esfera a ser buscada no direito, por ser a mais gravosa. Isso porque ele restringe o direito à liberdade, o que demonstra a natureza fragmentária ou subsidiária da tutela penal. Para os que defendem esse pensamento, só deve interessar ao direito penal e, portanto, só deve ingressar no âmbito de sua regulamentação aquilo que não for pertinente a outros ramos do direito. As regras previstas na legislação civil são apropriadas e suficientes; sendo assim, a revogação de um artigo, como o citado art. 240 do Código Penal, em que se encontrava o crime de adultério, é medida juridicamente saudável e condizente com a realidade jurídico-social em que vivemos.

A característica que diferencia ética e direito é essa exteriorização e sua punição. Quando se fala em direito, há necessidade de mencionar uma relação bilateral, entre duas pessoas, em conflito. De forma que a sanção no direito é consequência da quebra de uma norma jurídica, enquanto na ética, para alguns doutrinadores, não há sanção.

Segundo Hans Kelsen,[38] direito é uma coisa e moral é outra. Quebrou-se a norma, aplica-se uma sanção. *Não se questiona a justiça.* Ao estabelecer a estrutura do dever na norma jurídica, Kelsen se preocupou em diferenciar o direito do dever de obediência da moral e da religião, já que prescrevem normas de conduta. Assim, a discrepância entre essas normas surgem na perspectiva que:

- o direito motiva de forma indireta o comportamento humano por meio da ameaça de sanção;
- o direito forma-se pelos comandos sancionados, possuindo caráter coercitivo exercido apenas pela força física do Estado; e
- o direito pertence ao mundo da cultura, ou seja, advém da vontade humana.

Vale anotar ainda, que as regras de ordem moral, ética e religiosa não podem violar as normas do direito, posto que a elas se sobrepõem, gerando consequência jurídica desfavorável em caso de violação legal.

Just e caro leitor, vocês compreendem a dinâmica do direito?
Agora falemos sobre o sistema jurídico.

---
[38] KELSEN, 1998, p. 75-78.

1.4 SISTEMA JURÍDICO

 Just, tendo em vista suas indagações iniciais – e acreditando que o leitor também deve ter dúvidas –, convém esclarecer que o direito não se compreende somente por meio do exame da estrutura de uma norma, ou considerando uma norma em si, mas só quando consideradas as normas em seu conjunto. Não é uma norma, mas um sistema de normas que compõe o direito. Muitas vezes as sanções não se encontram associadas no texto da norma, podendo estar dispersas ao longo do sistema.[39]

O sistema jurídico brasileiro deriva da Constituição Federal – nossa Lei Maior – e é composto por diversos subsistemas. E em cada um deles há uma grande quantidade de normas jurídicas, dispondo sobre os mais diversos temas que afetam e ou buscam equilibrar a sociedade.

Por exemplo, no sistema jurídico constitucional, destacamos o subsistema tributário, presente nos arts. 145 a 169 da CF/1988. Isso significa que nós partimos do Texto Constitucional para a análise da questão tributária e desta para a norma jurídica específica, que no caso é o Código Tributário Nacional. O mesmo ocorre com todas as áreas do direito: deve-se sempre buscar o tema em estudo na CF/1988 e a seguir em seu conjunto de normas específicas.

Outra questão importante é o fato de que dentro desse sistema jurídico há uma *hierarquia de normas jurídicas*. A norma que determina a criação de outra norma é a norma superior, e a norma criada segundo essa determinação é a inferior. A ordem jurídica é composta por diferentes níveis de normas.[40]

De acordo com Kelsen,

> [...] a ordem jurídica não é um sistema de normas jurídicas ordenadas no mesmo plano, situadas umas ao lado das outras, mas é uma construção escalonada de diferentes camadas ou níveis de normas jurídicas. A sua unidade é produto da conexão de dependência que resulta do fato de a validade de uma norma, que foi produzida de acordo com outra norma, se apoiar sobre essa outra norma, cuja produção, por sua vez, é determinada por outra; e assim por diante, até abicar finalmente na norma fundamental – pressuposta. A norma fundamental – hipotética, nestes termos – é, portanto, o fundamento de validade último que constitui a unidade desta interconexão criadora.[41]

---

[39] ATALIBA, G. Teoria do ordenamento jurídico, p. 28, apud SUNDFELD, 2000, p. 128.
[40] KELSEN, H. *Teoria geral do direito e do estado*. São Paulo: Martins Fontes, 2016. p. 11, apud SUNDFELD, 2000, p. 129.
[41] KELSEN, 1998, p. 220-240.

É o que exemplifica a Figura 1.1, representada por uma pirâmide.

FIGURA 1.1 Hierarquia de normas

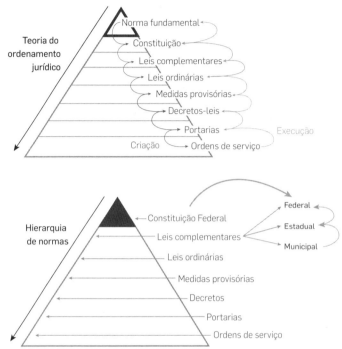

Fonte: elaborada pela autora.

De acordo com a pirâmide, a Constituição Federal ocupa o lugar hierárquico superior, significando que a norma que se apresenta como fundamento de outra norma é em relação a esta uma norma superior. Sendo assim, a norma hipotética fundamental é o pressuposto de validade de todo o ordenamento jurídico, representado na pirâmide pela Constituição Federal. Logo, a norma jurídica positiva é válida porque a norma que a fundamenta é pressuposta como válida. Podemos concluir que, se a norma fundamentadora perder sua validade, a ordem jurídica que por ela se fundamentava se torna, por consequência, inválida.

José Afonso da Silva assim a define:

> A Constituição se coloca no vértice do sistema jurídico do país, a que confere validade, e que todos os poderes estatais são legítimos na medida em que ela os reconheça e na proporção por ela distribuídos. É, enfim, a lei suprema do Estado, pois é nela que se encontram a própria estruturação deste e a organização de seus órgãos; é nela que se acham as normas

fundamentais de Estado, e só nisso se notará sua superioridade em relação às normas jurídicas.[42]

Neste sentido, além da classificação das normas de acordo com a sua importância, conforme apresentado na Figura 1.1, os normativos legais encontram hierarquia a partir da esfera de poder, ou seja, a norma federal se sobrepõe a estadual e a municipal, e estas encontrarão sua validade nas esferas superiores, enquanto na esfera federal essa validação se dará na Constituição.

Outro ponto que restou destacado acima é o fato de que não se discute se uma ordem jurídica é justa ou injusta, e sim se é válida ou inválida.

O direito é a forma de expressão da justiça, no entanto não se fala em direito justo ou injusto. Ele é, na verdade, o caminho para alcançar a justiça. Aos olhos dos envolvidos, nem sempre existe justiça: para o vencedor de um processo judicial, a justiça foi alcançada, mas aquele que perdeu provavelmente dirá que houve injustiça na sentença proferida.

Na filosofia do direito natural, a ideia de justiça sempre ocupou lugar central. O direito natural insiste em que em nossa consciência reside uma ideia simples e evidente, a ideia de justiça, que é o princípio mais elevado do direito em oposição à moral. A justiça é a ideia específica do direito. Está refletida em maior ou menor grau de clareza ou distorção em todas as leis positivas e é a medida de sua correção. Como princípio do direito, a justiça delimita e harmoniza os desejos, pretensões e interesses conflitantes na vida social da comunidade. Uma vez adotada a ideia de que todos os problemas jurídicos são problemas de distribuição, o postulado da justiça equivale a uma exigência de igualdade na distribuição ou partilha de vantagens ou cargas. Justiça é igualdade. Esse pensamento foi formulado no século IV a.C. pelos pensadores pitagóricos, que simbolizaram a justiça com o número quadrado, no qual o igual está unido ao igual. A ideia de justiça como igualdade, desde então, tem-se apresentado em inúmeras variantes.[43]

No tocante à norma jurídica, o que importa no estudo do direito é sua validade e não a discussão acerca de justiça ou injustiça da norma. Essa validade é conferida por meio do sistema jurídico ao se verificar sua correspondência na norma jurídica que lhe é superior, que é a Constituição Federal. Uma norma jurídica só é válida quando está em conformidade com o Texto Constitucional, por isso

---

[42] SILVA, J. A. *Curso de direito constitucional positivo*. São Paulo: Malheiros, 2006. p. 45.

[43] ROSS, A. *Direito e justiça*. Tradução de Edson Bini. Revisão técnica de Alysson Leandro Mascaro. Bauru: Edipro, 2000. p. 313-314.

enfatizamos a necessidade do estudo do sistema jurídico a partir da Carta Maior, em cada e toda situação concreta.

De acordo com Miguel Reale,[44] as normas jurídicas se baseiam em uma pluralidade de valores, tais como liberdade, ordem e segurança. Mas a justiça, diz o doutrinador, não se identifica com nenhum deles; é, antes, a condição primeira de todos eles, a condição transcendental de sua possibilidade como atualização histórica. Ela vale para que todos os valores valham.

A justiça é o fundamento do ordenamento jurídico e o fim buscado de harmonia e paz social, que só se concretiza em uma sociedade justa. Por isso a ciência do direito, o trabalho do intérprete e de todos os que militam no e com o direito devem pautar-se na justiça, como afirma Luiz Antonio Nunes.[45]

— Nossa! – exclama Just. — Quando eu reclamava de uma lei, não imaginava tudo isso. É bem mais complexo, mas tem lógica. Estou entendendo tudo... — E ele complementa: — Quero saber mais! O direito é muito interessante. Os exemplos me fizeram refletir e perceber que às vezes a justiça pode ser alcançada por meio do direito e que a sociedade necessita das normas jurídicas para uma convivência pacífica. Em outras vezes, somente por meio da sanção se promove o equilíbrio social.

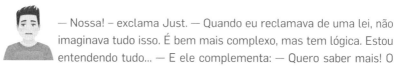

Direito não é justiça, mas o caminho para a justiça!
A validade de uma norma jurídica se encontra na Constituição Federal.

1.5 A TEORIA TRIDIMENSIONAL DO DIREITO[46]

Neste desvendar do direito e das normas jurídicas, é necessário falar sobre a teoria tridimensional do direito, formulada pelo professor Miguel Reale.

Para Reale, onde quer que haja um fenômeno jurídico, haverá sempre e necessariamente um *fato* subjacente (fato econômico, geográfico, demográfico, de ordem técnica etc.); um *valor*, que confere determinado significado a esse fato, inclinando

---

[44] REALE, M. *Lições preliminares de direito*. São Paulo: Saraiva, 1993. p. 371.
[45] NUNES, 1996, p. 231.
[46] REALE, 1993, p. 64-67.

24   Instituições de Direito

ou determinando a ação dos homens no sentido de atingir ou preservar certa finalidade ou objetivo; e, finalmente, uma regra ou *norma*, que representa a relação ou medida que integra um daqueles elementos ao outro, o fato ao valor.

Tais elementos ou fatores (fato, valor e norma) não existem separados um dos outros, mas coexistem em uma unidade concreta. É por isso que essa teoria é denominada tridimensional.

Mais ainda: esses elementos ou fatores não só se exigem reciprocamente como atuam como elos de um processo (o direito é uma realidade histórico-cultural), de modo que a vida do direito resulta da integração dinâmica e dialética dos três elementos que a integram.

Regra:

Se F é, deve ser P.
Se não for P, deverá ser SP.

Exemplificando: se uma norma legal prevê o pagamento de uma duplicata na data de seu vencimento, sob pena de protesto do título e de cobrança forçada, e se esta não for paga, o credor tem o privilégio de promover a execução do crédito.

Assim:

Se há um débito duplicata (F), deve ser pago (P).
Se não for quitada a dívida (não P), deverá haver um sanção penal.

Ou seja, para que o devedor não sofra uma sanção, que no caso significa ter seu nome protestado no cartório de títulos e protestos e ser processado para pagamento imediato da dívida, deve arcar com o compromisso de pagar a duplicata na data do vencimento.

Há uma escolha para o devedor: pagar ou ser sancionado.

Finalizemos com o ensinamento da professora Maria Helena Diniz:

> Esta estrutura do direito é tridimensional, visto como o elemento *normativo*, que disciplina os comportamentos individuais e coletivos, pressupõe sempre

CAPÍTULO 1 | NOÇÕES PRELIMINARES DE DIREITO   25

uma dada *situação de fato*, referida a determinados *valores*. Se direito é a integração normativa de fatos e valores, ante a triplicidade dos aspectos do jurídico – fato, valor e norma, não há como separar o *fato* da conduta, nem o *valor* ou finalidade a que a conduta está relacionada, nem a *norma* que incide sobre ela.

Com isso assume, ele, um tridimensionalismo concreto, dinâmico e dialético, pois fato, valor e norma, como elementos integrantes do direito, estão em permanente atração polar, já que fato tende a realizar o valor, mediante a norma. Os três polos entram em conexão mediante uma peculiar dialética cultural, denominada, por Miguel Reale, dialética da implicação e da polaridade. Deveras essa dialeticidade conduz à polaridade, visto que dá igual importância ao fato, ao valor e à norma na implicação das três dimensões.[47]

1.6 DIREITO OBJETIVO E DIREITO SUBJETIVO

O direito, não como ciência, mas como fruto das interações entre os homens, surge no momento em que dois sujeitos entram em contato, e este gera entre eles as regras de convivência. Essas regras, por sua vez, dão origem ao direito, pois não se pode pensar em ciência jurídica, direito, costume, sem ter como substrato básico as relações entre os seres humanos.

No entanto, tendo em vista o que já aprendemos sobre o direito positivado, as normas e o sistema jurídico, há uma questão que ainda deve ser analisada: a vontade humana de pleitear direitos positivados quando estes são desrespeitados. Estou falando sobre direito objetivo e direito subjetivo.

Maria Helena Diniz faz uma distinção clara entre esses dois conceitos:

> O direito objetivo é o complexo de normas jurídicas que regem o comportamento humano, prescrevendo uma sanção no caso de sua violação.
>
> O direito subjetivo, para Goffredo Telles Jr., é a permissão, dada por meio de uma norma jurídica válida, para fazer ou não fazer alguma coisa, para ter ou não ter algo, ou, ainda, a autorização para exigir, por meio dos órgãos competentes do poder público ou através dos processos legais, em caso de prejuízo causado por violação de norma, o cumprimento da norma infringida ou a reparação do mal sofrido. [...] Infere-se daí que duas são as espécies de direito subjetivo: *a) o comum da existência*, que é a permissão de fazer ou não fazer, sem violação do preceito normativo, p.ex. o

---

[47] DINIZ, 2012, p. 157.

direito de ir e vir, trabalhar, etc.; e *b) o de defender direitos*, como a reclamar reparação pelo dano. [...] O direito subjetivo é subjetivo porque as permissões, com base na norma jurídica e em face dos demais membros da sociedade, são próprias das pessoas que as possuem, podendo ser ou não usadas por elas.[48]

A distinção entre direito objetivo e subjetivo é extremamente sutil, na medida em que correspondem a dois aspectos inseparáveis.

> O direito objetivo nos permite fazer algo porque temos o direito subjetivo de fazê-lo.

A norma jurídica atribui a um sujeito uma exigência ou pretensão contra outro sujeito, sobre quem recai uma obrigação, ou seja, um dever jurídico. A pretensão atribuída pelo direito chama-se também direito.

O significado da palavra não é o mesmo em ambos os casos:

* no primeiro, *direito* corresponde à norma da coexistência – ou ao direito em sentido objetivo;
* no segundo caso, *direito* corresponde à faculdade de pretender – ou ao direito em sentido subjetivo.

Ou seja,

> O **direito objetivo** é o conjunto de normas que o Estado mantém em vigor.
> É aquele proclamado como ordenamento jurídico e, portanto, fora do sujeito de direitos.
> Essas normas se manifestam por meio de sua fonte formal: *a lei.*

O direito objetivo constitui uma entidade objetiva em face dos sujeitos de direitos, que se regem segundo ele. Quando falamos em direito objetivo, criamos desde já uma delimitação entre algo e outra coisa que se lhe contrapõe.

Na verdade, ao nos referirmos a direito objetivo, três grandes delimitações são feitas no decorrer da história:

---

[48] DINIZ, 2012, p. 254-265.

1. a diferença entre o direito divino e o direito dos homens;
2. a referência ao direito meramente escrito, constante das leis, ao direito com plena eficácia jurídica; e
3. a delimitação entre o direito objetivo (*norma agendi*) e o direito subjetivo (*facultas agendi*).

Por outro lado,

> O direito subjetivo é a possibilidade de atuação legal, isto é, uma faculdade ou um conjunto de faculdades vinculadas à decisão do seu titular, na defesa de seus interesses, dentro do autorizado pelas normas e nos limites do exercício fundado na boa-fé.

Doutrinariamente, várias são as correntes que procuram fundamentar o direito subjetivo (*facultas agendi*). Dentre elas se destacam;

- as doutrinas negadoras do direito subjetivo, como as de Duguit e Kelsen;
- a doutrina da vontade, formulada por Windscheid e considerada "clássica" por alguns autores;
- a doutrina do interesse ou do interesse protegido, proposta por Ihering;
- as doutrinas mistas ou ecléticas, que procuram explicar o direito subjetivo pela combinação dos elementos "vontade" e "interesse", como fazem Jellinek, Michoud, Ferrara e outros.

Neste momento Just interrompe e pergunta:

— Seria possível apresentar um exemplo desta diferença entre direito objetivo e direito subjetivo? Estou ficando confuso!

Just, o direito subjetivo apresenta como característica ser um poder e um poder concreto, facultando àquele que tiver um direito ferido fazer uso do direito objetivo, ou seja, do direito prescrito, positivado, em vigor, e exigir a reparação de um dano, por exemplo.

Exemplo 1:

Imagine a seguinte situação, você está dirigindo seu possante, e para no sinal vermelho. No entanto, Crash, que vinha logo atrás com seu veículo, não prestou atenção ao semáforo e colidiu com a traseira do seu carro, causando-lhe danos.

Os arts. 186 e 189 do Código Civil[49] disciplinam:

> Art. 186. Aquele que, por ação ou omissão voluntária, negligência ou imprudência, violar direito e causar dano a outrem, ainda que exclusivamente moral, comete ato ilícito.
>
> Art. 189. Violado o direito, nasce para o titular a pretensão, a qual se extingue, pela prescrição, nos prazos a que aludem os arts. 205 e 206.

 Os artigos citados garantem a você, Just, o direito objetivo de ter seu carro reparado diante do ato ilícito cometido por Crash. Nasce daí um direito subjetivo, para você, de reclamar ou não uma indenização para o conserto de seu carro, incluindo no cálculo do valor os dias em que o veículo ficar parado, causando prejuízos financeiros pela impossibilidade de seu uso e pelas despesas decorrentes de sua locomoção diária.

Just, diversas são as opções que você pode ter:

1. poderia "deixar quieto", uma vez que o veículo de Crash era muito velho e o motorista demonstrava não ter condições de indenizá-lo;
2. poderia acionar seu próprio seguro;
3. os dois envolvidos no sinistro poderiam conversar e resolver amigavelmente a questão, com Crash arcando com as despesas do conserto;
4. na impossibilidade de acordo, você poderia acionar a Justiça e buscar a indenização por meio do Judiciário.

Nas hipóteses 1 e 2 verificamos que Just *não* estaria exercendo seu direito subjetivo em face de Crash e já nas hipóteses 3 e 4, ele exerceria seu direito subjetivo.

> Não esqueça: o direito objetivo é garantido pela norma jurídica, pela lei. Por isso, ao exercitá-lo, faz-se uso do direito subjetivo, que é uma faculdade, ou seja, o exercício da vontade da vítima.

[49] BRASIL, 2002.

CAPÍTULO 1 | NOÇÕES PRELIMINARES DE DIREITO   29

Ocorrendo um ato ilícito, definido como direito objetivo estabelecido na norma jurídica, haverá para Just a possibilidade de reclamar esse direito em juízo para ser ressarcido das despesas decorrentes desse ato, em conformidade com o prazo estabelecido para tanto. No caso do exemplo, ele terá o prazo de até três anos da data do acidente, para exercer seu direito junto ao Judiciário, por se tratar de pretensão de reparação civil, conforme disposto no Código Civil.[50]

> Art. 205. A prescrição ocorre em dez anos, quando a lei não lhe haja fixado prazo menor.
> Art. 206. Prescreve: [...]
> § 3º Em **três anos**: [...]
> V – **a pretensão de reparação civil.**

Nem sempre o desrespeito a uma norma jurídica, embora considerado ato ilícito, precisa ser levado à Justiça. Muitas questões podem ser resolvidas de maneira amigável, como ocorreria na solução 3 que vimos há pouco (se Just negociasse diretamente com Crash para ser ressarcido, sem a intervenção do Judiciário). Esse tipo de acordo é visto com mais frequência nas relações de consumo, em que se busca solucionar conflitos diretamente com o vendedor/fornecedor ou por intermédio do Procon. Quando isso acontece, o direito subjetivo garantido pelo direito objetivo está sendo exercitado da mesma forma, conforme veremos a seguir.

Exemplo 2:

Joy foi ao supermercado e comprou uma lata de pêssego em calda para rechear um bolo. Quando chegou em casa e a abriu a lata, constatou que o os pêssegos tinham cor esverdeada e odor forte, embora constasse no rótulo que o produto estava dentro do prazo de validade. Foi uma grande decepção! A lata tinha custado somente R$ 5,99, pois estava em promoção. Naquele momento, embora o Código de Defesa do Consumidor lhe desse o direito exigir um novo produto, ou seja, embora o direito objetivo estivesse presente, Joy tinha o direito subjetivo de exercê-lo ou não. Afinal, tinha custado barato, estava frio e ela estava com preguiça de voltar ao supermercado para reclamar. Depois de muito pensar, ela decidiu ir até o estabelecimento e exigir a troca, pois estava com vontade de comer aquele bolo, que

---

[50] BRASIL, 2002.

30 Instituições de Direito

era uma receita nova, e ela conhecia seu direito como consumidora. Ao chegar ao balcão de atendimento ao cliente, conseguiu trocar sua lata de pêssego, exercendo, assim, seu direito subjetivo sem necessidade de se utilizar das vias judiciais.

Não esqueça:

> A lei lhe garante o direito objetivo e permite a você escolher utilizar seu direito de reclamar ou não! Nesse ato de escolha encontra-se o direito subjetivo!

1.7 RELAÇÃO JURÍDICA

O direito, conjunto de normas que disciplinam as condutas sociais, objetiva a coexistência pacífica dos indivíduos. Para que isso seja possível, suas normas têm caráter impositivo, sendo garantidas pelo Estado, que é responsável por aplicar as sanções a cada um que as desrespeita.

Dessa forma, o direito possui regras de conduta que determinam algumas relações sociais, influenciando o comportamento dos indivíduos. Essas relações sociais que importam para o direito são as chamadas *relações jurídicas*.

As relações jurídicas são relações entre dois ou mais indivíduos das quais decorrem consequências importantes, devendo, por isso, ser normatizadas. Como exemplos, temos o contrato de compra e venda e o casamento.

Toda relação jurídica é formada pelos sujeitos ativo e passivo, o vínculo e o objeto da relação.

Sujeito ativo pode ser classificado como a pessoa que tem o direito subjetivo, ou seja, aquela que pode exigir da outra pessoa o cumprimento de uma prestação.

Sujeito passivo é aquele que deve cumprir a obrigação em favor do outro, prestação essa denominada dever jurídico.

No Exemplo 1 verificamos o nascimento de uma relação jurídica entre Just – a vítima do acidente, que sofreu danos materiais – e Crash – o causador do acidente, que foi imprudente e não atentou ao sinal vermelho, colidindo com a traseira do veículo de Just. Ele se tornou o sujeito ativo nessa relação ao exercitar seu direito objetivo, e Crash o sujeito passivo, por ter de cumprir a obrigação de reparar o dano causado.

No Exemplo 2, temos Joy como sujeito ativo, ao exigir a troca do produto, e o supermercado como sujeito passivo, cumprindo a determinação do Código do Consumidor ao realizar a troca.

Vale ressalvar que, se Just ou Joy não exercitassem seu direito subjetivo – garantido pela lei –, não se estabeleceria uma relação jurídica entre as partes, tampouco haveria uma consequência jurídica.

1.8 DIREITO PÚBLICO, DIREITO PRIVADO E DIREITO DIFUSO

Definido o direito como um conjunto de normas que disciplinam as relações sociais em determinado grupo, é importante saber que o direito, embora uno, classicamente vem sendo representado por uma árvore que se divide em inúmeros e distintos ramos, os quais por sua vez se intercomunicam por meio do sistema jurídico. Os ramos do direito nada mais são do que uma criação da ciência jurídica, isto é, um corte metodológico por meio do qual os cientistas acreditam poder visualizar de modo mais adequado seu objeto de estudo. É o que explica o professor Carlos Ari Sundfeld.[51]

Outrora havia somente dois grandes ramos do direito, dos quais derivavam todas as suas especialidades. A partir da Constituição Federal de 1988, porém, nesse processo metodológico, findou a dicotomia existente entre direito público e direito privado, instituindo-se também os direitos difusos.

Enquanto o direito público apresenta normas que regem as relações em que o sujeito é o Estado, tutelando os interesses gerais e visando ao fim social, quer perante seus membros, quer perante os outros Estados, o direito privado trata das relações jurídicas entre particulares, e o direito difuso constitui-se em direito transindividual, ou seja, aquele que ultrapassa a esfera de um único indivíduo, caracterizado principalmente pela indivisibilidade. Neste último caso a satisfação do direito deve atingir uma coletividade indeterminada, porém ligada por uma circunstância de fato.

De forma bem simplificada, os ramos do direito podem ser definidos da seguinte forma:

---

[51] SUNDFELD, 2000, p. 134.

Direito público: concernente ao Estado dos negócios romanos – ou àquilo que é da coisa pública.

Direito privado: o que disciplina os interesses particulares – ou, segundo a definição mais casual, "aquilo que não é público".

Direito difuso: aquele que não pode ser atribuído a um grupo específico de pessoas, pois diz respeito a toda a sociedade.

1.8.1 Conceito e subdivisões. Ramos do direito

Tanto o direito público como, o direito privado e o direito difuso podem ser de ordem interna como externa, e se subdividem da seguinte forma:

Direito público: direito constitucional, direito administrativo, direito tributário, direito penal, direito militar, direito internacional público, direito eleitoral, direito urbanístico, direito processual, direito sanitário.

Direito privado: direito civil, direito empresarial, direito internacional privado.

Direitos difusos: direito ambiental, direito do consumidor, direito da infância e juventude, direito do trabalho, direito previdenciário.

No tocante à ordem interna, é identificado como o direito que tem vigência em determinado território, ou seja, as normas jurídicas de direito interno são delimitadas pelo território geográfico do aspecto material, mas também aquele que delimita a zona de interferência ou de incidência do poder político, expressado formalmente.

Já o direito de ordem externa extrapola o território. Trata-se das normas estabelecidas entre indivíduos e Estados por meio de acordos e contratos internacionais, tratados internacionais etc.

1.8.1.1 Características do direito público. Principais diplomas legais

Vejamos os principais ramos do direito público interno:

- **Direito constitucional:** visa regulamentar a estrutura básica do Estado, disciplinando sua organização ao tratar da divisão dos Poderes, das funções e limites de seus órgãos e das relações entre governantes e governados;
  » Diploma legal: Constituição da República Federativa do Brasil de 1988.

- **Direito administrativo:** conjunto de normas que regem a atividade estatal, exceto no que se refere aos atos jurisdicionais e legislativos, objetivando a consecução de fins sociais e políticos ao regulamentar a atuação governamental, a administração dos bens públicos etc.
  » Diploma legal: arts. 37 a 42 da CF/1988 + diversas leis específicas, com destaque para a Lei n. 8.666/1993[52] (Lei de Licitações).

- **Direito tributário:** voltado aos tributos – impostos, taxas e contribuições.
  » Diploma legal: arts. 145 a 162 da CF/1988 + Código Tributário Nacional + leis esparsas.

- **Direito financeiro:** regula a despesa e a receita do Estado.
  » Diploma legal: arts. 145 a 162 da CF/1988.

- **Direito processual**
  » Penal: disciplina a atividade do Poder Judiciário e a dos que a ele requerem ou perante ele litigam, correspondendo, portanto, à função estatal de distribuir a justiça em matéria penal.
    ▴ Diploma legal: Decreto-lei n. 3.689/1941[53] (Código de Processo Penal) + Lei n. 7.210/1984[54] (Lei de Execução Penal) e diversas leis específicas.
  » Civil: disciplina a atividade do Poder Judiciário e a dos que a ele requerem ou perante ele litigam, correspondendo, portanto, à função estatal de distribuir a justiça em matéria civil.

---

[52] BRASIL. *Lei n. 8.666, de 21 de junho de 1993*. Regulamenta o art. 37, inciso XXI, da Constituição Federal, institui normas para licitações e contratos da Administração Pública e dá outras providências. Disponível em: http://www.planalto.gov.br/ccivil_03/LEIS/L8666cons.htm. Acesso em: 15 jul. 2019.

[53] BRASIL. *Decreto-lei n. 3.689, de 3 de outubro de 1941*. Código de Processo Penal. Disponível em: http://www.planalto.gov.br/ccivil_03/decreto-lei/del3689compilado.htm. Acesso em: 15 jul. 2019.

[54] BRASIL. *Lei n. 7.210, de 11 de julho de 1984*. Institui a Lei de Execução Penal. Disponível em: http://www.planalto.gov.br/ccivil_03/LEIS/L7210.htm. Acesso em: 15 jul. 2019.

⊿ Diploma legal: Lei n. 13.105/2015[55] (Código de Processo Civil) + leis esparsas.

- **Direito penal:** complexo de normas que definem crimes e contravenções, estabelecendo penas. Também definido como o complexo de normas que definem a integridade da ordem jurídica, mediante sua função preventiva e repressiva.
  - » Diploma legal: Código Penal; Lei das Contravenções Penais; Lei n. 9.099/1995[56] (Juizados Especiais Criminais) + leis esparsas.

- **Direito eleitoral:** destinado a estudar os sistemas eleitorais e sua legislação, é encarregado de regulamentar os direitos políticos dos cidadãos e o processo eleitoral;
  - » Diploma legal: Lei n. 4.737/1965[57] (Código Eleitoral) + leis esparsas.

- **Direito militar:** relacionado à legislação das Forças Armadas. Tem origem no direito romano, quando era utilizado para manter a disciplina das tropas da legião romana.
  - » Diploma legal: Decreto-lei n. 1.001/1969[58] (Código Penal Militar).

- **Direito urbanístico:** estuda o conjunto de legislações reguladoras da atividade urbanística, isto é, aquelas destinadas a ordenar os espaços habitáveis.
  - » Diploma legal: Lei n. 10.257/2001[59] (Estatuto da Cidade) + leis específicas.

- **Direito sanitário:** ramo da ciência jurídica que tutela a saúde das pessoas. É necessário que haja princípios fundamentais específicos e sistema jurídico especial para a construção desse aparato legal, de forma a instituir um sistema jurídico devidamente estruturado.
  - » Diploma legal: CF/1988 + Lei n. 8.080/1990[60] + leis esparsas.

---

[55] BRASIL. *Lei n. 13.105, de 16 de março de 2015.* Código de Processo Civil. Disponível em: http://www.planalto.gov.br/ccivil_03/_ato2015-2018/2015/lei/l13105.htm. Acesso em: 15 jul. 2019.

[56] BRASIL. BRASIL. *Lei n. 9.099, de 26 de setembro de 1995.* Dispõe sobre os Juizados Especiais Criminais e dá outras providências. Disponível em: http://www.planalto.gov.br/ccivil_03/leis/l9099.htm. Acesso em: 15 jul. 2019.

[57] BRASIL. *Lei n. 4.737, de 15 de julho de 1965.* Institui o Código Eleitoral. Disponível em: http://www.planalto.gov.br/ccivil_03/leis/l4737.htm. Acesso em: 15 jul. 2019.

[58] BRASIL. *Decreto-lei n. 1.001, de 21 de outubro de 1969.* Código Penal Militar. Disponível em: http://www.planalto.gov.br/ccivil_03/decreto-lei/del1001.htm. Acesso em: 15 jul. 2019.

[59] BRASIL. *Lei n. 10.257, de 10 de julho de 2001.* Regulamenta os arts. 182 e 183 da Constituição Federal, estabelece diretrizes gerais da política urbana e dá outras providências. Disponível em: http://www.planalto.gov.br/ccivil_03/leis/leis_2001/l10257.htm. Acesso em: 15 jul. 2019.

[60] BRASIL. *Lei n. 8.080, de 19 de setembro de 1990.* Dispõe sobre as condições para a promoção, proteção e recuperação da saúde, a organização e o funcionamento dos serviços correspondentes e dá outras providências. Disponível em: http://www.planalto.gov.br/ccivil_03/leis/l8080.htm. Acesso em: 15 jul. 2019.

- **Direito internacional público:** normas disciplinadoras das relações entre Estados.
  - » Diploma legal: tratados e acordos internacionais.

1.8.1.2 Características do direito privado. Principais diplomas legais

Quanto ao direito privado interno, temos a seguinte configuração:

- **Direito civil:** regulamenta os direitos e deveres de todos os indivíduos enquanto tais, contendo normas sobre o estado e a capacidade das pessoas e sobre as relações atinentes à família, às coisas, às obrigações e sucessões.
  - » Diploma legal: Código Civil + inúmeras leis específicas.

- **Direito empresarial (antigo direito comercial):** disciplina a atividade do empresário e de qualquer pessoa, física ou jurídica, destinada a fins de natureza econômica, desde que habitual e dirigida à produção de resultados patrimoniais.
  - » Diploma legal: arts. 966 a 1.195 do Código Civil + leis específicas.

- **Direito internacional privado:** rege as relações do Estado com cidadãos pertencentes a Estados diversos, apenas no sentido de conter normas internas de cada país que autorizam o juiz nacional a aplicar ao fato interjurisdicional a norma a ele adequada.
  - » Diploma legal: tratados e acordos internacionais.

1.8.1.3 Características dos direitos difusos. Principais diplomas legais

Quanto ao direito difuso interno, temos:

- **Direito ambiental:** conjunto de princípios e normas jurídicas voltados à proteção jurídica da qualidade do meio ambiente.
  - » Diploma legal: art. 225 da CF/1988 + Lei n. 6.938/1981[61] (Política Nacional do Meio Ambiente) e diversas leis específicas.

- **Direito do consumidor:** relacionado às relações de consumo e à atuação dos direitos das partes – consumidor e fornecedor.
  - » Diploma legal: Código de Defesa do Consumidor.

---

[61] BRASIL. *Lei n. 6.938, de 31 de agosto de 1981.* Dispõe sobre a Política Nacional do Meio Ambiente, seus fins e mecanismos de formulação e aplicação, e dá outras providências. Disponível em: http://www.planalto.gov.br/ccivil_03/LEIS/L6938.htm. Acesso em: 15 jul. 2019.

36   Instituições de Direito

- **Direito da infância e juventude:** atua buscando garantir todas as necessidades das crianças e adolescentes, possibilitando o total desenvolvimento de sua personalidade, mediante condutas protetivas.
  » Diploma legal: Estatuto da Criança e Adolescente.

- **Direito previdenciário:** conjunto de normas que amparam o trabalhador, garantindo-lhe benefícios da previdência e assistência social.
  » Diploma legal: Lei n. 8.212/1991[62] (Lei Orgânica da Seguridade Social) + Lei n. 8.213/1991[63] (Lei dos Planos de Benefícios da Previdência Social) + normativos esparsos.

- **Direito do trabalho (alguns autores o consideram misto):** rege as relações entre empregador e empregado, compreendendo normas sobre a organização do trabalho e da produção.
  » Diploma legal: Decreto-lei n. 5.452/1943[64] (Consolidação das Leis do Trabalho – CLT).

Em relação ao direito difuso externo, a configuração é a seguinte:

- **Direito ambiental internacional.**
  » Diploma legal: tratados e acordos internacionais.

Cabe anotar que há autores que alocam o direito do trabalho e o direito previdenciário como ramos do direito público, mas optamos por inseri-los nos direitos difusos pelo fato de terem natureza jurídica mista.

1.8.2 Alocação do direito constitucional

Como vimos, a Constituição Federal é a base do sistema jurídico. Ela se encontra no topo da pirâmide de Kelsen, como norma maior, ou seja, aquela que confere validade ao sistema. E o direito constitucional é o ramo do direito que estuda a Constituição Federal. Assim sendo, a árvore do conhecimento do direito representa as raízes que levam a seiva através do tronco, e a validade de cada um de seus ramos

---

[62] BRASIL. *Lei n. 8.212, de 24 de julho de 1991.* Dispõe sobre a organização da Seguridade Social, institui Plano de Custeio, e dá outras providências. Disponível em: http://www.planalto.gov.br/ccivil_03/leis/L8212cons.htm. Acesso em: 15 jul. 2019.

[63] BRASIL. *Lei n. 8.213, de 24 de julho de 1991.* Dispõe sobre os Planos de Benefícios da Previdência Social e dá outras providências. Disponível em: http://www.planalto.gov.br/ccivil_03/leis/l8213cons.htm. Acesso em: 15 jul. 2019.

[64] BRASIL. *Decreto-lei n. 5.452, de 1º de maio de 1943.* Aprova a Consolidação das Leis do Trabalho. Disponível em: http://www.planalto.gov.br/ccivil_03/decreto-lei/del5452.htm. Acesso em: 15 jul. 2019.

deriva desse processo, como visto na Figura 1.1. Isso significa que é a Constituição que valida as subdivisões do direito, acima descritos.

O direito constitucional é a esfera da ordenação estatal que está mais intimamente relacionada com todas as demais, por coordená-las, traçando-lhes o contorno periférico. É ele que mantém a unidade da substância dos ramos do direito, segundo aponta Maria Helena Diniz.[65]

> Sobre o direito constitucional falaremos no **Capítulo 3,** mas vamos primeiro encerrar a parte introdutória discutindo as fontes do direito.

Just, espero que você e o leitor tenham compreendido esta parte introdutória e estejam ansiosos para estudar os ramos do direito.

Quero também enfatizar que estamos estudando as características do direito brasileiro, neste momento não cabe estabelecer comparações com o sistema legal de outros países.

---

[65] DINIZ, 2012, p. 269-294.

CAPÍTULO 2

INICIANDO NOSSO ESTUDO DO DIREITO

2.1 FONTES DO DIREITO

De forma simplificada, podemos afirmar que as fontes do direito referem-se às suas bases de origem, de onde provém sua estruturação, a forma como foi construído e constituído, podendo ser divididas em fontes históricas, materiais e formais.

Fontes históricas: o direito acompanha a sociedade no curso de sua evolução, como fenômeno social. Assim, os fatos históricos se constituem em fonte importante de surgimento do direito.

Fontes materiais: o direito se origina da manifestação da própria sociedade, do querer social, portanto não é produto da arbitrariedade de um indivíduo ou grupo de pessoas. Assim, as fontes materiais são os fatos sociais que influenciam o processo de criação da norma jurídica.

Fontes formais: referem-se às formas como as normas jurídicas se exteriorizam, ou seja, as normas jurídicas em si, por exemplo, a lei, a jurisprudência etc.

Para Paulo Dourado de Gusmão,[1] o direito tem fontes *materiais* e fontes *formais*. É comum confundi-las, apesar de serem bem diferentes. No sentido próprio de fontes, afirma o autor que as únicas fontes do direito são as materiais, pois fonte, como metáfora, significa de onde o direito provém. São as materiais que apontam a origem do jurídico e não as formais, que só indicam os meios de que as primeiras, no reino jurídico, se apresentam revestidas. Já as formais são os meios ou as formas como o direito positivo se manifesta na história, ou então os meios pelos quais o direito positivo pode ser conhecido. São, assim, os meios de conhecimento e expressão do direito, isto é, de formulação do direito, pelos quais podemos identificá-lo. Os meios ou as formas (lei, costume, decreto etc.) pelos quais uma

---

[1] GUSMÃO, P. D. *Introdução ao estudo do direito*. Rio de Janeiro: Forense, 1984. p. 127-132.

matéria (econômica, moral, técnica etc.), que não é jurídica, mas que necessita de disciplina jurídica, transforma-se em jurídica.

Para Maria Helena Diniz,[2] o termo fonte é empregado metaforicamente, pois em sentido próprio fonte é a nascente de onde brota uma corrente de água. Justamente por ser uma expressão figurativa, tem mais sentido. Afinal, a água é o bem mais precioso da natureza, de onde brota a vida.

Segundo a autora[3], fonte jurídica seria a origem primária do direito. Trata-se da fonte real ou material do direito, ou seja, dos fatores reais que condicionam o aparecimento de norma jurídica. Destaca-se que as fontes materiais são não só os fatores sociais, que abrangem os históricos ou religiosos, os naturais (clima, solo, raça, natureza geográfica do território, constituição anatômica ou psicológica do homem), os demográficos, os higiênicos, os políticos, os econômicos e os morais (honestidade, decoro, decência, fidelidade, respeito ao próximo), mas também os valores de cada época (ordem, segurança, paz social, justiça), dos quais fluem as normas jurídico-positivas. São elementos que emergem da própria realidade social e dos valores que inspiram o ordenamento jurídico. A autora ensina ainda que o conjunto desses fatores sociais e axiológicos determina a elaboração do direito por meio de atos dos legisladores, magistrados etc.

A fonte formal dá *forma* ao direito, fazendo referência aos modos de manifestação das normas jurídicas, demonstrando quais os meios empregados pelo jurista para conhecer o direito ao indicar os documentos que revelam o direito vigente, possibilitando sua aplicação a casos concretos; apresenta-se, portanto, como fonte de cognição. Assim, as fontes formais são os modos de manifestação do direito, mediante os quais o jurista conhece e descreve o fenômeno jurídico. Logo, quem quiser conhecer o direito deverá buscar a informação desejada em suas fontes formais, ou seja, na lei, nos arquivos de jurisprudência, nos tratados doutrinários. O órgão aplicador, por sua vez, também recorre a elas, invocando-as como justificação de sua norma individual.

Outrossim, segundo Maria Helena Diniz, as fontes formais podem ser estatais e não estatais. As estatais subdividem-se em legislativas (leis, decretos, regulamentos etc.) e jurisprudenciais (sentenças, precedentes judiciais, súmulas etc.). As não estatais abrangem o direito consuetudinário (costume jurídico), o direito científico (doutrina) e as convenções em geral ou negócios jurídicos.

---

[2] DINIZ, M. H. *Compêndio de introdução à ciência do direito.* São Paulo: Saraiva, 2012. p. 301-305.

[3] DINIZ, 2012, p. 303.

2.2 CARATERÍSTICAS DAS NORMAS JURÍDICAS

A caracterização doutrinária da norma jurídica tem-se mostrado difícil, pois as normas, de acordo com sua natureza, podem apresentar características distintas. No entanto, destacamos as características mais apontadas pela doutrina.

- **Bilateralidade:** as normas jurídicas vinculam sempre duas partes, aquele que exige a conduta e aquele que presta tal conduta, atribuindo sempre poder a uma parte e dever à outra. Exemplificando: *em direito público* temos, de um lado, o Estado, que tem o poder de exigir do contribuinte o imposto, e do outro lado o contribuinte, que deve efetuar tal pagamento. *Em direito privado* temos o credor, que tem o poder de exigir do devedor o pagamento, e o devedor, que precisa efetuar esse pagamento. E *em direito difuso* podemos apontar o empresário que deve licenciar sua atividade perante o órgão ambiental, e que em caso de poluição deverá reparar o dano, e o órgão ambiental, que deve expedir o licenciamento, e que com seu poder de polícia deve fiscalizar e exigir que o empresário licencie a atividade e atue em conformidade com a licença expedida.
- **Generalidade:** a norma não tem caráter personalíssimo; é preceito de ordem geral, dirigido indistintamente a todos os indivíduos que se encontrem na mesma situação jurídica.
- **Abstratividade:** a norma é abstrata, ou seja, regula situações de modo geral e hipotético, não sendo possível regular os casos concretos por não prever todas as situações sociais possíveis.
- **Imperatividade:** a norma é imperativa, ou seja, não é mera declaração de uma conduta, mas impõe seu cumprimento, por trazer uma sanção em seu bojo.
- **Coercibilidade:** traduz-se na possibilidade de uso da coação para o cumprimento da norma, seja por meio da intimidação ou uso da força.
- **Vigência:** significa que a norma jurídica preencheu todos os requisitos de validade, passando a integrar o mundo jurídico.
- **Efetividade:** refere-se ao fato de a norma ser de observância não só de seus destinatários, mas também de seus aplicadores.
- **Eficácia:** a norma deve atingir os efeitos sociais planejados quando de sua edição.
- **Legitimidade:** a norma deve se originar de um órgão legislativo legítimo.

2.3 PRINCÍPIOS DO DIREITO

Os princípios constituem o início, onde principia ou se sustenta o direito, ou seja, podem ser vistos como o alicerce ou os pilares do direito.

Just e caro leitor, vejam qual figura é mais interessante para a visualização dessa estrutura: alicerce ou pilar. Elas evidenciam as ideias centrais do sistema jurídico.

Nesse sentido, Sundfeld[4] leciona que, na condição de ideias centrais do sistema, dão sentido lógico, harmonioso, racional ao direito, permitindo compreender o seu modo de organização. O cientista, para conhecer o sistema jurídico, precisa identificar quais os princípios que o ordenam. Sem isso, jamais poderá trabalhar o direito.

Gusmão[5] enfatiza que o direito positivo se fundamenta em certos princípios gerais que dão unidade ao sistema. São os princípios que norteiam o legislador. A esses princípios deve recorrer o intérprete em primeiro lugar. Para atingi-los são necessárias a comparação, a generalização e a abstração progressiva de todo o direito vigente em um país.

Para concluir, tomemos as palavras de Celso Antônio Bandeira de Mello:

> O sistema de uma disciplina jurídica, seu regime, portanto, constitui-se do conjunto de princípios que lhe dão especificidade em relação ao regime de outras disciplinas, por conseguinte, todos os institutos que abarca – à moda do sistema solar dentro do planetário – articulam-se, gravitam, equilibram-se, em função da racionalidade própria deste sistema específico, segundo as peculiaridades que delineiam o regime [...] dando-lhe tipicidade em relação a outros.[6]

---

[4] SUNDFELD, C. A. *Fundamentos de direito público*. São Paulo: Malheiros, 2000. p. 143.
[5] GUSMÃO, 1984, p. 279.
[6] MELLO, C. A. B. *Curso de direito administrativo*. 11. ed. São Paulo: Malheiros, 1998. p. 47.

2.4 LEI DE INTRODUÇÃO ÀS NORMAS DO DIREITO BRASILEIRO

O Decreto-lei n. 4.657, de 4 de setembro de 1942,[7] mais conhecido como Lei de Introdução as Normas do Direito Brasileiro (LINDB), era outrora denominada Lei de Introdução ao Código Civil (LICC).

Embora essa lei não seja considerada uma fonte do direito, trata-se de lei introdutória para auxiliar na interpretação das demais normas jurídicas, versando sobre questões de ordem interna e externa.

A LINDB inicia proclamando que, salvo disposição em contrário, se em um texto de lei promulgado e publicado não constar data de início de sua vigência, a lei começará a vigorar em todo o país 45 dias depois de oficialmente publicada. É a chamada *vacatio legis*, tempo entre a publicação de uma lei e sua entrada em vigor.

Sei que agora você, leitor, pode estar fazendo a mesma pergunta de Just:

— Como assim?

Ora, Just, nem sempre uma lei informa a data em que passará a vigorar. Algumas leis, quando publicadas, dispõem que "esta lei passará a vigorar na data de sua publicação", ou "esta lei passará a vigorar em 180 dias", ou "esta lei passará a vigorar após 360 dias de sua publicação".

No caso de haver omissão dessa informação, o art. 1º da LINDB resolverá o conflito. Melhor explicando: até 1998, com a Lei Complementar n. 95/1998,[8]

---

[7] BRASIL. *Decreto-lei n. 4.657, de 4 de setembro de 1942*. Lei de Introdução às Normas do Direito Brasileiro. Disponível em: http://www.planalto.gov.br/ccivil_03/decreto-lei/del4657compilado.htm. Acesso em: 15 jul. 2019.

[8] BRASIL. *Lei Complementar n. 95, de 26 de fevereiro de 1998*. Dispõe sobre a elaboração, a redação, a alteração e a consolidação das leis, conforme determina o parágrafo único do art. 59 da Constituição Federal, e estabelece normas para a consolidação dos atos normativos que menciona. Disponível em: http://www.planalto.gov.br/ccivil_03/LEIS/LCP/Lcp95.htm. Acesso em: 15 jul. 2019.

44 Instituições de Direito

posteriormente alterada pela Lei Complementar n. 107/2001,[9] a cláusula de vigência vinha expressa, geralmente, na fórmula tradicional: "Esta lei entra em vigor na data de sua publicação". A partir da Lei Complementar n. 95/1998, a vigência da lei deverá vir indicada de forma expressa, estabelecida em dias, e de modo a contemplar prazo razoável para que dela se tenha amplo conhecimento. A cláusula-padrão passou a ser: "Esta lei entra em vigor após decorridos (número de dias) de sua publicação". No caso de o legislador optar pela imediata entrada em vigor da lei, só poderá fazê-lo se verificar que ela é de pequena repercussão, reservando-se para esses casos a fórmula tradicional primeiramente citada. À falta de disposição expressa da cláusula de vigência, aplica-se como regra supletiva a do art. 1º da LINDB, segundo a qual a lei começa a vigorar em todo o país 45 dias depois de oficialmente publicada. Por fim, a contagem de prazo para a entrada em vigor das leis que estabeleçam períodos de vacância far-se-á incluindo a data da publicação e a do último dia do prazo, entrando em vigor no dia subsequente a sua consumação integral.[10]

Com o olhar voltado ao direito internacional, ainda em relação à vigência, prescreve o § 1º do art. 1º que, nos Estados estrangeiros, a obrigatoriedade da lei brasileira, quando admitida, inicia-se três meses depois de oficialmente publicada.

A LINDB prevê também que, se, antes de entrar a lei em vigor, ocorrer nova publicação de seu texto, destinada a correção, o prazo deste artigo e dos parágrafos anteriores começará a correr da nova publicação, pois as correções a texto de lei já em vigor consideram-se lei nova.

Atente para o fato de que, quando uma lei é criada, salvo situações específicas em que ela tenha vigência predeterminada, ou seja, temporária, vigorará até que outra a modifique ou revogue.

A revogação de uma lei anterior por lei posterior deve ser expressamente declarada, porém se admite que ocorra a revogação quando a nova lei seja com ela incompatível ou quando regule inteiramente a matéria de que tratava a lei anterior.

No entanto, a lei nova que estabeleça disposições gerais ou especiais a par das já existentes não revoga nem modifica a anterior. Significando dizer que a norma geral não revoga a especial, assim como a nova especial não revoga a geral, podendo coexistir pacificamente, exceto se disciplinarem de maneira distinta a mesma

---

[9] BRASIL. *Lei Complementar n. 107, de 26 de abril de 2001*. Altera a Lei Complementar n. 95, de 26 de fevereiro de 1998. Disponível em: http://www.planalto.gov.br/ccivil_03/LEIS/LCP/Lcp107.htm#art1. Acesso em: 15 jul. 2019.

[10] PIVA, F.; MILHORANZA, M. G. *LICC comentada*. Disponível em: https://www.paginasdedireito.com.br/index.php/artigos/68-artigos-fev-2008/5990-licc-comentada. Acesso em: 15 jul. 2019.

matéria ou se a revogarem expressamente. Sendo assim, a mera justaposição de normas, sejam gerais ou especiais, às normas já existentes, não é motivo para afetá-las, podendo ambas regerem paralelamente as hipóteses por elas disciplinadas, desde que não haja contradição entre elas.

Salvo disposição em contrário, a lei revogada não se restaura por ter a lei revogadora perdido a vigência, pois não há previsão no ordenamento brasileiro de repristinação da norma jurídica. A repristinação é um fenômeno legislativo no qual há a entrada novamente em vigor de uma norma efetivamente revogada, pela revogação da norma que a revogou.

Você já leu sobre a LINDB no início do **Capítulo 1**, quando vimos que no seu art. 3º consta que não há possibilidade de alguém se desculpar por não conhecer a lei.

Isso causou desagrado a Just, que se sentiu muito injustiçado com essa norma. Ele acha que é humanamente impossível conhecer todas as leis brasileiras. *E é verdade!*

O conhecimento da lei decorre de sua publicação, ou seja, uma vez promulgada, a norma só passa vigorar com sua publicação no *Diário Oficial*, que é o marco para que se repute conhecida por todos. Assim, depois de publicada e uma vez decorrido o prazo da *vacatio legis* (se houver), a lei passa a ser obrigatória para todos, sendo inescusável o erro e a ignorância sobre ela.

Maria Helena Diniz, ao discorrer sobre o tema, faz o seguinte questionamento:

> Como a publicação oficial tem por escopo tornar a lei conhecida, embora empiricamente, ante a complexidade e dificuldade técnica de apreensão, possa uma norma permanecer ignorada de fato, pois se nem mesmo cultores do direito têm pleno conhecimento de todas as normas jurídicas, como se poderia dizer que qualquer pessoa pode ter perfeita ciência da ordem jurídica para observá-la no momento de agir?[11]

De acordo com Tercio Sampaio Ferraz Júnior,[12] o ato da publicação tem por escopo apenas neutralizar a ignorância, sem, contudo eliminá-la, "fazendo com que ela não seja levada em conta, não obstante possa existir". A norma fica conhecida,

---

[11] DINIZ, M. H. *Lei de Introdução ao Código Civil brasileiro interpretada*. São Paulo: Saraiva, 2012. p. 68.
[12] FERRAZ JÚNIOR, T. S. *Introdução ao estudo do direito*. São Paulo: Saraiva, 1984. p. 210, 290.

tornando-se obrigatória e apta a produzir efeitos jurídicos por meio da publicação, protegendo a autoridade contra a desagregação que o desconhecimento da mesma possa lhe trazer, já que uma autoridade ignorada é como se inexistisse.

Apesar da importância deste "conhecer a lei", conforme já exposto, as normas jurídicas são criadas a partir das demandas sociais e nem sempre consegue acompanhar os avanços sociais, por isso que, quando a lei for omissa, o juiz decidirá o caso de acordo com a analogia, os costumes e os princípios gerais de direito, acima descritos, pois o Judiciário não pode se furtar de dizer o direito. Nesse sentido, a utilização da analogia se dá quando o juiz busca em outra lei, que tenha suportes fáticos semelhantes, disposições que a própria lei não apresenta. Já o uso dos costumes, que tratam da prática reiterada de um hábito coletivo, público e notório, pode ter reflexos jurídicos na falta de outra disposição. Finalmente, também pode o magistrado socorrer-se dos princípios gerais de direito, que nada mais são do que regras orais que se transmitem através dos tempos, séculos às vezes, e que pontificam critérios morais e éticos como subsídios do direito.

Além disso, na aplicação da lei, o juiz atenderá aos fins sociais a que ela se dirige e às exigências do bem comum. De acordo com Maria Helena Diniz,[13] a ciência jurídica exerce funções relevantes não só para o estudo do direito, mas também para sua aplicação, viabilizando-o como elemento de controle do comportamento humano ao permitir a flexibilidade interpretativa das normas, autorizada pelo art. 5º da LINDB, e ao propiciar, por suas criações teóricas, a adequação das normas no momento de sua aplicação. Assim, ao interpretar a norma, o intérprete deve levar em conta o coeficiente axiológico e social nela contido, baseado no momento histórico em que está vivendo, já que a norma geral em si deixa em abertas várias possibilidades. Essa decisão é atribuída a um ato de produção normativa, sem esquecer de que, ao aplicar a norma ao caso concreto, o juiz deve fazê-lo atendendo à sua finalidade social e ao bem comum. Em relação ao fim social, a mesma autora afirma:

> pode-se dizer que não há norma jurídica que não deva sua origem a um fim, um propósito ou um motivo prático, que consistem em produzir, na realidade social, determinados efeitos que são desejados por serem valiosos, justos, convenientes, adequados à subsistência de uma sociedade, oportunos, etc.[14]

---

[13] DINIZ, 2012, p. 145, 171.

[14] DINIZ, 2012, p. 145,171.

Outrossim, a lei em vigor terá efeito imediato e geral, respeitados o ato jurídico perfeito, o direito adquirido e a coisa julgada:

- reputa-se *ato jurídico perfeito* o já consumado segundo a lei vigente ao tempo em que se efetuou;
- considera-se *direito adquirido* aquele que seu titular, ou alguém por ele, possa exercer, como aquele cujo começo do exercício tenha termo pré-fixo, ou condição preestabelecida inalterável, ao arbítrio de outrem;
- chama-se *coisa julgada* ou *caso julgado* a decisão judicial de que já não caiba recurso.

Com relação ao direito civil brasileiro, diversos temas que o compõem são apresentados pela LINDB, como o fato de que a lei do país em que é domiciliada a pessoa determina as regras sobre o começo e o fim da personalidade, o nome, a capacidade e os direitos de família. Assim ocorre na Parte Geral do Código Civil (arts. 1º a 21 da Lei n. 10.406/2002).[15]

Quanto ao direito de família, alguns tópicos são apresentados na LINDB, como a realização do casamento no Brasil, à qual será aplicada a lei brasileira quanto aos impedimentos dirimentes e às formalidades da celebração. O casamento de estrangeiros poderá celebrar-se perante autoridades diplomáticas ou consulares do país de ambos os nubentes. Tendo esse domicílio diverso, a lei do primeiro domicílio conjugal regerá os casos de invalidade do matrimônio. O regime de bens, legal ou convencional, obedece à lei do país em que os nubentes estiverem domiciliados, e, se o domicílio for diverso, a do primeiro domicílio conjugal. O estrangeiro casado que se naturalizar brasileiro pode, mediante expressa anuência de seu cônjuge, requerer ao juiz, no ato de entrega do decreto de naturalização, que se apostile a esse decreto a adoção do regime de comunhão parcial de bens, respeitados os direitos de terceiros e encaminhada essa adoção ao competente registro. O divórcio realizado no exterior, se um ou ambos os cônjuges forem brasileiros, só será reconhecido no Brasil depois de um ano da data da sentença, salvo se esta houver sido antecedida de separação judicial por igual prazo, caso em que a homologação produzirá efeito imediato, obedecidas as condições estabelecidas para a eficácia das sentenças estrangeiras no país.

Disciplina ainda a LINDB que o Superior Tribunal de Justiça (STJ), na forma de seu regimento interno, poderá reexaminar, a requerimento do interessado,

---

[15] BRASIL. *Lei n. 10.406, de 10 de janeiro de 2002.* Institui o Código Civil. Disponível em: http://www.planalto.gov.br/ccivil_03/leis/2002/l10406.htm. Acesso em: 15 jul. 2019.

48 Instituições de Direito

decisões já proferidas em pedidos de homologação de sentenças estrangeiras de divórcio de brasileiros, a fim de que passem a produzir todos os efeitos legais. Salvo o caso de abandono, o domicílio do chefe da família estende-se ao outro cônjuge e aos filhos não emancipados, e o do tutor ou curador, aos incapazes sob sua guarda. Quando a pessoa não tiver domicílio, considerar-se-á domiciliada no lugar de sua residência ou naquele em que se encontre.

No direito das coisas, para qualificar os bens e regular as relações a eles concernentes, aplicar-se-á a lei do país em que estiverem situados. Será aplicada a lei do país em que for domiciliado o proprietário quanto aos bens móveis que ele trouxer ou que se destinarem a transporte para outros lugares. O penhor regula-se pela lei do domicílio da pessoa em cuja posse se encontre a coisa apenhada.

Já no direito das sucessões, a sucessão por morte ou por ausência obedece à lei do país em que domiciliado o defunto ou o desaparecido, qualquer que seja a natureza e a situação dos bens. A sucessão de bens de estrangeiros, situados no País, será regulada pela lei brasileira em benefício do cônjuge ou dos filhos brasileiros, ou de quem os represente, sempre que não lhes seja mais favorável a lei pessoal do *de cujus* (o falecido). A lei do domicílio do herdeiro ou legatário regula a capacidade para suceder.

No tocante às organizações destinadas a fins de interesse coletivo, como as sociedades e as fundações, obedecem à lei do Estado em que se constituírem. Não poderão, entretanto, ter no Brasil, filiais, agências ou estabelecimentos antes de serem os atos constitutivos aprovados pelo governo brasileiro, ficando sujeitas à lei do nosso país. Os governos estrangeiros, bem como as organizações de qualquer natureza que eles tenham constituído, dirijam ou hajam investido de funções públicas, não poderão adquirir no Brasil bens imóveis ou suscetíveis de desapropriação. Podem os governos estrangeiros adquirir a propriedade dos prédios necessários à sede dos representantes diplomáticos ou dos agentes consulares.

É competente a autoridade judiciária brasileira quando o réu for domiciliado no Brasil ou aqui tiver de ser cumprida a obrigação. Só à autoridade judiciária brasileira compete julgar as ações relativas a imóveis situados no Brasil. A autoridade judiciária brasileira cumprirá, concedido o *exequatur*[16] e segundo a forma estabelecida

---

[16] De origem latina, essa expressão significa, ao pé da letra, "execute-se", "cumpra-se". Bastante presente no direito internacional brasileiro, trata-se do documento autorizador de um Estado para executar as funções de um cônsul. Assim, o *exequatur* simboliza a jurisdição consular, a sede de sua repartição, e também atesta a qualidade de cônsul do representante do Estado. Nesse caso a competência para a concessão do *exequatur* é do STJ. Ainda, o *exequatur* é o documento autorizador para o cumprimento de cartas rogatórias no Brasil, elaborado presidente do STJ para que validamente se determinem diligências ou atos processuais requisitados pelas autoridades alienígenas a fim de que possam ser executados na jurisdição do juiz competente. Uma vez concedido o *exequatur*, uma carta rogatória será remetida ao juiz federal do Estado para ser cumprida e, depois disso, devolvida ao STJ para que seja remetida ao país de origem.

pela lei brasileira, as diligências deprecadas por autoridade estrangeira competente, observando a lei desta quanto ao objeto das diligências.

A prova dos fatos ocorridos em país estrangeiro rege-se pela lei que nele vigorar quanto ao ônus e aos meios de produzir-se, não admitindo os tribunais brasileiros provas que a lei brasileira desconheça. Não conhecendo a lei estrangeira, poderá o juiz exigir de quem a invoca prova do texto e da vigência.

Será executada no Brasil a sentença proferida no estrangeiro que reúna os seguintes requisitos:

- haver sido proferida por juiz competente;
- terem sido as partes citadas ou haver-se legalmente verificado a revelia, ou seja, sem a presença da pessoa que foi citada;
- ter passado em julgado e estar revestida das formalidades necessárias para a execução no lugar em que foi proferida;
- estar traduzida por intérprete autorizado;
- ter sido homologada pelo Supremo Tribunal Federal (STF).

As leis, atos e sentenças de outro país, bem como quaisquer declarações de vontade, não terão eficácia no Brasil quando ofenderem a soberania nacional, a ordem pública e os bons costumes.

Tratando-se de brasileiros, são competentes as autoridades consulares brasileiras para celebrar seu casamento e os demais atos de registro civil e de tabelionato, inclusive o registro de nascimento e de óbito dos filhos de brasileiro ou brasileira nascido no país da sede do consulado. As autoridades consulares brasileiras também poderão celebrar a separação consensual e o divórcio consensual de brasileiros, desde que não haja filhos menores ou incapazes do casal e observados os requisitos legais quanto aos prazos. É preciso constar da respectiva escritura pública as disposições relativas à descrição e à partilha dos bens comuns e à pensão alimentícia e, ainda, ao acordo quanto à retomada pelo cônjuge de seu nome de solteiro ou à manutenção do nome adotado quando se deu o casamento. É indispensável à assistência de advogado, devidamente constituído, que se dará mediante a subscrição de petição, juntamente com ambas as partes, ou com apenas uma delas, caso a outra constitua advogado próprio; não é necessário que a assinatura do advogado conste da escritura pública.

Em recente alteração, a LINDB volta o olhar para os conflitos interpretativos administrativos e judiciais referentes à gestão da coisa pública, que devem ser observados pelos administradores públicos.

Just e caro leitor, espero que vocês tenham conseguido acompanhar as lições deste capítulo. Esse normativo legal tem grande importância para dirimir conflitos interpretativos legais.

Agora falaremos sobre o direito constitucional, a seiva de todos os ramos do direito, representado pela nossa Lei Maior – a Constituição Federal. Desejo que vocês se encantem com o conhecimento que será descortinado nas páginas seguintes, pois todo e cada brasileiro tem o direito e o dever de conhecer sua Constituição.

Saber de onde derivam os direitos e deveres
é um exercício de cidadania!

 Defendo a ideia de levar o direito constitucional às crianças desde sua entrada na escola, para que também sejam alfabetizadas politicamente.

CAPÍTULO 3

DIREITO CONSTITUCIONAL

 Just e caro leitor, chegamos ao capítulo mais importante deste livro, em que falaremos sobre o direito constitucional, cujo objeto é o estudo da Constituição Federal – nossa Lei Maior, da qual dependem todas as demais normas jurídicas, formando assim o sistema jurídico (que já estudamos). Decerto que não será possível o estudo completo de toda a Constituição, por isso discutiremos alguns temas, os de maior importância para construção da cidadania.

Sempre convido meus alunos a adquirir um exemplar da Constituição Federal para leitura diária. Conhecer a Lei Maior do Brasil é mais do que um dever: é um direito em um país democrático!

Espero que vocês tomem posse desse conhecimento que ora é partilhado e o multipliquem!

3.1 NOÇÕES BÁSICAS DE DIREITO CONSTITUCIONAL

Como já vimos, todos os temas do direito possuem uma base sólida para alicerçá-lo. É por isso que, em todas as áreas do direito que estudarmos, após uma breve introdução, vou sempre apresentar um conceito e os princípios que regem o ramo do direito em estudo.

No tocante ao direito constitucional, sua origem e sua própria história estão intimamente associadas ao surgimento e à própria evolução do Estado, na exata medida em que é por meio do denominado poder constituinte que nasce a concepção básica do Estado e da própria Constituição como organização jurídico-política fundamental que transforma a Nação em efetivo Estado.[1]

O Estado[2] evoluiu da Antiguidade à Idade Moderna, até atingir o chamado Estado intervencionista, em face das múltiplas atividades que passou a exercer – e na mesma medida o desenvolvimento do direito constitucional se acelerou.

A terminologia *direito constitucional* formalizou-se no fim do século XVIII, precisamente em 26 de setembro de 1791, quando a Assembleia Constituinte francesa determinou às faculdades de Direito que ministrassem aulas sobre a Constituição

---

[1] FRIEDE, R. *Curso analítico de direito constitucional e de teoria geral do Estado.* Rio de Janeiro: Forense, 2002. p. 1.
[2] Sobre a origem e a evolução do Estado, vale a pena conhecer a obra DALLARI, Dalmo de Abreu. *Elementos de teoria geral do Estado.* São Paulo: Saraiva, 2002., que, com grande riqueza, aborda o tema com clareza e de forma agradável.

52 Instituições de Direito

da França. Segundo Uadi Lammêgo Bulos, a Faculdade de Direito de Paris foi a primeira a inserir essa disciplina em sua grade, em 1834.[3]

José Afonso da Silva[4] ensina que a palavra *constituição* é empregada com vários significados, exprimindo todos eles a ideia de modo de ser de alguma coisa e, por extensão, de organização interna de suas entidades. Nesse sentido é que se diz que *todo Estado tem constituição*, que é o simples *modo de ser do Estado*, e como tal é sua lei fundamental. Segundo Silva, a constituição pode ser conceituada como "um sistema de normas jurídicas, escritas ou costumeiras, que regula a forma do Estado, a forma de seu governo, o modo de aquisição e o exercício do poder, o estabelecimento dos seus órgãos e os limites de sua ação".[5] Em síntese, a "constituição é o conjunto de normas que organiza os elementos constituintes do Estado".[6]

Os elementos constituintes do Estado são: povo, território, poder e soberania.[7] E a soberania, que é o poder do Estado, advém da Constituição, sua Lei Maior.

As Constituições se classificam conforme o Quadro 3.1.

QUADRO 3.1   Classificação das Constituições[8]

Conteúdo	Materiais
	Formais
Forma	Escritas
	Não escritas
Modo de elaboração	Dogmáticas
	Históricas
Origem	Populares (democráticas) ou promulgadas
	Outorgadas
Estabilidade	Rígidas
	Flexíveis
	Semirrígidas

Fonte: elaborado pela autora.

---

[3] BULOS, U. L. *Curso de direito constitucional.* São Paulo: Saraiva, 2009. p. 1.

[4] SILVA, J. A. *Curso de direito constitucional positivo.* São Paulo: Malheiros, 2006. p. 39.

[5] SILVA, 2006.

[6] SILVA, 2006.

[7] DALLARI, 2002.

[8] Sobre essa classificação, convido à leitura da obra de SILVA, 2006.

Vale anotar que a atual Constituição brasileira, de 1988, é classificada como *formal, escrita, dogmática, promulgada* e *rígida*. E essa rigidez encontra guarida no processo rigoroso de alteração/emenda constitucional (art. 60 da Constituição – CF/1988),[9] que veremos a seguir.

De acordo com José Afonso da Silva,[10] a Constituição tem por objeto estabelecer a estrutura do Estado, a organização de seus órgãos, o modo de aquisição do poder e a forma de seu exercício, os limites da atuação, assegurar os direitos e garantias dos indivíduos, além de fixar o regime político e disciplinar os fins socioeconômicos do Estado, bem como os fundamentos dos direitos econômicos, sociais e culturais, sendo elaborada por um poder constituinte.

3.1.1 Do poder constituinte

As normas constitucionais, pelo fato de ocuparem o topo do ordenamento jurídico, são providas de elaboração mais complexa do que aquelas ditadas pela própria ordem jurídica, que têm caráter ordinário. E o poder constituinte pode ser conceituado como aquele poder capaz de criar, modificar ou implementar normas de força constitucional.

Nos Estados democráticos, a titularidade do poder constituinte pertence ao povo, pois o Estado decorre da soberania popular. Em razão do fato de sua titularidade pertencer ao povo, o poder constituinte é permanente, isto é, não se esgota em um ato de seu exercício, uma vez que o povo não pode perder o direito de querer e de mudar sua vontade.

Embora na atualidade haja um consenso teórico em afirmar ser o povo o titular do poder constituinte, o exercício deste nem sempre tem se realizado democraticamente. Apesar de legitimamente o poder constituinte pertencer sempre ao povo, temos duas formas distintas para seu exercício: outorga e assembleia nacional constituinte. A *outorga* é o estabelecimento da Constituição pelo próprio detentor do poder, sem a participação popular. É ato unilateral do governante, que autolimita seu poder e impõe as regras constitucionais ao povo. A *Assembleia Nacional Constituinte* é a forma típica de exercício do poder constituinte, em que o povo, seu legítimo titular, democraticamente, outorga poderes a seus representantes, especialmente eleitos para a elaboração da Constituição.

---

[9] BRASIL. *Constituição da República Federativa do Brasil de 1988*. Disponível em: http://www.planalto.gov.br/ccivil_03/constituicao/constituicaocompilado.htm. Acesso em: 30 ago.2019.

[10] SILVA, 2006, p. 44.

54   Instituições de Direito

A doutrina costuma distinguir as seguintes espécies de poder constituinte: poder constituinte originário e poder constituinte derivado, tendo este como espécies o poder reformador, o decorrente e o revisor.

- O *poder constituinte originário* (também denominado genuíno, primário ou de primeiro grau) é o poder de elaborar uma Constituição. Não encontra limites no direito positivo anterior e não deve obediência a nenhuma regra jurídica preexistente. Assim, podemos caracterizar o poder constituinte originário como inicial, permanente, absoluto, soberano, ilimitado, incondicionado, permanente e inalienável.

- O *poder constituinte derivado* (também denominado reformador, secundário, instituído, constituído, de segundo grau, de reforma) se ramifica em três espécies:

  » o poder constituinte derivado *reformador*, que abrange as prerrogativas de modificar, implementar ou retirar dispositivos da Constituição;

  » o poder constituinte derivado *decorrente*, que consagra o princípio federativo de suas unidades é a alma da autonomia das federações na forma de sua constituição. Assim, todos os Estados, o Distrito Federal e até os Municípios (estes na forma de lei orgânica) poderão ter suas constituições específicas em decorrência do poder constituinte derivado;

  » o poder constituinte derivado *revisor*, que, a exemplo de nossa própria Constituição Federal, possibilita a revisão de dispositivos constitucionais que necessitem de reformas.

É o poder de reforma que permite a mudança da Constituição, adaptando-a a novas necessidades, sem que para tanto seja preciso recorrer ao poder constituinte originário. É um poder derivado (porque instituído pelo poder constituinte originário), subordinado (porque se encontra limitado pelas normas estabelecidas pela própria Constituição, as quais não poderá contrariar, sob pena de inconstitucionalidade) e condicionado (porque seu modo de agir deve seguir as regras previamente estabelecidas pela própria Constituição). Essas limitações ao poder constituinte derivado (ou de reforma) são comumente classificadas em três grandes grupos: limitações *temporais, circunstanciais* e *materiais*.

- As *limitações temporais* consistem na vedação, por determinado lapso temporal, da alterabilidade das normas constitucionais. A Constituição insere norma proibitiva de reforma de seus dispositivos por um prazo determinado. Não estão presentes em nossa atual Constituição. No Brasil, somente a Constituição do Império estabelecia esse tipo de limitação: em seu art. 174,[11] determinava que apenas após quatro anos de sua vigência poderia ser reformada.

- As *limitações circunstanciais* evitam modificações na Constituição em certas ocasiões anormais e excepcionais do país, em que possa estar ameaçada a livre manifestação do órgão reformador. Busca-se afastar eventual perturbação à liberdade e à independência dos órgãos incumbidos da reforma. A atual Constituição consagra tais limitações ao vedar a emenda na vigência de intervenção federal, de estado de defesa ou de estado de sítio (art. 60, § 1º).

- As *limitações materiais* excluem determinadas matérias ou conteúdo da possibilidade de reforma, visando assegurar a integridade da Constituição ao impedir que eventuais reformas provoquem sua destruição ou impliquem profunda mudança de sua identidade. Tais limitações podem ser explícitas ou implícitas.

  » As *limitações materiais explícitas* correspondem àquelas matérias que o constituinte definiu expressamente na Constituição como inalteráveis. O próprio poder constituinte originário faz constar em sua obra um núcleo imodificável. Tais limitações inserem-se, pois, expressamente, no Texto Constitucional e são conhecidas por "cláusulas pétreas". Na vigente Constituição, estão prescritas no art. 60, § 4º, segundo o qual "não será objeto de deliberação a proposta de emenda tendente a abolir: a forma federativa de Estado; o voto direto, secreto, universal e periódico; a separação dos Poderes; os direitos e garantias individuais".

  » As *limitações materiais implícitas* são aquelas matérias que, apesar de não inseridas no Texto Constitucional, estão implicitamente fora do alcance do poder de reforma, sob pena de implicar a ruptura da ordem constitucional. Isso porque, caso pudessem ser modificadas pelo poder constituinte derivado, de nada adiantaria a previsão expressa das demais limitações. São apontadas pela doutrina três importantes limitações materiais implícitas, a saber:

    1. *a titularidade do poder constituinte originário,* pois uma reforma constitucional não pode mudar o titular do poder que cria o próprio poder reformador;

    2. *a titularidade do poder constituinte derivado,* pois seria um absurdo que o legislador ordinário estabelecesse novo titular de um poder derivado só pela vontade do constituinte originário; e

---

[11] BRASIL. *Constituição Política do Império do Brazil (de 25 de março de 1824).* Disponível em: http://www.planalto.gov.br/ccivil_03/constituicao/constituicao24.htm. Acesso em: 15 jul. 2019.

3. *o processo da própria reforma constitucional,* caso contrário poderiam restar fraudadas as limitações explícitas impostas pelo constituinte originário.

O *poder constituinte decorrente* é aquele atribuído aos Estados-membros para se auto-organizarem mediante a elaboração de suas constituições estaduais, desde que respeitadas as regras limitativas impostas pela Constituição Federal. Como se vê, também é um poder derivado, limitado e condicionado, uma vez que é resultante do texto constitucional.

Assim, a reforma de uma Constituição é feita por meio de um processo previsto constitucionalmente (art. 60 da CF/1988), intitulado *emenda constitucional.*

Entretanto, vale adiantar que há um núcleo intangível, que embora permita emenda, não admite supressão de seu teor. Ele é disciplinado no art. 60, § 4º, I a IV, da CF/1988.

Esse núcleo abrange a forma federativa de Estado; o voto direto, secreto, universal e periódico; a separação de Poderes; e os direitos e garantias fundamentais, que não podem ser suprimidos da ordem jurídica nacional ou sequer ser alterados no sentido de diminuição ou esvaziamento de seu conteúdo – somente poderão ser ampliados seus direitos correspondentes. Isso significa dizer que qualquer tentativa de fazê-lo será tida como inconstitucional, ou, então, deverá ser convocada nossa Assembleia Constituinte para formular nova Constituição para o país.

Dispõe a Constituição:[12]

> Art. 60. A Constituição poderá ser emendada mediante proposta:
>
> I – de um terço, no mínimo, dos membros da Câmara dos Deputados ou do Senado Federal;
>
> II – do Presidente da República;
>
> III – de mais da metade das Assembleias Legislativas das unidades da Federação, manifestando-se, cada uma delas, pela maioria relativa de seus membros.
>
> § 1º A Constituição não poderá ser emendada na vigência de intervenção federal, de estado de defesa ou de estado de sítio.
>
> § 2º A proposta será discutida e votada em cada Casa do Congresso Nacional, em dois turnos, considerando-se aprovada se obtiver, em ambos, três quintos dos votos dos respectivos membros.

---

[12] BRASIL, 1988.

> § 3º A emenda à Constituição será promulgada pelas Mesas da Câmara dos Deputados e do Senado Federal, com o respectivo número de ordem.
>
> **§ 4º Não será objeto de deliberação a proposta de emenda tendente a abolir:**
>
> **I – a forma federativa de Estado;**
>
> **II – o voto direto, secreto, universal e periódico;**
>
> **III – a separação dos Poderes;**
>
> **IV – os direitos e garantias individuais.**
>
> § 5º A matéria constante de proposta de emenda rejeitada ou havida por prejudicada não pode ser objeto de nova proposta na mesma sessão legislativa.

3.1.2 Princípios constitucionais

Como já vimos, todos os ramos do direito possuem princípios – seus pilares ou alicerces, como preferir – para se estruturar.

Os mais diversos autores enumeram uma série de princípios constitucionais que estão insculpidos no Texto Constitucional, mas passaremos a uma análise sucinta dos princípios fundamentais.

José Afonso da Silva destaca:

> [...] a palavra princípio é equívoca. Aparece com sentidos diversos. Apresenta a acepção de *começo*, de *início*. *Norma de princípio* (ou disposição de princípio), p. ex., significa norma que contém o início ou esquema de um órgão, entidade ou de programa, como são as *normas de princípio instituti-vo* e *as de princípio programático*. Não é nesse sentido que se acha a palavra *princípios* da expressão *princípios fundamentais* do Título I da Constituição. *Princípio* aí exprime a noção de "mandamento nuclear de um sistema".[13]

Segundo Canotilho e Vital Moreira, os princípios constitucionais são basicamente de duas categorias: *princípios político-constitucionais* e *princípios jurídico-constitucionais*.

> *Princípios político-constitucionais:* constituem-se daquelas decisões políticas fundamentais concretizadas em normas conformadoras do sistema constitucional positivo, e são, segundo Crisafulli, *normas-princípio*, isto é, "normas fundamentais de que derivam logicamente (e em que, portanto, já se manifestam implicitamente) as normas particulares regulando imediatamente relações específicas da vida social." São esses princípios fundamentais que constituem a matéria dos arts. 1º a 4º do Título I da Constituição.

---

[13] SILVA, 2006, p. 84 e s.

Princípios jurídico-constitucionais: são princípios constitucionais informadores da ordem jurídica nacional. Decorrem de certas normas constitucionais e, não raro, constituem desdobramentos (ou princípios derivados) dos fundamentais, como o princípio da supremacia da constituição e o consequente princípio da constitucionalidade, o princípio da legalidade, o princípio da isonomia, o princípio da autonomia individual, decorrente da declaração dos direitos, o da proteção social dos trabalhadores, fluente de declaração dos direitos sociais, o da proteção da família, do ensino e da cultura, o da independência da magistratura, o da autonomia municipal, os da organização e representação partidária, e os chamados princípios-garantias (o do *nullum crimen sine lege* e da *nulla poena sine lege*, o do devido processo legal, o do juiz natural, o do contraditório entre outros, que figuram nos incisos XXXVII a LX do art. 5º).[14]

Analisando nossa CF/1988, podemos listar os seguintes princípios constitucionais fundamentais:

- **princípios relativos à existência, forma, estrutura e tipo de Estado:** República Federativa do Brasil, soberania e Estado Democrático de Direito – confira o art. 1º, *caput* e inciso I, da CF/1988;
- **princípios relativos à forma de governo e à organização dos Poderes:** República, e independência e harmonia dos poderes – confira os arts. 1º e 2º;
- **princípios relativos à organização da sociedade:** princípio da livre organização social, da convivência justa e da solidariedade, e princípio da valorização social do trabalho e da livre-iniciativa – confira os arts. 1º, IV, e 3º, I;
- **princípios relativos ao regime político:** princípio da cidadania, da dignidade da pessoa, do pluralismo político, da soberania popular, da representação política e da participação popular direta – confira o art. 1º, I, II, II e V e seu parágrafo único;
- **princípios relativos à prestação positiva do Estado:** princípio da independência e do desenvolvimento social, da justiça e da não discriminação – confira o art. 3º, II, III e IV;
- **princípios relativos à comunidade internacional:** princípio da independência nacional, do respeito aos direitos humanos, da autodeterminação dos povos, da não intervenção, da igualdade entre os Estados, da defesa da paz, da solução pacífica dos conflitos, do repúdio ao terrorismo, da cooperação entre os

---

[14] CANOTILHO, J. J. G.; MOREIRA, V. *Constituição da República portuguesa anotada.* 2 ed. v.1, Coimbra: Coimbra, 1984, apud SILVA, 2006, p. 86.

povos para o progresso da humanidade, da concessão de asilo político e da integração política, econômica, social e cultural com os outros povos da América Latina – confira o art. 4º e seus incisos.

3.1.3 Interpretação das normas constitucionais

Sobre a interpretação das normas constitucionais, iniciamos com os ensinamentos de Alexandre de Moraes:[15]

> O conflito entre direito de bens constitucionalmente protegidos resulta do fato de a Constituição proteger certos bens jurídicos (saúde pública, segurança, liberdade de imprensa, integridade territorial, defesa nacional, família, idosos, índios etc.), que podem vir a envolver-se numa relação do conflito ou colisão. Para solucionar-se esse conflito, compatibilizando-se as normas constitucionais, a fim de que todas tenham aplicabilidade, a doutrina aponta diversas regras de hermenêutica constitucional em auxilio ao *intérprete.*

Michel Temer esclarece:

> Para a boa interpretação constitucional é preciso verificar, no interior do sistema, quais as normas que foram prestigiadas pelo legislador constituinte ao ponto de convertê-las em *princípios* regentes desse sistema de valoração. Impende examinar como o constituinte posicionou determinados preceitos constitucionais. Alcançada, exegeticamente, essa valoração é que teremos os princípios. Estes, como assinala Celso Antônio Bandeira de Mello, são mais do que normas, servindo como vetores para soluções interpretativas. De modo que é preciso, para tal, conhecer cada sistema normativo.
>
> No nosso, ressaltam o princípio federativo, o voto direto, secreto e universal e periódico; a separação dos poderes;[16] os direitos e garantias individuais. Essa saliência é extraída do art. 60, parágrafo 4º do Texto Constitucional, que impede emenda tendente a abolir tais princípios.
>
> Por isso, a interpretação de uma norma constitucional levará em conta todo o sistema, tal como positivado, dando-se ênfase, porém, para os princípios que foram valorizados pelo constituinte. Também não se pode deixar de verificar qual o sentido que o constituinte atribui às palavras do texto constitucional, perquirição que só é possível pelo exame do todo normativo, após a correta apreensão da principiologia que ampara aquela palavra.[17]

---

[15] MORAES, A. *Direito constitucional.* 29. ed. São Paulo: Atlas, 2013. p. 14.

[16] Separação de Poderes: defendo que deva ser utilizada a expressão *separação de funções,* uma vez que o poder do Estado é uno.

[17] TEMER, M. *Elementos de direito constitucional.* São Paulo: Revista dos Tribunais, 1990. p. 25-26.

60   Instituições de Direito

Pudemos, com as citações em destaque, entender a importância da interpretação da norma, uma vez que, como salientou Temer, há princípios e direitos que não podem ser alterados, ou seja, para eles não cabem as chamadas emendas constitucionais. Outra questão importante diz respeito ao conflito de princípios. A análise deve ser feita sopesando os princípios e buscando o prevalecimento de um deles, conforme o caso concreto. Nas palavras de Raul Horta:

> A Constituição Federal há de ser sempre interpretada, pois somente por meio da conjugação da letra do texto com as características históricas, políticas, ideológicas do momento, se encontrará o melhor sentido da norma jurídica, em confronto com a realidade sócio político-econômica e almejando sua plena eficácia.[18]

3.1.4 As normas constitucionais e sua aplicabilidade

As normas constitucionais serão analisadas no tocante a sua aplicabilidade, no sentido da necessidade ou não de uma norma infraconstitucional regulamentá-la.

3.1.4.1 Normas constitucionais de eficácia plena, contida e limitada

Essa classificação tradicional é dada por José Afonso da Silva:

> São normas constitucionais de eficácia plena: "aquelas que, desde a entrada em vigor da Constituição, produzem, ou têm, possibilidade de produzir, todos os efeitos essenciais, relativamente aos interesses, comportamentos e situações, que o legislador constituinte, direta e normativamente, quis regular" (por exemplo: os remédios populares).
>
> São normas constitucionais de eficácia contida: "aquelas que o legislador constituinte regulou suficientemente os interesses relativos a determinada matéria, mas deixou margem à atuação restritiva por parte da competência discricionária do poder público, nos termos que a lei estabelecer ou nos termos de conceitos gerais nelas enunciados" (ex.: CF, art. 5º, XIII).[19]

São normas constitucionais de eficácia limitada "aquelas que apresentam aplicabilidade indireta, mediata e reduzida, porque somente incidem totalmente sobre esses interesses, após uma normatividade ulterior que lhes desenvolva a aplicabilidade", aponta Moraes[20] (por exemplo: art. 192, § 3º, da CF/1988).

---

[18] HORTA, R. M. *Estudos de direito constitucional.* Belo Horizonte: Del Rey, 1995. p. 239-240.

[19] SILVA, 2006, p. 154.

[20] MORAES, A. *Direito Constitucional.* 29 ed. São Paulo: Atlas, 2013. p. 11.

3.1.4.2 Normas constitucionais com eficácia absoluta, plena, relativa restringível e relativa complementável ou dependentes de complementação

Maria Helena Diniz[21] propõe uma nova espécie de classificação das normas constitucionais, tendo por critério a intangibilidade e a produção dos efeitos concretos. Vejamos as bases do estudo apresentado pela referida autora.

- São normas constitucionais de eficácia absoluta "as intangíveis; contra elas nem mesmo há o poder de emendar". Como exemplo, destacamos: arts. 1º, 14, 2º e 5º, I a LXXVII, da CF/1988, que, por serem insuscetíveis de emenda, são intangíveis, por força dos arts. 60, § 4º, e 34, VII, *a* e *b*.

- As normas de eficácia plena "são plenamente eficazes...", desde sua entrada em vigor, para disciplinar as relações jurídicas ou o processo de sua efetivação, por conterem todos os elementos imprescindíveis para que haja a possibilidade da produção imediata dos efeitos previstos, já que, apesar de suscetíveis de emenda, não requerem normação subconstitucional subsequente. Podem ser imediatamente aplicadas.

- As normas com eficácia relativa restringível correspondem às de eficácia contida de José Afonso da Silva, mas, aceitando a lição de Michel Temer, preferimos denominá-las normas constitucionais de eficácia redutível ou restringível, por serem de aplicabilidade imediata ou plena, embora sua eficácia possa ser reduzida, restringida nos casos e na forma que a lei estabelecer, têm, portanto, seu alcance reduzido pela atividade legislativa.

- As normas com eficácia relativa dependente de complementação legislativa são aquelas que têm aplicação mediata, por dependerem de norma posterior, ou seja, de lei complementar ou ordinária, que lhes desenvolva a eficácia, permitindo o exercício do direito ou do benefício consagrado.

3.1.4.3 Normas programáticas

Conforme Jorge Miranda, citado por José Afonso da Silva,

> São de aplicação diferida, e não de aplicação ou execução imediata; mais do que comandos-regras, explicitam comandos-valores; conferem elasticidade ao ordenamento constitucional; têm como destinatário primacial –

---

[21] DINIZ, M. H. *Norma constitucional e seus efeitos.* 3. ed. São Paulo: Saraiva, 1997. p. 92.

embora não único – o legislador, a cuja opção fica a ponderação do tempo e dos meios em que vêm a ser revestidas de plena eficácia (e nisso consiste a discricionariedade); não consentem que os cidadãos ou quaisquer cidadãos as invoquem já (ou imediatamente após a entrada em vigor da Constituição), pedindo aos tribunais o seu cumprimento só por si, pelo que pode haver quem afirme que os direitos que delas constam, máxime os direitos sociais, têm mais natureza de expectativas que de verdadeiros direitos subjetivos; aparecem, muitas vezes, acompanhadas de conceitos indeterminados ou parcialmente indeterminados.[22]

Temos ainda os arts. 21, IX, 23, 170, 205, 211, 215, 218 e 226, § 2º, da CF/1988 como exemplos de normas programáticas.

3.2 FUNDAMENTOS E OBJETIVOS DA REPÚBLICA FEDERATIVA DO BRASIL

Caro leitor, nesta nossa jornada do saber constitucional, o art. 1º da CF/1988 preceitua em seus incisos os pilares de sustentação da democracia brasileira, apresentando a federação formada pela união indissolúvel dos Estados e Municípios e do Distrito Federal. Isso significa dizer que em nosso país é inadmissível a secessão, ou seja, a separação das unidades federativas. O art. 1º também declara que o poder do Estado vem do povo, que no regime democrático elege seus representantes. Declara ainda, no art. 2º, a independência e a necessidade de harmonia entre os Poderes Legislativo, Executivo e Judiciário, relacionando no art. 3º os quatro objetivos fundamentais da República do Brasil.

Sobre isso tudo discutiremos nas próximas linhas. Agora, convido você a ler os artigos a seguir destacados de nossa Constituição.[23]

> **Art. 1º** A República Federativa do Brasil, formada pela união indissolúvel dos Estados e Municípios e do Distrito Federal, constitui-se em Estado Democrático de Direito e **tem como fundamentos**:
>
> I – a soberania;
>
> II – a cidadania
>
> III – a dignidade da pessoa humana;

---

[22] SILVA, 2006, p. 88.
[23] BRASIL, 1988.

CAPÍTULO 3 | DIREITO CONSTITUCIONAL   63

> IV – os valores sociais do trabalho e da livre iniciativa;
>
> V – o pluralismo político.
>
> Parágrafo único. **Todo o poder emana do povo**, que o exerce por meio de representantes eleitos ou diretamente, nos termos desta Constituição.
>
> **Art. 2º** São Poderes da União, independentes e harmônicos entre si, o Legislativo, o Executivo e o Judiciário.
>
> **Art. 3º** Constituem **objetivos fundamentais** da República Federativa do Brasil:
>
> I – construir uma sociedade livre, justa e solidária;
>
> II – garantir o desenvolvimento nacional;
>
> III – erradicar a pobreza e a marginalização e reduzir as desigualdades sociais e regionais;
>
> IV – promover o bem de todos, sem preconceitos de origem, raça, sexo, cor, idade e quaisquer outras formas de discriminação.

3.2.1 Fundamentos

Os Fundamentos da República brasileira estão estampados no Título I da CF/1988, enfatizando os seguintes princípios:[24]

- **princípio republicano (art. 1º, *caput*):** estabelece a forma de governo[25] do Brasil. República se contrapõe a monarquia, em que tudo pertence ao Rei, o qual governava de modo absoluto e irresponsável. Consagrou-se como nosso sistema

---

[24] BULOS, 2009, p. 410-422.

[25] Atualmente, as formas de governo são apenas duas: *monarquia* e *república*. São formas que se excluem reciprocamente, pois um governo ou é monárquico ou republicano, portanto, mostra-se de modo nítido, o tipo de governo existente em um Estado. Note-se, entretanto, que um governo pode ser ao mesmo tempo monárquico e democrático, republicano e democrático, republicano e aristocrático etc., o que demonstra perfeitamente que as duas formas básicas de governo são realmente as acima apontadas.
A monarquia é a forma de governo em que o poder está nas mãos de um indivíduo, isto é, de uma pessoa física. As monarquias podem ser: a) absolutas, quando o monarca reúne na sua pessoa os Poderes Executivo, Legislativo e Judiciário, podendo delegar esses poderes ou parte deles; b) limitadas, quando o soberano governa de acordo com os costumes há muito estabelecidos, ou subordinado a um corpo de leis ou a um parlamento; c) arbitrárias, quando o monarca se considera acima das leis e governa com arbítrio absoluto; d) constitucionais, quando o soberano governa obedecendo a uma Constituição que lhe limita o arbítrio. A república é a forma de governo em que existem os três Poderes constitucionais, o Legislativo, o Executivo e o Judiciário, e na qual os dois primeiros derivam de eleição popular. Alguns autores acrescentam que na república o chefe de governo é eleito e temporário, ao contrário do que acontece nas monarquias. As repúblicas apresentam apenas duas modalidades: a) aristocráticas, aquelas em que o direito de eleger os órgãos supremos do poder pertence a uma classe privilegiada, excluindo-se as classes populares; b) democráticas, aquelas em que o direito de eleger e ser eleito pertence a todos os cidadãos, sem distinção de classes, respeitando-se apenas as limitações legais. Texto de acordo com as lições de DALLARI, 2002, *passim*.

64 Instituições de Direito

de governo o presidencialismo;[26]

- **princípio federativo (art. 1º, *caput*):** prescreve a forma de Estado em vigor no Brasil. A federação é responsável pela indissolubilidade entre a União, Estados, Distrito Federal e Municípios (art. 1º, *caput*, combinado com o art. 18 da CF/1988). Não há o direito de secessão, pelo qual os entes federativos podem ser separados. Qualquer tentativa nesse sentido enseja o uso da intervenção federal (art. 34 e seguintes da CF/1988);

- **princípio do Estado Democrático de Direito (art. 1º, *caput*):** reconhece a República Federativa do Brasil como uma ordem estatal justa, mantenedora das liberdades públicas e do regime democrático;

- **princípio da soberania (art. 1º, I):** revela a qualidade máxima do poder. O Estado é soberano, e essa soberania apresenta dupla feição: *externa* e *interna*. A *externa* refere-se ao princípio da independência nacional (art. 3º, I), não se sujeitando a outro Estado, enquanto a *interna* engloba as capacidades de auto-organização, autogerenciamento financeiro e autogoverno;

- **princípio da cidadania (art. 1º, II):** é o *status* das pessoas físicas que estão no pleno gozo de seus direitos políticos, tanto na capacidade ativa (votar) como na passiva (ser eleito), bem como de participar da vida do Estado;

- **princípio da dignidade da pessoa humana (art. 1º, III):** agrega a unanimidade dos direitos e garantias fundamentais;

- **princípio dos valores sociais do trabalho e da livre-iniciativa (art. 1º, IV):** a livre-iniciativa é um modo qualificado de agir, presente em todos os momentos, perfeita e acabada naquilo em que consiste: a iniciativa não se toma mais ou menos livre. Como fundamento, ou há ou não há livre-iniciativa. No caso dos valores sociais do trabalho, a ênfase está na valorização, portanto, no ato

---

[26] Há dois sistemas de governo, o parlamentarismo e o presidencialismo. O governo parlamentar foi uma lenta criação da história política da Inglaterra. O governo de gabinete, como costumam denominá-lo os escritores ingleses, refletiu exatamente na sua formação e evolução, com as vicissitudes e peculiaridades do ambiente jurídico e político daquele país. Um dos princípios fundamentais do governo parlamentar consiste na formação do gabinete mediante escolha de seus membros dentre a maioria parlamentar. Como responsáveis supremos estão os ministros e o gabinete. Principais características do parlamentarismo: a) distinção entre chefe de Estado e chefe de governo; b) chefia do governo com responsabilidade política; c) possibilidade de dissolução do parlamento. O governo presidencial foi criado pela Constituição dos Estados Unidos da América do Norte, em 1787, e depois adotado por todos os Estados do continente, com ligeiras modificações. O traço fundamental do sistema presidencial é que o Poder Executivo é exercido de maneira autônoma pelo presidente da República, que é um órgão do Estado, um órgão representativo como o parlamento, pois, como este, é eleito pelo povo. É o presidente chefe do Estado e chefe do Executivo, traçando a política geral e dirigindo a administração com inteira autonomia em relação ao Legislativo. É, por isso, plenamente responsável pelos atos de governo e de administração. Os ministros são seus auxiliares, por ele nomeados e demitidos livremente, e não têm política própria, e sim a do presidente. Como características básicas do governo presidencial, podem ser indicadas as seguintes: a) o presidente da República é chefe do Estado e do governo; b) a chefia do Executivo é unipessoal; c) o presidente da República é escolhido pelo povo; d) o presidente da República é escolhido por um prazo determinado; e) o presidente da República tem poder de veto. De acordo com as lições de DALLARI, 2012, *passim*.

de apreciar e fazer realizar o que se considera bom: o trabalho humano. Valorização do trabalho humano significa, assim, a legitimidade da Ordem, desde que construída sobre um empenho constante e permanente de promover a dignidade humana do trabalho na atividade econômica;

- **princípio do pluralismo político (art. 1º, V):** participação da sociedade, com a variedade de correntes sociais, políticas, econômicas, ideológicas e culturais, aceitando a diversidade de opiniões, mesmo que conflitantes ou antagônicas;
- **princípio da representatividade (art. 1º, parágrafo único):** na democracia a emanação do poder advém do povo, e este elege seus representantes em eleições livres e periódicas, para que os eleitos atuem em prol do povo;
- **princípio da separação de Poderes (art. 2º):** os Poderes Legislativo, Executivo e Judiciário são independentes e harmônicos entre si, e devem atuar como um mecanismo, funcionando concomitantemente uns com os outros.

3.2.2 Objetivos fundamentais

Os objetivos fundamentais estão previstos no art. 3º da CF/1988, consubstanciados em ações que visem:

- construir uma sociedade livre, justa e solidária;
- garantir o desenvolvimento nacional;
- erradicar a pobreza e a marginalização e reduzir as desigualdades sociais e regionais;
- promover o bem de todos, sem preconceitos de origem, raça, sexo, cor, idade e quaisquer outras formas de discriminação.

O Estado deve promover ações para que sejamos um só país para todos os brasileiros, com verdadeira igualdade de acesso e qualidade de vida, bem como punindo as discriminações de qualquer forma, uma vez que seu objetivo principal é o bem comum de todos.

— Mas o que seria o bem comum de todos? Existe uma definição legal? pergunta Just.

Just, na verdade, o bem comum deve ser visto como as ações que o Estado tem o dever de executar em prol de todos, no sentido de conferir dignidade à pessoa humana, como os direitos sociais que contemplam saúde, educação, trabalho, moradia, entre outros direitos que veremos mais a frente.

Vale anotar ainda que, quando se fala em discriminação de qualquer forma, no ordenamento legal brasileiro, a Lei n. 7.716/1989[27] define os crimes resultantes de preconceito de raça ou de cor.

Esta lei é conhecida popularmente como "lei do racismo", porém não concordo com o termo raça pois somos todos da raça humana, o que nos diferencia são as etnias, religiões, culturas e os tons de pele decorrentes de maior ou menor presença de melanina em nossa derme, decorrente de condições ambientais em que viveram nossos antepassados.

3.2.3 Princípios regentes das relações internacionais da República brasileira

Diversos são os princípios enumerados no art. 4º da CF/1988 em suas relações internacionais, por exemplo:

- independência nacional;
- prevalência dos direitos humanos;
- autodeterminação dos povos;
- não intervenção;
- igualdade entre os Estados;
- defesa da paz;
- solução pacífica dos conflitos;
- repúdio ao terrorismo e ao racismo;
- cooperação entre os povos para o progresso da humanidade; e
- concessão de asilo político.

3.3 DIREITOS E GARANTIAS INDIVIDUAIS

O art. 5º da Constituição Federal consagra os direitos e garantias fundamentais em seus 78 incisos, tendo em seu *caput*[28] um texto introdutório que identifica, em

---

[27] BRASIL. *Lei n. 7.716, de 5 de janeiro de 1989*. Define os crimes resultantes de preconceito de raça ou de cor. Disponível em: http://www.planalto.gov.br/ccivil_03/leis/l7716.htm. Acesso em: 15 dez. 2019.

[28] Do latim. Em tradução livre seria a "cabeça" do artigo.

primeiro lugar, os sujeitos desses direitos e garantias, consagrando cinco grandes grupos, que estudaremos a seguir.

Esse artigo possui uma riqueza e uma grandeza única, pois é fruto de um período pós-ditadura, visando contemplar a democracia em sua forma mais plena, considerado *núcleo constitucional intangível* e erigido ao nível de *cláusula pétrea*, uma vez que há uma limitação material explícita ao poder constituinte derivado de reforma.

Assim, o art. 60, § 4º, IV,[29] é expresso ao dispor que não será objeto de deliberação a proposta de emenda constitucional tendente a abolir os direitos e garantias individuais – eles só podem ser ampliados. Do contrário, serão imodificáveis, repetimos.

> Art. 60. A Constituição poderá ser emendada mediante proposta: [...]
> § 4º Não será objeto de deliberação a proposta de emenda tendente a abolir:
> [...]
> IV – os direitos e garantias individuais.

Leitor, ao analisar um artigo de lei, duas perguntas devem ser feitas:
1. A quem se destina essa lei?
2. Essa lei traz um direito ou um dever?
Respondidas essas questões, teremos elementos para o entendimento da lei.

Topograficamente, na Constituição, os direitos e garantias fundamentais compõem o do Capítulo I (Dos Direitos e Deveres Individuais e Coletivos) do Título II (Dos Direitos e Garantias Fundamentais).

Os direitos fundamentais são também designados como direitos do homem, direitos humanos, portanto anota José Afonso da Silva[30] que *direitos fundamentais da pessoa humana* ou *direitos humanos fundamentais* constituem a expressão mais adequada a esse estudo, porque é reservada para designar, no nível do direito positivo, aquelas prerrogativas e instituições que ele concretiza para garantir uma convivência digna, livre e igual a todas as pessoas. Na Constituição, essa expressão é usada para exprimir direitos fundamentais concernentes à vida, à igualdade, à liberdade, à segurança e à propriedade. São direitos que nascem e se fundamentam, portanto,

---

[29] BRASIL, 1988.
[30] SILVA, 2006, p. 161-163.

68   Instituições de Direito

no princípio da soberania popular, consagrado no parágrafo único do art. 1º da CF/1988.

Tais direitos são inalienáveis e imprescritíveis, aponta José Afonso da Silva,[31] além de possuírem como características, ainda, a historicidade, a universalidade, a limitabilidade, a concorrência, e a irrenunciabilidade.

Os direitos e garantias fundamentais na CF/1988 compreendem cinco grupos:

1. direitos e deveres individuais e coletivos (art. 5º);
2. direitos sociais (arts. 6º e 193 e s.);
3. direitos da nacionalidade (art. 12);
4. direitos políticos (arts. 14 a 16);
5. partidos políticos (art. 17).

De acordo com Silva[32] e Chimenti et al.,[33] nos capítulos da ordem econômica, financeira e social (art. 170 a 192 da CF/1988), são explicitados os conteúdos de diversos direitos fundamentais.

Todavia, antes da análise do art. 5º da CF/1988, vale anotar o que a doutrina chama de *geração de direitos* ou *direitos emergentes*. Trata-se daqueles direitos que vêm sendo acolhidos pelo direito para atender aos anseios do homem, devido à superveniência de interesses, sejam eles individuais, sociais, solidários ou fraternos e tecnológicos, capazes de provocar, por si, mudança social.

Os primeiros se referem, respectivamente, aos direitos de liberdade (primeira geração), sociais, econômicos e culturais (segunda geração) e aos coletivos e difusos (terceira geração). Para apreciação legislativa, encontram-se os direitos relativos à biotecnologia (quarta geração) e os relativos aos direitos virtuais (quinta geração).

Para Paulo Bonavides, não se trata de gerações de direitos, mas de dimensões de direitos:

> Força é dirimir, a esta altura, um eventual equívoco de linguagem: o vocábulo "dimensão" substitui, com vantagem lógica e qualitativa, o termo "geração", caso este último venha a induzir apenas sucessão cronológica e, portanto, suposta caducidade dos direitos das gerações antecedentes, o que não é verdade.[34]

---

[31] SILVA, 2006, p. 165.

[32] SILVA, 2006, p. 168.

[33] CHIMENTI, R. C. et al. *Curso de direito constitucional*. São Paulo: Saraiva, 2007. p. 55.

[34] BONAVIDES, P. *Curso de direito constitucional*. 7. ed. São Paulo: Malheiros, 1997. p. 525.

Os *direitos de primeira geração* ou de primeira dimensão têm como fundamentos o liberalismo político, o jusnaturalismo, o individualismo, a tripartição de Poderes, o contrato social de Rousseau, o reconhecimento dos direitos naturais, enfim, todos os valores iluministas que permearam a Europa na segunda metade do século XVIII. Nascem, ainda, os direitos de primeira geração da revolução encampada pelo Terceiro Estado (o povo e a burguesia) contra a exploração exacerbada da nobreza e do clero. Na primeira geração cabe ao homem, enquanto pessoa natural, ou a sua agregação, na forma da lei, formando um ente com personalidade própria (pessoa jurídica), a titularidade desses direitos. O Estado é devedor, não no sentido de ter que promovê-los, e sim com a função precípua de não intervir. Neles se consagram os direitos políticos, a cidadania!

Quanto aos *direitos de segunda geração*, a proteção meramente formal dos direitos de primeira geração, somada ao advento da Revolução Industrial no final século XIX, provocou sérias injustiças sociais. Em meio a essa crise vivenciada pelo Estado Liberal, surgiram vários movimentos (alguns mais radicais, com o objetivo de ruptura da ordem política) com o escopo de proteger materialmente as necessidades da vida em sociedade. Nasce daí a segunda geração de direitos, que tem como objeto os direitos sociais, econômicos e culturais. Aí estão os direitos fundamentais!

Os de *terceira geração* são os direitos difusos e coletivos, *stricto sensu*, visando proteger os seguintes bens jurídicos: a defesa do meio ambiente, do consumidor, enfim, a busca por uma melhor qualidade de vida. Os direitos difusos e coletivos têm como características a transindividualidade e a indeterminação do sujeito ativo da relação.

O acelerado desenvolvimento da biotecnologia trouxe para o direito questões até então desconhecidas. Trata-se da *quarta geração de direitos,* ou direitos relativos à bioética. Nessa geração, o direito trata de responder às seguintes indagações:

- Quais os limites à intervenção do homem na manipulação da vida e do patrimônio genético do ser humano?
- Como o direito regula a utilização das novas tecnologias genéticas respeitando os valores bioéticos?

A vida é o direito dos direitos fundamentais, e nessa seara também se encontra um novo olhar.

O desenvolvimento da internet nos anos 1990 fez surgir, virtualmente, relações e bens merecedores da proteção jurídica. São os chamados direitos virtuais ou de *quinta geração*. A honra, a imagem, enfim, todos os valores que ressaltem o princípio da dignidade da pessoa humana são os bens protegidos pela quinta geração, porém com uma especificidade: protegem esses valores perante o uso dos meios de comunicação eletrônica em massa. Assim, percebe-se que a quinta geração vem buscar a regulamentação das gerações anteriores em face dos novos meios de comunicação. Aqui também vemos a extensão dos direitos fundamentais do art. 5º da CF/1988.

Disto isso, vamos conhecer o texto do *caput* do art. 5º.[35]

> Art. 5º Todos são iguais perante a lei, sem distinção de qualquer natureza, garantindo-se aos brasileiros e estrangeiros residentes no País a inviolabilidade do direito à vida, à liberdade, à igualdade, à segurança e à propriedade.

Agora passaremos a responder às perguntas que anteriormente anotamos:
1. A quem se destina essa lei?
2. Essa lei traz um direito ou um dever?

Da leitura acima, verificamos que o sujeito é indeterminado: *todos*.

Porém, se fizermos mais uma leitura do texto, verificaremos que a igualdade proposta é garantida aos brasileiros e estrangeiros residentes no país, de forma que o sujeito não é mais indeterminado; ele consta do texto. Ou seja, essa norma jurídica tem como destinatários *os brasileiros e estrangeiros residentes no país*, extrapolando o conceito de povo e atingindo o conceito de população!

— Ufa!

Respondida a primeira questão, vamos à segunda pergunta: o artigo trata de um direito ou de um dever?

Uma leitura simples do *caput* já nos oferece a resposta: ele apresenta direitos. E podemos responder quais são esses direitos, que serão esmiuçados em seus incisos: *vida*, *liberdade*, *igualdade*, *segurança* e *propriedade*.

---

[35] BRASIL, 1988.

Vamos à análise do art. 5º da CF/1988?[36]
Caro leitor, não se assuste. Este artigo deve ser lido em sua integralidade. Leia aos poucos. Ele é lindo!

Art. 5º Todos são iguais perante a lei, sem distinção de qualquer natureza, garantindo-se aos brasileiros e aos estrangeiros residentes no País a inviolabilidade do direito à vida, à liberdade, à igualdade, à segurança e à propriedade, nos termos seguintes:

I – homens e mulheres são iguais em direitos e obrigações, nos termos desta Constituição;

II – ninguém será obrigado a fazer ou deixar de fazer alguma coisa senão em virtude de lei;

III – ninguém será submetido a tortura nem a tratamento desumano ou degradante;

IV – é livre a manifestação do pensamento, sendo vedado o anonimato;

V – é assegurado o direito de resposta, proporcional ao agravo, além da indenização por dano material, moral ou à imagem;

VI – é inviolável a liberdade de consciência e de crença, sendo assegurado o livre exercício dos cultos religiosos e garantida, na forma da lei, a proteção aos locais de culto e a suas liturgias;

VII – é assegurada, nos termos da lei, a prestação de assistência religiosa nas entidades civis e militares de internação coletiva;

VIII – ninguém será privado de direitos por motivo de crença religiosa ou de convicção filosófica ou política, salvo se as invocar para eximir-se de obrigação legal a todos imposta e recusar-se a cumprir prestação alternativa, fixada em lei;

IX – é livre a expressão da atividade intelectual, artística, científica e de comunicação, independentemente de censura ou licença;

X – são invioláveis a intimidade, a vida privada, a honra e a imagem das pessoas, assegurado o direito a indenização pelo dano material ou moral decorrente de sua violação;

XI – a casa é asilo inviolável do indivíduo, ninguém nela podendo penetrar sem consentimento do morador, salvo em caso de flagrante delito ou desastre, ou para prestar socorro, ou, durante o dia, por determinação judicial;

XII – é inviolável o sigilo da correspondência e das comunicações telegráficas, de dados e das comunicações telefônicas, salvo, no último caso, por

---

[36] BRASIL, 1988.

ordem judicial, nas hipóteses e na forma que a lei estabelecer para fins de investigação criminal ou instrução processual penal;

XIII – é livre o exercício de qualquer trabalho, ofício ou profissão, atendidas as qualificações profissionais que a lei estabelecer;

XIV – é assegurado a todos o acesso à informação e resguardado o sigilo da fonte, quando necessário ao exercício profissional;

XV – é livre a locomoção no território nacional em tempo de paz, podendo qualquer pessoa, nos termos da lei, nele entrar, permanecer ou dele sair com seus bens;

XVI – todos podem reunir-se pacificamente, sem armas, em locais abertos ao público, independentemente de autorização, desde que não frustrem outra reunião anteriormente convocada para o mesmo local, sendo apenas exigido prévio aviso à autoridade competente;

XVII – é plena a liberdade de associação para fins lícitos, vedada a de caráter paramilitar;

XVIII – a criação de associações e, na forma da lei, a de cooperativas independem de autorização, sendo vedada a interferência estatal em seu funcionamento;

XIX – as associações só poderão ser compulsoriamente dissolvidas ou ter suas atividades suspensas por decisão judicial, exigindo-se, no primeiro caso, o trânsito em julgado;

XX – ninguém poderá ser compelido a associar-se ou a permanecer associado;

XXI – as entidades associativas, quando expressamente autorizadas, têm legitimidade para representar seus filiados judicial ou extrajudicialmente;

XXII – é garantido o direito de propriedade;

XXIII – a propriedade atenderá a sua função social;

XXIV – a lei estabelecerá o procedimento para desapropriação por necessidade ou utilidade pública, ou por interesse social, mediante justa e prévia indenização em dinheiro, ressalvados os casos previstos nesta Constituição;

XXV – no caso de iminente perigo público, a autoridade competente poderá usar de propriedade particular, assegurada ao proprietário indenização ulterior, se houver dano;

XXVI – a pequena propriedade rural, assim definida em lei, desde que trabalhada pela família, não será objeto de penhora para pagamento de débitos decorrentes de sua atividade produtiva, dispondo a lei sobre os meios de financiar o seu desenvolvimento;

XXVII – aos autores pertence o direito exclusivo de utilização, publicação ou reprodução de suas obras, transmissível aos herdeiros pelo tempo que a lei fixar;

CAPÍTULO 3 | DIREITO CONSTITUCIONAL 73

XXVIII – são assegurados, nos termos da lei:

a) a proteção às participações individuais em obras coletivas e à reprodução da imagem e voz humanas, inclusive nas atividades desportivas;

b) o direito de fiscalização do aproveitamento econômico das obras que criarem ou de que participarem aos criadores, aos intérpretes e às respectivas representações sindicais e associativas;

XXIX – a lei assegurará aos autores de inventos industriais privilégio temporário para sua utilização, bem como proteção às criações industriais, à propriedade das marcas, aos nomes de empresas e a outros signos distintivos, tendo em vista o interesse social e o desenvolvimento tecnológico e econômico do País;

XXX – é garantido o direito de herança;

XXXI – a sucessão de bens de estrangeiros situados no País será regulada pela lei brasileira em benefício do cônjuge ou dos filhos brasileiros, sempre que não lhes seja mais favorável a lei pessoal do *de cujus*;

XXXII – o Estado promoverá, na forma da lei, a defesa do consumidor;

XXXIII – todos têm direito a receber dos órgãos públicos informações de seu interesse particular, ou de interesse coletivo ou geral, que serão prestadas no prazo da lei, sob pena de responsabilidade, ressalvadas aquelas cujo sigilo seja imprescindível à segurança da sociedade e do Estado;

XXXIV – são a todos assegurados, independentemente do pagamento de taxas:

a) o direito de petição aos Poderes Públicos em defesa de direitos ou contra ilegalidade ou abuso de poder;

b) a obtenção de certidões em repartições públicas, para defesa de direitos e esclarecimento de situações de interesse pessoal;

XXXV – a lei não excluirá da apreciação do Poder Judiciário lesão ou ameaça a direito;

XXXVI – a lei não prejudicará o direito adquirido, o ato jurídico perfeito e a coisa julgada;

XXXVII – não haverá juízo ou tribunal de exceção;

XXXVIII – é reconhecida a instituição do júri, com a organização que lhe der a lei, assegurados:

a) a plenitude de defesa;

b) o sigilo das votações;

c) a soberania dos veredictos;

d) a competência para o julgamento dos crimes dolosos contra a vida;

XXXIX – não há crime sem lei anterior que o defina, nem pena sem prévia cominação legal;

XL – a lei penal não retroagirá, salvo para beneficiar o réu;

XLI – a lei punirá qualquer discriminação atentatória dos direitos e liberdades fundamentais;

XLII – a prática do racismo constitui crime inafiançável e imprescritível, sujeito à pena de reclusão, nos termos da lei;

XLIII – a lei considerará crimes inafiançáveis e insuscetíveis de graça ou anistia a prática da tortura, o tráfico ilícito de entorpecentes e drogas afins, o terrorismo e os definidos como crimes hediondos, por eles respondendo os mandantes, os executores e os que, podendo evitá-los, se omitirem;

XLIV – constitui crime inafiançável e imprescritível a ação de grupos armados, civis ou militares, contra a ordem constitucional e o Estado Democrático;

XLV – nenhuma pena passará da pessoa do condenado, podendo a obrigação de reparar o dano e a decretação do perdimento de bens ser, nos termos da lei, estendidas aos sucessores e contra eles executadas, até o limite do valor do patrimônio transferido;

XLVI – a lei regulará a individualização da pena e adotará, entre outras, as seguintes:

a) privação ou restrição da liberdade;

b) perda de bens;

c) multa;

d) prestação social alternativa;

e) suspensão ou interdição de direitos;

XLVII – não haverá penas:

a) de morte, salvo em caso de guerra declarada, nos termos do art. 84, XIX;

b) de caráter perpétuo;

c) de trabalhos forçados;

d) de banimento;

e) cruéis;

XLVIII – a pena será cumprida em estabelecimentos distintos, de acordo com a natureza do delito, a idade e o sexo do apenado;

XLIX – é assegurado aos presos o respeito à integridade física e moral;

L – às presidiárias serão asseguradas condições para que possam permanecer com seus filhos durante o período de amamentação;

LI – nenhum brasileiro será extraditado, salvo o naturalizado, em caso de crime comum, praticado antes da naturalização, ou de comprovado envolvimento em tráfico ilícito de entorpecentes e drogas afins, na forma da lei;

LII – não será concedida extradição de estrangeiro por crime político ou de opinião;

LIII – ninguém será processado nem sentenciado senão pela autoridade competente;

LIV – ninguém será privado da liberdade ou de seus bens sem o devido processo legal;

LV – aos litigantes, em processo judicial ou administrativo, e aos acusados em geral são assegurados o contraditório e ampla defesa, com os meios e recursos a ela inerentes;

LVI – são inadmissíveis, no processo, as provas obtidas por meios ilícitos;

LVII – ninguém será considerado culpado até o trânsito em julgado de sentença penal condenatória;

LVIII – o civilmente identificado não será submetido a identificação criminal, salvo nas hipóteses previstas em lei; LIX – será admitida ação privada nos crimes de ação pública, se esta não for intentada no prazo legal;

LX – a lei só poderá restringir a publicidade dos atos processuais quando a defesa da intimidade ou o interesse social o exigirem;

LXI – ninguém será preso senão em flagrante delito ou por ordem escrita e fundamentada de autoridade judiciária competente, salvo nos casos de transgressão militar ou crime propriamente militar, definidos em lei;

LXII – a prisão de qualquer pessoa e o local onde se encontre serão comunicados imediatamente ao juiz competente e à família do preso ou à pessoa por ele indicada;

LXIII – o preso será informado de seus direitos, entre os quais o de permanecer calado, sendo-lhe assegurada a assistência da família e de advogado;

LXIV – o preso tem direito à identificação dos responsáveis por sua prisão ou por seu interrogatório policial;

LXV – a prisão ilegal será imediatamente relaxada pela autoridade judiciária;

LXVI – ninguém será levado à prisão ou nela mantido, quando a lei admitir a liberdade provisória, com ou sem fiança;

LXVII – não haverá prisão civil por dívida, salvo a do responsável pelo inadimplemento voluntário e inescusável de obrigação alimentícia e a do depositário infiel;

LXVIII – conceder-se-á *habeas corpus* sempre que alguém sofrer ou se achar ameaçado de sofrer violência ou coação em sua liberdade de locomoção, por ilegalidade ou abuso de poder;

LXIX – conceder-se-á mandado de segurança para proteger direito líquido e certo, não amparado por *habeas corpus* ou *habeas data*, quando o responsável pela ilegalidade ou abuso de poder for autoridade pública ou agente de pessoa jurídica no exercício de atribuições do Poder Público;

LXX – o mandado de segurança coletivo pode ser impetrado por:

a) partido político com representação no Congresso Nacional;

b) organização sindical, entidade de classe ou associação legalmente constituída e em funcionamento há pelo menos um ano, em defesa dos interesses de seus membros ou associados;

LXXI – conceder-se-á mandado de injunção sempre que a falta de norma regulamentadora torne inviável o exercício dos direitos e liberdades constitucionais e das prerrogativas inerentes à nacionalidade, à soberania e à cidadania;

LXXII – conceder-se-á *habeas data*:

a) para assegurar o conhecimento de informações relativas à pessoa do impetrante, constantes de registros ou bancos de dados de entidades governamentais ou de caráter público;

b) para a retificação de dados, quando não se prefira fazê-lo por processo sigiloso, judicial ou administrativo;

LXXIII – qualquer cidadão é parte legítima para propor ação popular que vise a anular ato lesivo ao patrimônio público ou de entidade de que o Estado participe, à moralidade administrativa, ao meio ambiente e ao patrimônio histórico e cultural, ficando o autor, salvo comprovada má-fé, isento de custas judiciais e do ônus da sucumbência;

LXXIV – o Estado prestará assistência jurídica integral e gratuita aos que comprovarem insuficiência de recursos;

LXXV – o Estado indenizará o condenado por erro judiciário, assim como o que ficar preso além do tempo fixado na sentença;

LXXVI – são gratuitos para os reconhecidamente pobres, na forma da lei: (Vide Lei n. 7.844, de 1989)

a) o registro civil de nascimento;

b) a certidão de óbito;

LXXVII – são gratuitas as ações de *habeas corpus* e *habeas data*, e, na forma da lei, os atos necessários ao exercício da cidadania;

LXXVIII – a todos, no âmbito judicial e administrativo, são assegurados a razoável duração do processo e os meios que garantam a celeridade de sua tramitação. (Incluído pela Emenda Constitucional n. 45, de 2004)

> § 1º As normas definidoras dos direitos e garantias fundamentais têm aplicação imediata.
>
> § 2º Os direitos e garantias expressos nesta Constituição não excluem outros decorrentes do regime e dos princípios por ela adotados, ou dos tratados internacionais em que a República Federativa do Brasil seja parte.
>
> § 3º Os tratados e convenções internacionais sobre direitos humanos que forem aprovados, em cada Casa do Congresso Nacional, em dois turnos, por três quintos dos votos dos respectivos membros, serão equivalentes às emendas constitucionais. (Incluído pela Emenda Constitucional n. 45, de 2004) (Atos aprovados na forma deste parágrafo)
>
> § 4º O Brasil se submete à jurisdição de Tribunal Penal Internacional a cuja criação tenha manifestado adesão.

Como você pôde verificar, o art. 5º da CF/1988 enumera 78 incisos e 4 parágrafos, dos quais temos que o *direito à vida* é o mais fundamental de todos os direitos, já que se constitui em pré-requisito à existência e exercício de todos os demais direitos. Por isso, podemos afirmar que não poderá ser aprovada lei tendente a retirar esse direito.

Para auxiliá-los nesta aventura do saber constitucional, dividimos seus incisos em grandes grupos de direitos, facilitando o entendimento do conteúdo do art. 5º, ao agrupar seus incisos a partir dos cinco subgrupos presentes no *caput*.

3.3.1 Direito à vida

A Constituição Federal proclama, portanto, o direito à vida como um direito fundamental, cabendo ao Estado assegurá-lo em sua dupla acepção: a primeira relacionada ao direito de continuar vivo e a segunda a ter uma vida digna quanto à subsistência. É importante ressaltar que a CF/1988 protege a vida de forma geral, inclusive a uterina. O direito à vida é o direito de não ter interrompido o processo vital, senão pela morte espontânea e inevitável, ensina Diniz.

Dessa análise decorrem algumas questões do direito à vida, ou de não ser morto, de continuar vivo:[37]

- proibição da pena de morte (exceto em situação específica, como veremos a seguir);
- proibição do aborto;

---

[37] CHIMENTI et al., 2007, p. 60.

- proibição da eutanásia;
- direito à legítima defesa.

Decorrem também do direito de continuar vivo as condições mínimas para isso:

- garantia do salário mínimo (art. 7º, IV);
- irredutibilidade do salário (art. 7º, VI);
- os direitos à saúde, à previdência, à assistência social e à educação.

Entretanto, vale anotar que o direito à vida não é assegurado de forma plena, pois a pena de morte[38] é admitida excepcionalmente, no caso de guerra externa declarada, nos termos do art. 84, XIX (art. 5º, XLVIII, *a*).

Sobre o aborto, a eutanásia e a legítima defesa, teceremos breves comentários, apesar da polêmica acerca dos dois primeiros.

Quanto ao *aborto*, Silva[39] discorre que a Constituição Federal não enfrentou esse tema. O autor enfatiza que tudo vai depender da decisão de quando começa a vida. Para José Afonso da Silva, desde o feto já existe vida humana. Pelo fato de estarmos em uma época que conta com recursos para evitar a gravidez, "parece injustificável a interrupção da vida intrauterina que não se evitou", devendo a legislação infraconstitucional disciplinar a criminalização ou não do aborto. Chimenti *et al.* compartilham da ideia de que "o constituinte de 1988 não esclareceu se garante o direito à vida desde a concepção ou somente após o nascimento com vida. Não optando por nenhuma das hipóteses, significando que a questão pode ser tratada pela legislação infraconstitucional".[40]

Para Diniz, "a vida começa com a concepção, o feto é um ser com individualidade própria; diferencia-se desde a concepção, tanto de sua mãe como de seu pai e qualquer pessoa e, independentemente do que a lei estabeleça, é um ser humano".[41] Para tanto traz à colação a Convenção sobre os Direitos das Crianças, de 20 de novembro de 1959, da Assembleia Geral da ONU,[42] que já prescrevia no Preâmbulo

---

[38] Então podemos afirmar que a pena de morte está prevista no ordenamento constitucional brasileiro, e se dará por meio de fuzilamento, conforme o art. 56 do Código Penal Militar (BRASIL. *Decreto-lei n. 1.001, de 21 de outubro de 1969*. Código Penal Militar. Disponível em: http://www.planalto.gov.br/ccivil_03/decreto-lei/del1001.htm. Acesso em: 15 jul. 2019).

[39] SILVA, 2006, p. 186.

[40] CHIMENTI et al., 2007, p. 61.

[41] DINIZ, M. H. *O estado atual do biodireito*. 6. ed. São Paulo: Saraiva, 2009. p. 27.

[42] BRASIL. Comissão de Direitos Humanos e Minorias. *Declaração de Direitos da Criança*. Adotada pela Assembleia das Nações Unidas de 20 de novembro de 1959 e ratificada pelo Brasil; através do art. 84, inciso XXI, da Constituição, e tendo em vista [...]. Disponível em: https://www2.camara.leg.br/atividade-legislativa/comissoes/comissoes-permanentes/cdhm/comite-brasileiro-de-direitos-humanos-e-politica-externa/DeclDirCrian.html. Acesso em: 15 jul. 2019.

que "A criança, dada a sua imaturidade física e mental, precisa de proteção legal apropriada, tanto antes como depois do nascimento".[43]

Ainda, o Pacto de São José da Costa Rica,[44] do qual o Brasil é Estado-membro, também traz em seu texto a tutela do direito à vida: "Art. 4º Toda pessoa tem o direito que se respeite sua vida. Esse direito deve ser protegido pela lei e, em geral, desde o momento de sua concepção. Ninguém pode ser privado da vida arbitrariamente".

Nesse sentido, o Código Civil (Lei n. 10.406/2002)[45] assegura proteção ao nascituro desde sua concepção (art. 2º), e no art. 128 do Código Penal[46] há previsão do crime de aborto, elencando duas causas para que este seja realizado:

1. **inciso I:** aborto necessário ou terapêutico, quando a vida da gestante corre risco de morte;
2. **inciso II:** aborto sentimental, humanitário ou ético, realizado nos casos de estupro, após o consentimento da gestante ou seu representante legal.

Somam-se a essas duas possibilidades o aborto eugênico ou piedoso, que a jurisprudência tem autorizado, no caso de feto com enfermidade ou deformidade incurável, por exemplo, os fetos anencéfalos.

A *eutanásia*, que significa "morte boa", significa a interrupção da vida biológica tendo em conta o sofrimento físico e ou mental a que está submetida uma pessoa sem possibilidade científica de recuperação. Trata-se, por exemplo, do caso de um paciente com câncer em estado terminal. No entanto, é considerada crime de homicídio essa interrupção intencional, pois tal conduta ainda não foi regulada pelo direito brasileiro.

No tocante à *legítima defesa*, esse é um direito consagrado em nosso ordenamento, permitindo que uma vida seja tirada para proteção da própria vida, inclusive a legítima defesa de terceiro tem sido deferida pelos Tribunais, desde que utilizados meios proporcionais aos do agressor.

Sobre a *integridade física*, constitui também um dos direitos fundamentais da pessoa humana. E esse direito é estendido aos presos (art. 5º, XLIX). Do mesmo modo,

---

[43] UNICEF BRASIL. *Convenção sobre os direitos da criança*. Disponível em: https://www.unicef.org/brazil/convencao-sobre--os-direitos-da-crianca. Acesso em: 15 jul. 2019.

[44] CONVENÇÃO AMERICANA SOBRE DIREITOS HUMANOS (Assinada na Conferência Especializada Interamericana sobre Direitos Humanos, San José, Costa Rica, em 22 de novembro de 1969). Acesso em: https://www.cidh.oas.org/basicos/portugues/c.convencao_americana.htm. Disponível em: 15 jul. 2019.

[45] BRASIL. *Lei n. 10.406, de 11 de janeiro de 2002*. Institui o Código Civil. Disponível em: http://www.planalto.gov.br/ccivil_03/leis/2002/l10406.htm. Acesso em: 15 jul. 2019.

[46] BRASIL. *Decreto-lei n. 2.848, de 7 de dezembro de 1940*. Código Penal. Disponível em: http://www.planalto.gov.br/ccivil_03/decreto-lei/del2848compilado.htm. Acesso em: 15 jul. 2019.

ninguém será submetido a tortura ou a tratamento desumano ou degradante (art. 5º, III).

Não somente a integridade física é assegurada: a *integridade moral* é resguardada, com direito de resposta proporcional ao agravo, além de indenização por dano moral ou à imagem (art. 5º, V), inclusive aos presos (art. 5º, XLIX). De forma que são invioláveis, a intimidade, a vida privada, a honra e a imagem das pessoas (art. 5º, X), cabendo inclusive, além da previsão criminal correspondente, o direito a indenização (art. 5º, V).

Como extensão do indivíduo, a *casa* é seu asilo inviolável, referindo-se ao espaço para gozo de sua vida privada, sua intimidade, motivo pelo qual ninguém nela pode penetrar sem consentimento do morador, salvo em caso de flagrante delito ou desastre, ou para prestar socorro, ou *durante o dia,*[47] por determinação judicial (art. 5º, XI).

Como atributo da vida e sua intimidade, é também inviolável o *sigilo de correspondência e das comunicações telegráficas, e o sigilo das comunicações telefônicas,* exceto por ordem judicial, nas hipóteses que a lei estabelecer, para fins de investigação criminal ou instrução processual plena (art. 5º, XII).

Importa ressaltar que na época da promulgação da Constituição não havia a *internet* nem os *e-mails,* Facebook, WhatsApp, Telegram e outras ferramentas de comunicação atualmente utilizadas. Assim, estende-se essa inviolabilidade a essas comunicações. Todavia, cabe uma ressalva quanto ao *e-mail* corporativo, uma vez que, por se tratar de instrumento de trabalho, o empregador poderá ter acesso a seu conteúdo. Não goza o empregado dessa prerrogativa, conforme inúmeras decisões judiciais já proferidas na esfera do direito trabalhista.

3.3.2 Direito à liberdade

A liberdade é um dos direitos mais cobiçados da história da humanidade. Ao longo dos séculos povos se viram escravos de outros, e sempre houve e ainda se travam lutas em busca da liberdade, seja ela física ou de pensamento. Trata-se do direito à escolha, à opção, o livre-arbítrio.

---

[47] Do nascer ao pôr do sol, definido como o horário das 6 às 18 horas, para cumprimento de mandados judiciais. Importante: *mandado* é diferente de *mandato.* Mandado refere-se à ordem judicial para que se cumpra determinado ato, por exemplo, uma busca e apreensão. Mandato é o instrumento particular ou judicial de representação que dá àquele que recebe o mandato o poder de agir em nome daquele, como procurador, pelo período determinado no mandato e com poderes descritos no instrumento, por exemplo, um advogado que representa seu cliente em juízo. Também se refere à representação política obtida por meio do voto, pelo período legal, conferida pelos eleitores aos vereadores, prefeitos, deputados estaduais e federais, senadores, governadores e ao presidente da república. *Portanto, não confunda!*

De acordo com o art. 5º e seus incisos, podemos discutir essa liberdade sob quatro aspectos:

1. liberdade da pessoa física;
2. liberdade de pensamento;
3. liberdade de expressão coletiva; e
4. liberdade de ação profissional.

A *liberdade da pessoa física* é a possibilidade jurídica que se reconhece a todas as pessoas de serem "donas" de sua própria vontade e de se locomoverem desembaraçadamente pelo território nacional, sem que sejam privadas dessa faculdade. Consiste basicamente na prerrogativa de ir e vir.

Nesse sentido, estão presentes em nossa Constituição os seguintes direitos:

- é livre a locomoção no território nacional em tempo de paz, podendo qualquer pessoa, nos termos da lei, nele entrar, permanecer, ou dele sair com seus bens (art. 5º, XV);
- conceder-se-á *habeas corpus* sempre que alguém sofrer ou se achar ameaçado de sofrer violência ou coação em sua liberdade de locomoção, por ilegalidade ou abuso de poder (art. 5º, LXVIII);
- não haverá prisão civil por dívida, salvo a do responsável pelo inadimplemento voluntário e inescusável de obrigação alimentícia e a do depositário infiel (art. 5º, LXVII);
- ninguém será levado à prisão ou nela mantido, quando a lei admitir a liberdade provisória (art. 5º, LXVI);
- a prisão ilegal será imediatamente relaxada pela autoridade judiciária (art. 5º, LXV);
- ninguém será preso senão em flagrante delito ou por ordem escrita e fundamentada de autoridade judiciária competente, salvo nos casos de transgressão militar ou crime propriamente militar definido em lei (art. 5º, LXI);
- a prisão de qualquer pessoa e o local onde se encontre serão comunicados imediatamente ao juiz competente e à família do preso ou a pessoa por ele indicada (art. 5º, LXII);
- o preso tem direito à identificação dos responsáveis por sua prisão ou por seu interrogatório policial (art. 5º, LXIV);
- não haverá penas de caráter perpétuo (art. 5º, XLVII, *b*);
- nenhuma pena passará da pessoa do condenado, de modo a atingir seus familiares (art. 5º, XLV);

82   Instituições de Direito

- ninguém será privado de sua liberdade sem o devido processo legal, onde se lhe assegure o direito ao contraditório e ampla defesa (art. 5º, LIV e LV);
- ninguém será considerado culpado até trânsito em julgado da sentença penal condenatória (art. 5º, LVII);
- o Estado indenizará o condenado por erro judiciário, assim como o que ficar preso além do tempo da sentença (art. 5º, LXXV);
- os atos processuais serão públicos, salvo quando a defesa da intimidade ou o interesse social exigir sigilo (art. 5º, LX).

A *liberdade de pensamento* consiste:

- na liberdade de consciência e de crença, que são invioláveis (art. 5º, VI);
- na liberdade de manifestação do pensamento, vedado o anonimato (art. 5º, IV);
- na garantia de que ninguém será privado de direitos por motivo de crença religiosa ou de convicção religiosa ou política (art. 5º, VIII);
- na liberdade de expressão da atividade intelectual, artística, científica e de comunicação, independentemente de censura ou licença, sendo vedada a extradição de estrangeiro por crime político ou de opinião (art. 5º, LII).

Temos, no art. 220 da CF/1988,[48] a reiteração desse mandamento legal.

> Art. 220. A manifestação do pensamento, sob qualquer forma, não sofrerá qualquer forma de restrição, nos termos da Constituição.

São direitos relativos a nossa *liberdade de expressão coletiva*:

- todos podem reunir-se pacificamente, sem armas, em locais abertos ao público, independentemente de autorização, desde que não frustrem outra reunião anteriormente convocada para o mesmo local, sendo apenas exigido prévio aviso à autoridade competente (art. 5º, XVI);
- é plena a liberdade de associação para fins lícitos, vedada a de caráter paramilitar (art. 5º, XVII);
- a criação de associações independe de autorização, sendo vedada interferência estatal em seu funcionamento (art. 5º, XVIII);
- as associações só poderão ser dissolvidas compulsoriamente ou ter suas atividades suspensas por decisão judicial (art. 5º, XIX);
- ninguém será compelido a associar-se ou a continuar associado (art. 5º, XX);

---

[48] BRASIL, 1988.

- as entidades associativas, quando expressamente autorizadas, têm legitimidade para representar seus filiados judicial e extrajudicialmente (art. 5º, XXI).

Quanto à *liberdade de ação profissional*, é livre o exercício de qualquer trabalho, ofício ou profissão, atendidas as qualificações profissionais que a lei estabelecer (art. 5.º, XIII), ou seja, se a lei exige que para atuar como advogado a pessoa deva cursar direito e ser aprovado na prova da Ordem dos Advogados do Brasil (OAB), somente assim poderá exercer sua profissão; mas se a lei não cria regras ou exigências para determinado ofício ou profissão, essas não poderão ser exigidas.

3.3.3 Direito à igualdade

A Constituição Federal consagra que todos são iguais perante a lei e que homens e mulheres são iguais em direitos e obrigações. Esse princípio deve ser considerado sob duplo aspecto: o da igualdade na lei e o da igualdade perante a lei.

A *igualdade na lei* constitui exigência destinada ao legislador, que, na elaboração da lei, não poderá fazer qualquer discriminação. A lei punirá qualquer discriminação atentatória dos direitos e liberdades fundamentais (art. 5º, XLI). A *igualdade perante a lei* não compreende a União e demais pessoas jurídicas de direito público, em cujo favor pode a lei conceder privilégios impostos pelo interesse público, desde que preservando os demais direitos constitucionais.

Enfatizamos que somente em 1988 a mulher passou a ter direitos equiparados aos homens, ao menos na lei (art. 5º, I), pois na realidade ela continua a ser inferiorizada e subjugada ao homem na sociedade brasileira. Dados recentes apontam que cresce a violência[49] contra a mulher, sendo 12 delas assassinadas todos os dias em nosso país.[50] E esse cenário se repete ainda no ambiente de trabalho, com a desvalorização da mão de obra feminina em muitas atividades laborais, bem como no acesso à educação.

Apesar disso, encontramos na CF/1988, em seu art. 3º, IV, o objetivo de afastar qualquer forma de preconceito, e em seu art. 7°, XXX, que não poderá haver diferença de salário para a mesma função em razão de diferença de sexo. No art. 226, § 5º, está disposto que os direitos e deveres referentes à sociedade conjugal são exercidos igualmente pelo homem e mulher.

---

[49] BRASIL. Senado. *Panorama da violência contra as mulheres no Brasil:* indicadores nacionais e estaduais. Disponível em http://www.senado.gov.br/institucional/datasenado/omv/indicadores/relatorios/BR.pdf. Acesso em: 31 ago.2019.

[50] VELASCO, C. et al. Cresce o nº de mulheres vítimas de homicídio no Brasil; dados de feminicídio são subnotificados. *G1.* Disponível em https://g1.globo.com/monitor-da-violencia/noticia/cresce-n-de-mulheres-vitimas-de-homicidio-no-brasil-dados-de-feminicidio-sao-subnotificados.ghtml. Acesso em: 31ago.2019.

84   Instituições de Direito

Importante observar que só valem as discriminações feitas pela CF/1988, sempre em favor da mulher, por exemplo: aposentadoria com menor tempo de serviço (arts. 40, III, e 202, I a III), entre outros. E isso valerá até que a igualdade seja realmente efetivada de forma ampla em nossa sociedade.

Do princípio da igualdade decorrem ainda:

- o princípio da *igualdade na justiça*, que consiste na condenação de juízo ou tribunais de exceção (art. 5º, XXXVII) e na garantia do juiz natural (art. 5º, LIII);
- o princípio da igualdade perante a justiça, que consiste na garantia de acessibilidade a ela (art. 5º, XXXV) e na assistência jurídica integral e gratuita aos necessitados (art. 5º, LXXIV);
- o princípio da igualdade perante a tributação, que consiste na repartição do ônus fiscal de modo mais justo possível (art. 145, § 1º);
- o princípio da igualdade sem distinção de sexo e orientação sexual, que visa proteger o sexo feminino e os homossexuais, que sempre foram discriminados;
- o princípio da igualdade sem distinção de raça, cor e origem, o que vai além do repúdio ao racismo (art. 4º, VIII). A prática do racismo constitui crime inafiançável e imprescritível, sujeito a pena de reclusão, na forma da lei (art. 5º, XLII);
- o princípio da igualdade sem distinção de idade, que proíbe a diferenciação de salários por esse motivo (art. 7º, XXX);
- idade mínima para ingresso no trabalho (arts. 7º, XXXIII, e 227, § 1º);
- o princípio da igualdade sem distinção de trabalho, o que significa a liberdade de exercício de qualquer trabalho, ofício ou profissão (art. 5º, XIII);
- a igualdade de direitos entre trabalhador com vínculo empregatício permanente e o trabalhador avulso (art. 7º, XXXIV); e
- a paridade de direitos entre o trabalho manual, o técnico e o intelectual (art. 7º, XXXII).

A Constituição Federal estabelece exceção referente ao trabalho noturno (art. 7º, IX). Ainda temos o princípio da igualdade sem distinção de credo religioso, pois a Constituição assegura a liberdade de religião e o livre exercício de cultos religiosos (art. 5º, VI), e a garantia de que ninguém será privado de direitos por motivo de crença religiosa, salvo se as invocar para eximir-se de obrigação legal a todos imposta e recusar-se a cumprir prestação alternativa, fixada em lei (art. 5º, VIII).

CAPÍTULO 3 | DIREITO CONSTITUCIONAL   85

Assim, vemos que o princípio da igualdade deve estar necessariamente presente, quando consideramos os *direitos fundamentais do homem.*

3.3.4 Direito à propriedade

Trata-se do direito de usar, fruir e dispor de um bem, oponível contra qualquer pessoa. A ordem econômica tem como princípios básicos o da propriedade privada e o da função social da propriedade (art. 170, II e III, da CF/1988).

É garantido o direito de propriedade (art. 5º, XXII), e esta atenderá a sua função social (art. 5º, XXIII). Os incisos XXIV, XXV, XXVI, XXVII, XXVIII, XXX e XXXI do art. 5º da CF/1988 correspondem ao direito de propriedade, relativos tanto à propriedade de bens materiais como à propriedade intelectual. A CF/1988 dispõe ainda sobre a desapropriação ou perda do direito de propriedade quando a lei assim o autorizar, pois ninguém será privado de seus bens sem o devido processo legal (art. 5º, LIV). Ainda, nos arts. 176; 182, §§ 2º, 3º e 4º e incisos; 183, *caput* e § 3º; 184; 185 e incisos; 186 e incisos; 191; e 243, todos da CF/1988, encontramos disposições referentes ao direito de propriedade, devendo esta, seja urbana ou rural, cumprir sua função social.

A função social se refere ao dever de a propriedade urbana atender ao plano diretor municipal, não fazer uso nocivo de seu imóvel, tampouco gerar danos ambientais que comprometam a qualidade de vida sua e a de seus vizinhos, bem como a entender que a propriedade não é mais um direito absoluto, mas se limita pelos ordenamentos constitucionais, civilistas, urbanísticos e ambientais, em prol da coletividade.

Da mesma forma, a propriedade rural deverá atender à função social de acordo com o Estatuto da Terra – Lei n. 4.504/1964,[51] recepcionado no art. 186 da CF/1988, ao disciplinar que a propriedade da terra desempenha integralmente sua função social quando, simultaneamente:

- favorece o bem-estar dos proprietários e dos trabalhadores que nela labutam, assim como de suas famílias;
- mantém níveis satisfatórios de produtividade;
- assegura a conservação dos recursos naturais;
- observa as disposições legais que regulam as justas relações de trabalho entre os que a possuem e a cultivam.

---

[51] BRASIL. *Lei n. 4.504, de 30 de novembro de 1964.* Dispõe sobre o Estatuto da Terra, e dá outras providências. Disponível em: http://www.planalto.gov.br/ccivil_03/leis/l4504.htm. Acesso em: 15 jul. 2019.

3.3.5 Direito à segurança

Os direitos à segurança podem ser nomeados da seguinte forma:

- segurança do domicílio (art. 5º, IX), segurança das comunicações pessoais (art. 5º, IV) e segurança em matéria penal – que se constituem de verdadeiras garantias de tutelar a liberdade pessoal (art. 5º XXXVII a XLVII) –, como também o *habeas corpus,* que consagra a liberdade de ir e vir (art. 5º, LXXV);
- garantia da inexistência de juízo ou tribunal de exceção (art. 5º, XXXVII);
- garantia de julgamento pelo Tribunal do Júri nos crimes dolosos contra a vida (inciso XXXVIII);
- garantia do juiz competente (incisos LIII e LXI);
- garantias criminais preventivas (incisos XXXIX, XL, LXIII e LXIV);
- garantias relativas à imposição da pena (incisos XLV, LXVIII, LI e LII);
- garantias processuais penais (incisos XXXV, *a,* e LV, LIV e LIX);
- garantia da presunção de inocência (incisos XVII, LVIII e LXXV);
- garantias de incolumidade física e moral (incisos III e XLIII);
- garantias penais da não discriminação (incisos XLI e XLII);
- garantia penal da ordem constitucional democrática (inciso XLIV); e
- segurança em matéria tributária.

3.3.6 Princípio da legalidade

De acordo com o art. 5º, II, da Constituição Federal:[52]

> Art. 5º [...]
> II – ninguém será obrigado a fazer ou deixar de fazer alguma coisa senão em virtude de lei.

Tal princípio visa combater o poder arbitrário do Estado. O conceito de lei a que se refere à Constituição envolve todo ato normativo editado ordinariamente pelo Poder Legislativo, ou excepcionalmente pelo Poder Executivo, como no caso das leis delegadas (art. 68 da CF/1988) e das medidas provisórias (art. 62 da CF/1988), no desempenho de suas competências constitucionais.

---

[52] BRASIL, 1988.

No campo do direito penal, o princípio da legalidade protege o indivíduo, evitando que seja surpreendido com qualquer incriminação, uma vez que não há crime sem lei anterior que o defina, nem pena sem previa cominação legal (art. 5º, XXXIV), e também porque a lei penal não retroagirá para prejudicar o acusado (art. 5º, XL).

A lei deverá prever a forma pela qual se dará a individualização da aplicação e da execução da pena (art. 5º, XLVI), e as hipóteses em que o civilmente identificado deva se submeter à identificação criminal (art. 5º, LVIII).

A também disporá sobre o processo mediante o qual haverá perda dos bens ou da liberdade, garantindo o contraditório e a ampla defesa (art. 5º, LIV e LV).

A Constituição determina que a lei não excluirá da apreciação do Poder Judiciário lesão ou ameaça a direito (art. 5º, XXXV): esse é o princípio da indeclinabilidade da prestação jurisdicional. Não haverá juízo ou tribunal de exceção (art. 5º, XXXVII): é o direito à correta prestação jurisdicional. O Estado prestará assistência jurídica integral e gratuita aos que necessitarem (art. 5º, LXXIV), sendo gratuitas as ações de *habeas corpus* e de *habeas data* (art. 5º, LXXVII).

A lei não pode prejudicar o direito adquirido, o ato jurídico perfeito e a coisa julgada (art. 5º, XXXVI).

Outrossim, o Estado promoverá, na forma da lei, a defesa dos direitos do consumidor (art. 5º, XXXII), que ocorre desde a criação da Lei n. 8.078,[53] de 11 de setembro de 1990, o chamado Código de Defesa do Consumidor (CDC).

Pontuamos que o art. 5º da CF/1988 destina-se principalmente às pessoas físicas, mas as pessoas jurídicas também são beneficiárias de muitos dos direitos e garantias ali elencados, tais como:

• o princípio da isonomia;
• o princípio da legalidade;
• o direito de resposta;
• o direito de propriedade;
• o sigilo da correspondência;
• a garantia de proteção ao direito adquirido, ao ato jurídico perfeito e à coisa julgada; e
• o direito de impetrar mandado de segurança.

---

[53] BRASIL. *Lei n. 8.078, de 11 de setembro de 1990.* Dispõe sobre a proteção do consumidor e dá outras providências. Disponível em: http://www.planalto.gov.br/ccivil_03/leis/l8078.htm. Acesso em: 15 jul. 2019.

88   Instituições de Direito

Alexandre de Moraes[54] julga importante distinguir direitos e garantias individuais, lembrando que tal diferenciação remonta a Rui Barbosa, e ao longo da história renomados estudiosos como Canotilho e Jorge de Miranda também apontam tais diferenças. Assim elegemos: "Os direitos representam só por si certos bens, as garantias destinam-se a assegurar a fruição desses bens; os direitos são principais, as garantias acessórias...".

Os remédios constitucionais para fruição desses direitos e garantias estão conceituados nos incisos LXVIII, LXIX, LXX, LXXI, LXXII e LXXIII do art. 5º da CF/1988. Para todos há procedimentos próprios que regem o procedimento: *habeas corpus, habeas data,* mandado de segurança (Lei n. 12.016/2019), [55] mandado de injunção (Lei n. 13.300/2016) [56] e ação popular (Lei n. 4.717/1965). [57]

Tamanha é a importância do art. 5º da CF/1988 que ele é considerado *norma constitucional de eficácia plena,* ou seja, as normas definidoras dos direitos e garantias fundamentais têm aplicação imediata, independente da criação de ordenamento infraconstitucional, ou seja, de uma lei para dar efetividade a estes direitos, conforme determina o § 1º do art. 5º. Isso significa que as demais normas constantes do Texto Constitucional precisam ser regulamentadas, ou seja, dependem da criação de leis outras para terem efetividade, para serem cumpridas, exigidas e efetivadas.

Estabelece o § 1º do art. 5º da CF/1988:[58]

> Art. 5º [...]
> § 1º As normas definidoras dos direitos e garantias fundamentais têm aplicação imediata.

Da mesma forma, os direitos e garantias expressos na Constituição não excluem outros decorrentes do regime e dos princípios por ela adotados, ou dos tratados internacionais em que a República Federativa do Brasil seja parte. Os tratados e convenções internacionais sobre direitos humanos que forem aprovados,

---

[54] Apud MORAES, 2006, p. 62.

[55] BRASIL. *Lei n. 12.016, de 7 de agosto de 2009.* Dispõe sobre o mandado de segurança individual e coletivo e dá outras providências. Disponível em: http://www.planalto.gov.br/ccivil_03/_ato2007-2010/2009/lei/l12016.htm. Acesso em: 15 jul. 2019.

[56] BRASIL. *Lei n. 13.300, de 23 de junho de 2016.* Disciplina o processo e o julgamento dos mandados de injunção individual e coletivo e dá outras providências. Disponível em: http://www.planalto.gov.br/ccivil_03/_ato2015-2018/2016/lei/L13300.htm. Acesso em: 15 jul. 2019.

[57] BRASIL. *Lei n. 4.717, de 29 de junho de 1965.* Regula a ação popular. Disponível em: http://www.planalto.gov.br/ccivil_03/LEIS/L4717.htm. Acesso em: 15 jul. 2019.

[58] BRASIL, 1988.

em cada Casa do Congresso Nacional, em dois turnos, por três quintos dos votos dos respectivos membros, serão equivalentes às emendas constitucionais. E o Brasil se submete à jurisdição de Tribunal Penal Internacional a cuja criação tenha manifestado adesão.

Como vimos, os direitos fundamentais são revestidos de grande importância e possuem aplicação imediata, não dependendo de norma que os regulamente. Além disso, os cinco grandes grupos – vida, igualdade, liberdade, segurança e propriedade – encontram-se topograficamente na mesma linha hierárquica, ou seja, não há prevalência de um sobre o outro. Entretanto, nos casos de colidência de direitos fundamentais, deve-se sopesá-los analisando o caso concreto para determinar, na situação específica, qual deve se sobrepor ao outro. Na maioria das vezes o Judiciário é acionado para conduzir esse exercício e proferir uma decisão.

3.4 DIREITOS SOCIAIS

Esses direitos estão relacionados no art. 6º da Constituição:[59]

> Art. 6º São direitos sociais a educação, a saúde, a alimentação, o trabalho, a moradia, o transporte, o lazer, a segurança, a previdência social, a proteção à maternidade e à infância, a assistência aos desamparados, na forma desta Constituição.

Direitos sociais são direitos fundamentais do homem, caracterizando-se como verdadeiras *liberdades positivas*, de observância obrigatória em um Estado Social de Direito. Têm por finalidade a melhoria das condições de vida dos hipossuficientes, visando à concretização da igualdade social, e são consagrados como fundamentos do Estado Democrático pelo art. 1º, IV, da Constituição Federal.[60]

O art. 6º da atual Constituição é considerado completo no sentido de assegurar os direitos básicos e essenciais para que se possa conferir dignidade à pessoa humana, dignidade esta insculpida no art. 1º, III,[61] da CF/1988, como fundamento do Estado Democrático de Direito.

---

[59] BRASIL, 1988.
[60] MORAES, 2006, p. 202.
[61] BRASIL, 1988.

> Art. 1º A República Federativa do Brasil, formada pela união indissolúvel dos Estados e Municípios e do Distrito Federal, constitui-se em Estado Democrático de Direito e tem como fundamentos: [...]
>
> **III – a dignidade da pessoa humana;**

Fiorillo[62] denomina os chamados direitos sociais do art. 6º como *piso vital mínimo*, ou seja, o mínimo necessário ao ser humano para que tenha assegurada sua dignidade, e a Constituição Federal assegura um meio ambiente equilibrado para garantia da sadia qualidade de vida, para uma vida saudável, em seu art. 225.

E o que estamos fazendo?
Nesse sentido, para reflexão, acrescento: sem água e sem solo fértil não há como produzir alimentos, por isso, assistimos à fome que vem e que mata. É por isso também que as manchetes de jornais e de programas televisivos atraem os olhares, olhares estes que continuam apenas enxergando, e nada vendo.

Sobre essa questão, convém trazer a clarividência de um grande brasileiro, que na década de 1930 foi o primeiro a mapear a fome no Brasil, o professor Josué de Castro. Ao escrever a obra *Geografia da fome*, esse estudioso destacou também a importância da proteção ambiental.

Além de ver e olhar, Josué de Castro também sentia a paisagem. É importante conhecer alguns de seus trabalhos para termos uma noção a respeito do brilho de seu olhar sobre o meio ambiente:

> A poluição é uma doença universal que interessa a toda humanidade, mas existem tipos de poluição diferentes no mundo inteiro. Os países ricos conhecem a poluição direta, física, material, a do ambiente natural. Os países subdesenvolvidos são presas da fome, da miséria, das doenças de massa, do analfabetismo. O Homem do Terceiro Mundo conhece essa forma de

---

[62] FIORILLO, C. A. P. *Curso de direito ambiental brasileiro.* São Paulo: Saraiva, 2000. p. 13.

poluição chamada "subdesenvolvimento". E devo dizer que esta é a forma mais grave, mais terrível de todas.[63]

Em pleno século XXI, acrescentamos que, além dessa poluição chamada subdesenvolvimento, também passamos a conhecer a poluição do mundo natural. De qualquer forma, destacamos que o pensamento de Josué de Castro continua muito atual, pois a fome, a miséria, as doenças em massa e o analfabetismo continuam a persistir em nosso meio, e o pior: a ausência de educação transforma nossa população em cegos da realidade política e ambiental, em seres por vezes omissos, por outras considerados impotentes quanto a essa poluição.[64]

O professor acrescenta:

> O meio não é apenas o conjunto de elementos materiais que, interferindo continuamente uns nos outros, configuram os mosaicos das paisagens geográficas. O meio é algo mais do que isso. As formas das estruturas econômicas e das estruturas mentais dos grupos humanos que habitam os diferentes espaços geográficos também são partes integrantes dele. Desse ponto de vista o meio abrange aspectos biológicos, filosóficos, econômicos e culturais, todos combinados na mesma trama de uma dinâmica ecológica em transformação permanente.[65]

Alimento, moradia, saúde, educação e os demais direitos do art. 6º devem ser metas prioritárias perseguidas pelo Estado, uma vez que sua finalidade precípua é o bem comum do povo, e para tanto o meio ambiente deve ser protegido e preservado a fim de que o direito à vida seja efetivamente cumprido.

No bojo do Texto Constitucional encontramos que a seguridade social (arts. 194 e 195 da CF/1988) é composta pelos direitos à saúde, à previdência e à assistência social. Devemos destacar o primeiro e principal princípio, que é o da *universalidade*

---

[63] Entrevista concedida a *Terre Entière*, numero double, set. 1972, feita por Jean Prédine e Roger Wellhoff. Disponível em: http://www.josuedecastro.org.br/jc/obra.html. Em suas palavras, temos: "E foi assim que, pelas histórias dos homens e pelo roteiro do rio, fiquei sabendo que a fome não era um produto exclusivo dos mangues. Que os mangues apenas atraíram os homens famintos do Nordeste: os da zona da seca e os da zona da cana. Todos atraídos por esta terra de promissão, vindo se aninhar naquele ninho de lama, construído pelos dois e onde brota o maravilhoso ciclo do caranguejo. E quando cresci e saí pelo mundo afora, vendo outras paisagens, me apercebi com nova surpresa que o que eu pensava ser um fenômeno local, era um drama universal. Que a paisagem humana dos mangues se reproduzia no mundo inteiro. Que aqueles personagens da lama do Recife eram idênticos aos personagens de inúmeras outras áreas do mundo assoladas pela fome. Que aquela lama humana do Recife, que eu conhecera na infância, continua sujando até hoje toda a paisagem de nosso planeta como negros borrões de miséria: as negras manchas demográficas da geografia da fome".

[64] SOUZA, L. C. Lacunas da percepção: um olhar na paisagem. *Revista da Faculdade de Direito Padre Anchieta*, Jundiaí, ano 7, n. 11, p. 87-102, maio 2006.

[65] CASTRO, J. Subdesenvolvimento: causa primeira de poluição. Trabalho apresentado no Colóquio sobre o Meio em junho de 1972, em Estocolmo. Publicado na revista *O Correio da Unesco*, ano I, n. 3, mar. 1973, in: CASTRO, A. M. (org.). *Fome: um tema proibido*. Rio de Janeiro: Civilização Brasileira, 2003.

92   Instituições de Direito

da cobertura e do atendimento. O outro princípio é o do *caráter democrático e descentra-lizado da gestão administrativa,* com a participação da comunidade, em especial de trabalhadores, empresários e aposentados.

Nos arts. 196 a 200 é explicitado o *direito à saúde,* que é afirmado como direito de todos e dever do Estado. As ações e serviços de saúde são considerados de relevância pública, devendo essas ações e serviços públicos de saúde ser integrados em uma rede regionalizada e hierarquizada, constituindo um sistema único. Entretanto, a assistência à saúde é livre à iniciativa privada.

A isto devem ser acrescidos os dados sobre saneamento básico no Brasil, sem coleta e tratamento de água não há saúde, sem limpeza urbana há proliferação de doenças, além de propiciar a ocorrência de enchentes, e sem o manejo de resíduos sólidos e controle de pragas, a saúde da comunidade está comprometida. Serviços de saneamento precisam ser universalizados no país.[66]

No tocante à *previdência social* (arts. 201 e 202 da CF/1988), destina-se a atender à cobertura dos eventos de doença, invalidez e morte, incluídos os resultantes de acidentes do trabalho, velhice e reclusão, bem como à ajuda na manutenção dos dependentes dos segurados de baixa renda, à proteção à maternidade, especialmente, à gestante, à proteção ao trabalhador em situação de desemprego involuntário e à pensão por morte do segurado, tendo como regulamentos as Leis n. 8.212/1991[67] e 8.213/1991.[68] Já a assistência social (arts. 203 e 204 da CF/1988), regulamentada pela Lei n. 8.742/1993,[69] será prestada a quem dela necessitar, tendo por objetivos a proteção à família, à maternidade, à infância, à adolescência, à velhice, às crianças e adolescentes carentes.

Sobre a *educação* (arts. 205 a 214 da CF/1988), na Constituição Federal é afirmado esse direito a todos, a ele correspondendo o dever da família e do Estado. O direito ao ensino obrigatório (1º grau) e gratuito é reconhecido como direito público subjetivo, pois a família é incumbida de matricular e levar seus filhos à escola. Disso também resulta que o titular desse direito poderá fazê-lo valer em juízo, contra o Estado, que deverá assegurar-lhe matrícula em escola pública, ou bolsa de estudos

---

[66] Os dados sobre saneamento e seus reflexos na saúde podem ser vistos no seguinte relatório: TRATA BRASIL. *Ranking do saneamento 2019.* Disponível em: http://www.tratabrasil.org.br/estudos/estudos-itb/itb/ranking-do-saneamento-2019. Acesso em: 15 jul. 2019.

[67] BRASIL. *Lei n. 8.212, de 24 de julho de 1991.* Dispõe sobre a organização da Seguridade Social, institui Plano de Custeio, e dá outras providências. Disponível em: http://www.planalto.gov.br/ccivil_03/leis/L8212cons.htm. Acesso em: 15 jul. 2019.

[68] BRASIL. *Lei n. 8.213, de 24 de julho de 1991.* Dispõe sobre os Planos de Benefícios da Previdência Social e dá outras providências. Disponível em: http://www.planalto.gov.br/ccivil_03/leis/l8213cons.htm. Acesso em: 15 jul. 2019.

[69] BRASIL. *Lei n. 8.742, de 7 de dezembro de 1993.* Dispõe sobre a organização da Assistência Social e dá outras providências. Disponível em: http://www.planalto.gov.br/ccivil_03/LEIS/L8742.htm. Acesso em: 15 jul. 2019.

em escola particular (art. 213, § 1º, da CF/1988), se houver falta de vagas nos cursos públicos. O ensino obedecerá, entre outros, aos seguintes princípios: liberdade de aprender, de ensinar, pesquisar, divulgar o pensamento, a arte, o saber; pluralismo de ideias e concepções pedagógicas; garantia de padrão de qualidade. É assegurada a coexistência entre ensino público e particular. Este, porém, deverá ser autorizado e terá sua qualidade avaliada pelo Poder Público. Os Municípios deverão atuar prioritariamente no ensino fundamental e pré-escolar. O ensino público deverá ser gratuito em todos os níveis, e a ele caberá dar atendimento especializado aos portadores de deficiência e às crianças, desde o nascimento até os seis anos de idade. Também cabe aos municípios promover a oferta de curso noturno regular e amparar o educando, no ensino fundamental, por meio de programas suplementares de material didático-escolar, transporte, alimentação e assistência à saúde. Deverá empenhar-se na erradicação do analfabetismo. As universidades gozarão de autonomia didático-científica, administrativa e de gestão financeira e patrimonial e obedecerão ao princípio da indissociabilidade entre ensino, pesquisa e extensão.

O art. 7º da CF/1988 refere-se aos *direitos dos trabalhadores urbanos e rurais*, direitos estes conquistados por meio de lutas árduas dos trabalhadores a fim de serem reconhecidos como força motriz deste Estado.

Alexandre de Moraes lembra:

> A Constituição não conceitua *trabalhador*; para determinação dos beneficiários dos direitos sociais constitucionais devemos nos socorrer do conceito infraconstitucional do termo, considerando para efeitos constitucionais o *trabalhador subordinado*, ou seja, aquele que trabalha ou presta serviços por conta e direção da autoridade de outrem, pessoa física ou jurídica, entidade privada ou pública, adaptando-o, porém, ao texto constitucional, como ressaltado por Amauri Mascaro do Nascimento, para quem a Constituição é aplicável ao empregado e aos demais trabalhadores nela expressamente indicados, e nos termos que o fez; ao rural, ao avulso, ao doméstico e ao servidor público. Não mencionando outros trabalhadores, como o eventual, o autônomo e o temporário, os direitos ficam dependentes de alteração de lei ordinária, à qual se restringem.[70]

Os direitos sociais previstos constitucionalmente são normas de ordem pública, com a característica de imperativas, invioláveis pela vontade das partes contraentes da relação trabalhista.[71]

---

[70] MORAES, 2006, p. 201-202.
[71] MORAES, 2006, p. 203.

O art. 8º da CF/1988[72] dispõe sobre a *liberdade de associação profissional ou sindical*, desde que observado o disposto em seus oito incisos, que podem ser classificados como direitos sindicais. Nesses incisos encontramos a previsão da possibilidade da cobrança da contribuição confederativa e sindical, e sua exigibilidade.

> Art. 8º [...]
>
> IV – a assembleia geral fixará a contribuição que, em se tratando de categoria profissional, será descontada em folha, para custeio do sistema confederativo da representação sindical respectiva, independentemente da contribuição prevista em lei;

Lembramos que a *liberdade sindical* é uma forma específica de liberdade de associação, prevista no art. 5º, XVII, da CF/1988, com regras próprias, demonstrando, portanto, sua posição de tipo autônomo.

É o art. 9º que assegura o direito de greve de forma constitucional – fato que antes era tido como atentatório ao Estado.

A *greve* pode ser definida como um direito de autodefesa que consiste na abstenção coletiva e simultânea do trabalho, organizadamente, pelos trabalhadores de um ou vários departamentos ou estabelecimentos, com o fim de defender interesses determinados.[73]

As principais características do direito de greve são:

* trata-se de um direito coletivo, cujo titular é um grupo organizado de trabalhadores;
* direito trabalhista irrenunciável no âmbito do contrato individual do trabalho;
* direito relativo, podendo sofrer limitações, inclusive em relação às atividades consideradas essenciais (art. 9º, § 1º, da CF/1988);
* instrumento de autodefesa, que consiste na abstenção simultânea do trabalho;
* procedimento de pressão;
* sua finalidade primordial é defender os interesses da profissão;
* outras finalidades: greves políticas, greves de solidariedade, greves de protesto;
* tem caráter pacífico.

---

[72] BRASIL, 1988.
[73] MORAES, 2006, p. 210.

De forma complementar, acrescentamos que o Título VIII (Da Ordem Social) da CF/1988 tem como base o primado do trabalho, e como objetivo o bem-estar e a justiça sociais (arts. 193 a 232), disciplinando sobre os seguintes assuntos:

- cultura;[74]
- desporto;[75]
- ciência e tecnologia;[76]
- comunicação social;[77]
- meio ambiente;[78]
- família, criança, adolescente e o idoso;[79] e
- índios.[80]

3.5 DIREITOS POLÍTICOS

Os arts. 14 a 16 da CF/1988 dispõem sobre os direitos políticos, um conjunto de normas que disciplinam os meios necessários ao exercício da soberania popular. Tais normas constituem um desdobramento dos princípios fundamentais democráticos insculpidos no art. 1º da CF/1988,[81] consubstanciado pelo seu parágrafo

---

[74] Cultura (arts. 215 e 216 da CF/1988): o Estado protege todas as manifestações culturais do povo brasileiro, pois elas são um reflexo da nossa história, patrimônio a ser assegurado às presentes e futuras gerações, buscando estimular o desenvolvimento pelo incentivo para a produção e a divulgação de bens e valores culturais.

[75] Quanto ao desporto (art. 217 da CF/1988), atribui-se ao Estado o dever de fomentar as práticas desportivas, formais ou não formais, contribuindo para a higidez do povo.

[76] Nos arts. 218 e 219 da CF/1988, reconhece-se a importância que assumem no Estado contemporâneo a ciência e a tecnologia. O Estado tem a tarefa de promover o desenvolvimento científico, a pesquisa e a capacitação tecnológicas.

[77] Os arts. 220 e 224 da CF/1988 buscam dar tratamento sistemático ao problema da comunicação social, que é crucial para a democracia. De fato, é por meio desta que o cidadão se informa sobre os temas públicos e forma sua opinião. A Constituição firma um princípio geral de plena liberdade, como vimos anteriormente, e como contrapartida enfatiza o direito à resposta e a responsabilidade por danos materiais e morais, inclusive à imagem, proibindo terminantemente a censura. No tocante a diversões e espetáculos públicos, propõe uma atuação orientadora do Poder Público. Promete meios legais que garantam à pessoa e à família a defesa contra programas ou programações de rádio e televisão – cinema, não – que desrespeitem valores éticos e sociais – religiosos aqui inclusos – da pessoa e da família.

[78] O art. 225 da CF/1988 consagra o direito de terceira geração de todos a um meio ambiente ecologicamente equilibrado, essencial à sadia qualidade de vida, considerando-o bem de uso comum do povo – bem difuso – e o colocando sob a proteção do Poder Público e da coletividade.

[79] Quanto à família, criança, adolescente e idoso, os arts. 226 a 230 da CF/1988 declaram a família a base da sociedade. Na família são iguais os direitos entre o homem e a mulher, consagrando o poder familiar, e não mais o pátrio poder. A Constituição considera família a comunidade formada por qualquer dos pais e seus descendentes, ampliando esse conceito. Além disso, enfatiza a proteção à criança, ao adolescente – regulamentada pelo ECA – e ao idoso – regulada pela Lei n. 10.741/2003 (Estatuto do Idoso) (BRASIL. *Lei n. 10.741, de 1º de outubro de 2003*. Dispõe sobre o Estatuto do Idoso e dá outras providências. Disponível em: http://www.planalto.gov.br/ccivil_03/leis/2003/l10.741.htm. Acesso em: 15 jul. 2019).

[80] Em relação aos índios, os arts. 231 e 232 da CF/1988 reconhecem o direito à organização social própria, aos costumes, línguas, crenças e tradições, sobretudo às terras que "tradicionalmente ocupam". O aproveitamento dos recursos hídricos e de outras riquezas situadas em terras indígenas pressupõe não só a autorização do Congresso Nacional, como também que devem ser ouvidas as comunidades afetadas, cuja opinião evidentemente não terá caráter decisivo.

[81] BRASIL, 1988.

96 Instituições de Direito

único, ao afirmar que todo o poder emana do povo, que o exerce por meio de representantes eleitos ou diretamente.

> Art. 1º A República Federativa do Brasil, formada pela união indissolúvel dos Estados e Municípios e do Distrito Federal, constitui-se em Estado Democrático de Direito e tem como fundamentos:
>
> I – a soberania;
>
> II – a cidadania; [...]
>
> V – o pluralismo político.
>
> Parágrafo único. Todo o poder emana do povo, que o exerce por meio de representantes eleitos ou diretamente, nos termos desta Constituição.

A soberania popular, conforme o art. 14 da CF/1988, será exercida pelo sufrágio universal e pelo voto direto e secreto, com valor igual para todos e, nos termos da Lei n. 9.709/1998,[82] mediante plebiscito, referendo ou iniciativa popular.

Plebiscito: consulta prévia que se faz aos cidadãos no gozo de seus direitos políticos sobre determinada matéria a ser, posteriormente, discutida pelo Congresso Nacional.

Referendo: consulta posterior sobre determinado ato governamental para ratificá-lo, ou no sentido de conceder-lhe eficácia (condição suspensiva), ou, ainda, para retirar-lhe eficácia (condição resolutiva).

Iniciativa popular: proposta de projeto de lei apresentada por qualquer do povo, desde que cumpridos os requisitos disciplinados pela CF/1988 em cada uma das esferas:
• no âmbito Federal: art. 61, § 2º;
• no âmbito estadual: art. 27, § 4º;
• no âmbito municipal: art. 29, XIII, da CF/1988.

Podemos incluir igualmente como exercício da soberania e pertencente aos direitos políticos do cidadão o ajuizamento de ação popular[83] e a organização e

---

[82] BRASIL. *Lei n. 9.709, de 18 de novembro de 1988.* Regulamenta a execução do disposto nos incisos I, II e III do art. 14 da Constituição Federal. Disponível em: http://www.planalto.gov.br/ccivil_03/leis/l9709.htm. Acesso em: 15 jul. 2019.

[83] Lei n. 4.717/1965 (BRASIL, 1965); art. 5º, LXXIII da CF/1988.

participação de partidos políticos,[84] além da participação em audiências públicas, conselhos municipais, comitês de bacia hidrográfica, entre outros.

São direitos políticos:
• direito de sufrágio;
• alistabilidade (direitos de votar em eleições, plebiscitos e referendos);
• elegibilidade (direito de se candidatar e ser eleito);
• iniciativa popular de lei;
• ação popular;
• organização e participação de partidos políticos.

 Você deve ter notado que usei a palavra cidadão no parágrafo anterior. Este é um termo comum e cotidiano, entretanto é este um atributo da pessoa que se relaciona com os direitos políticos. E como cidadania é o *status* de nacional acrescido dos direitos políticos, isto é, poder participar do processo governamental, sobretudo pelo voto,[85] vamos inicialmente conceituar nacionalidade (art. 12 da CF/1988).

3.5.1 Da nacionalidade

Nacionalidade é o vínculo jurídico-político de direito público interno, que faz da pessoa um dos elementos componentes da dimensão pessoal do Estado.

Nacional é o brasileiro nato ou naturalizado, ou seja, aquele que se vincula por nascimento ou naturalização, ao território brasileiro.

Cidadão é o termo que qualifica o nacional no gozo dos direitos políticos e participantes da vida do Estado.

População é o conjunto de residentes no território, sejam nacionais ou estrangeiros. São os habitantes de um território submetidos a um governo soberano.

Povo é o conjunto de habitantes dotados de capacidade eleitoral ativa e passiva.

Nação é o conjunto de pessoas que partilham a mesma identidade sociocultural e étnico-cultural.

Temos, assim, um critério democrático para definir população, um político para o conceito de povo e um critério étnico-cultural para a nação.

---

[84] Art. 17 da CF/1988 e Lei n. 9.096/1995 (BRASIL. *Lei n. 9.096, de 19 de setembro de 1995*. Dispõe sobre partidos políticos, regulamenta os arts. 17 e 14, § 3º, inciso V, da Constituição Federal. Disponível em: http://www.planalto.gov.br/ccivil_03/leis/l9096.htm. Acesso em: 15 jul. 2019).

[85] FERREIRA FILHO, M. G. *Curso de direito constitucional*. São Paulo: Saraiva, 2008. p. 111.

A natureza jurídica do direito de nacionalidade é de direito material de ordem constitucional, e a competência para legislar sobre nacionalidade é exclusiva do próprio Estado.

São espécies de *nacionalidade:*

- **Primária, de origem ou originária:** resulta do nascimento, por meio do critério de territorialidade, da consanguinidade ou mistos.
  - » De acordo com o critério da consanguinidade, são nacionais os descendentes de nacionais.
  - » Pelo critério da territorialidade, atribui-se a nacionalidade a quem nasce no território do Estado de que se trata.
- **Secundária ou adquirida:** nesse caso a nacionalidade se adquire pela vontade do indivíduo ou do Estado. A nacionalidade secundária se adquire pela naturalização.

Na nacionalidade primária, teremos o brasileiro nato; na secundária, o brasileiro naturalizado.

Polipátrida é quem tem mais de uma nacionalidade.

Heimatlos ou apátrida é a pessoa que não tem nacionalidade nenhuma.

Quanto à nacionalidade brasileira originária, ou seja, ao vínculo jurídico-político que une a pessoa ao Estado brasileiro, basicamente são dois: o *ius sanguinis* (se em território estrangeiro há também outro requisito) e o *ius soli* (regra), a partir do nascimento.

Sobre o tema, dispõe a Constituição:[86]

> Art. 12. São brasileiros:
>
> I – natos:
>
> a) os nascidos na República Federativa do Brasil, ainda que de pais estrangeiros, desde que estes não estejam a serviço de seu país;
>
> b) os nascidos no estrangeiro, de pai brasileiro ou mãe brasileira, desde que qualquer deles esteja a serviço da República Federativa do Brasil;

---

[86] BRASIL, 1988.

CAPÍTULO 3 | DIREITO CONSTITUCIONAL 99

> c) os nascidos no estrangeiro de pai brasileiro ou de mãe brasileira, desde que sejam registrados em repartição brasileira competente ou venham a residir na República Federativa do Brasil e optem, em qualquer tempo, depois de atingida a maioridade, pela nacionalidade brasileira; (Redação dada pela Emenda Constitucional n. 54, de 2007)
>
> II – naturalizados:
>
> a) os que, na forma da lei, adquiram a nacionalidade brasileira, exigidas aos originários de países de língua portuguesa apenas residência por um ano ininterrupto e idoneidade moral;
>
> b) os estrangeiros de qualquer nacionalidade, residentes na República Federativa do Brasil há mais de quinze anos ininterruptos e sem condenação penal, desde que requeiram a nacionalidade brasileira.

Quando um estrangeiro, cumpridos os requisitos da lei (Lei de Migração – Lei n. 13.445/2017[87]), obtém a naturalização, passa a ter a nacionalidade brasileira, não podendo qualquer lei estabelecer distinção entre brasileiros natos e naturalizados, salvo nos casos previstos na própria Constituição. Por exemplo, a CF/1988 declara que os cargos privativos de brasileiros natos são estes:

- presidente e vice-presidente da República;
- presidente da Câmara dos Deputados;
- presidente do Senado Federal;
- ministro do Supremo Tribunal Federal (STF);
- membro da carreira diplomática;
- oficial das Forças Armadas;
- ministro de Estado da Defesa.

Poderá, porém, ocorrer a *perda da nacionalidade brasileira*, nas seguintes situações:

- cancelamento da naturalização, por sentença judicial,
- em virtude de atividade nociva ao interesse nacional;
- para quem adquirir outra nacionalidade, salvo nos casos:
  - » de reconhecimento de nacionalidade originária pela lei estrangeira;
  - » de imposição de naturalização, pela norma estrangeira, ao brasileiro residente em estado estrangeiro, como condição para permanência em seu território ou para o exercício de direitos civis.

---

[87] BRASIL. *Lei n. 13.445, de 24 de maio de 2017.* Institui a Lei de Migração. Disponível em: http://www.planalto.gov.br/ccivil_03/_ato2015-2018/2017/lei/l13445.htm. Acesso em: 15 jul. 2019.

Vale anotar que aos portugueses com residência permanente no país, se houver reciprocidade em favor de brasileiros, serão atribuídos os direitos inerentes a estes, salvo os casos previstos na Constituição.

Esclarecida a questão da nacionalidade, voltemos à *cidadania*, que se adquire mediante alistamento eleitoral na forma da lei, ou seja, com a obtenção do título de eleitor, que é obrigatório para todos os brasileiros de ambos os sexos maiores de 18 anos e facultativo para os analfabetos, os maiores de 70 anos e os maiores de 16 e menores de 18 anos. Não são alistáveis os estrangeiros e os conscritos[88] durante o serviço militar obrigatório.

Não costumo usar o termo "cidadão" para indicar alguém do povo, pois tendo em vista que a cidadania se adquire com o alistamento eleitoral. Só será cidadão aquele que tiver entre 18 a 70 anos (obrigatório) e 16 a 18 anos e maior de 70 anos (facultativo), os demais estarão excluídos por não terem direitos políticos. Daí minha crítica a discursos políticos que exclamam, por exemplo, "este hospital é para os cidadãos desta cidade".

Os *direitos políticos* podem ser subdivididos em direitos políticos positivos e direitos políticos negativos. Os direitos políticos positivos podem ser conceituados como os que garantem a participação do povo no poder mediante o sufrágio.

Sufrágio é o direito público subjetivo de natureza política que o cidadão tem de eleger, ser eleito e de participar do governo.

Importa esclarecer que *sufrágio* e *voto* não são sinônimos. Pelo Texto Constitucional vigente, o sufrágio é universal e o voto é direto e secreto e tem valor igual. A palavra *voto* é empregada em outros dispositivos, exprimindo a vontade em um processo decisório. O direito de sufrágio é a essência do direito político, expressando-se pela capacidade de eleger e de ser eleito.

O direito de sufrágio apresenta-se em dois aspectos:

- capacidade eleitoral ativa (direito de votar – alistabilidade);
- capacidade eleitoral passiva (direito de ser votado – elegibilidade) ou, como alguns autores lecionam, cidadania ativa e cidadania passiva.

---

[88] Os conscritos são os convocados para o serviço militar obrigatório, sendo assim chamados enquanto não juram a bandeira, em média por três meses. Não se compreendem nesse conceito os engajados para o serviço militar permanente, os quais são obrigados a se alistar como eleitores. Alexandre de Moraes lembra que o conceito de conscrito estende-se aos médicos, dentistas, farmacêuticos e veterinários que prestam serviço militar obrigatório, a teor da Lei n. 5.292/1967. BRASIL. Lei n. 5.292, de 8 de junho de 1967. Dispõe sôbre a prestação do Serviço Militar pelos estudantes de Medicina, Farmácia, Odontologia e Veterinária e pelos Médicos, Farmacêuticos, Dentistas e Veterinários em decorrência de dispositivos da Lei nº 4.375, de 17 de agosto de 1964. Disponível em: http://www.planalto.gov.br/ccivil_03/LEIS/1950-1969/L5292.htm. Acesso em 1º set. 2019. Também os que prestam serviço militar na condição de prorrogação de engajamento incidem nas restrições da CF/1988, art. 14, § 2º (Resolução TSE n. 15.850, rel. Min. Roberto Rosas). MORAES, 2006, p. 210.

O sufrágio é universal quando o direito de votar é concedido a todos os nacionais, independentemente de fixação de condições de nascimento, econômicas, culturais ou outras condições especiais,[89] enquanto o voto é manifestação do sufrágio no plano prático, ou seja, é ato político que materializa a prática do direito de votar. O direito de voto é o instrumento de exercício do direito de sufrágio, e será exercido de forma *direta*, apresentando diversas características constitucionais, como personalidade, obrigatoriedade, liberdade, sigilosidade, igualdade e periodicidade.

Já a *alistabilidade* diz respeito à capacidade eleitoral ativa, ou seja, à capacidade de ser eleitor; e a elegibilidade diz respeito à capacidade eleitoral passiva, ou seja, à capacidade de ser eleito.

 Leitor, não esqueça!

Para tanto, são condições de elegibilidade:
- nacionalidade brasileira (só para presidente e vice – nato);
- pleno exercício dos direitos políticos;
- alistamento eleitoral;
- domicílio eleitoral na circunscrição eleitoral;
- filiação partidária;
- idade mínima:

  - 35 anos para presidente, vice e senador;
  - 30 anos para governador do Estado, vice e do DF;
  - 21 anos para deputado federal, estadual e distrital, prefeito, vice-prefeito e juiz de paz;
  - 18 anos para vereador.

Das condições acima, verificamos que a CF/1988 privilegia a participação da juventude no processo político eleitoral.

---

[89] MORAES, 2006, p. 209.

Por isso, todos devem participar da vida política da sua cidade! Just, você e seus amigos devem exercer seus direitos políticos!
Fica também o convite para você, leitor.

Já os *direitos políticos negativos* podem ser conceituados como as regras que privam o cidadão pela perda definitiva ou temporária (suspensão) da totalidade dos direitos políticos de votar e ser votado, e ainda determinam restrições à elegibilidade do cidadão em certas circunstâncias. Correspondem às previsões constitucionais que restringem o acesso à participação nos órgãos governamentais, por meio de impedimento às candidaturas. Dividem-se em:

- regras de inelegibilidade;
- normas sobre perda e suspensão dos direitos políticos.

A *inelegibilidade* se refere aos impedimentos à capacidade eleitoral passiva, podendo ser *absoluta*, nos casos dos inalistáveis, estrangeiros, conscritos e analfabetos, e *relativa*:

- quanto a determinados mandatos;
- por motivos funcionais; para o mesmo cargo (reeleição);
- para outros cargos (desincompatibilização);
- em caso de cônjuge e parentes consanguíneos ou afins, até o segundo grau ou por adoção;
- em situação de inelegibilidade reflexa;
- para os militares há regras distintas, referentes ao tempo de serviço (menos de dez anos de serviço, deverá afastar-se da atividade; mais de dez anos, será agregado pela autoridade superior, e, se eleito, passará automaticamente, no ato da diplomação, para a inatividade).

Há ainda as da Lei Complementar n. 64/1990.[90]

A *desincompatibilização* é o ato pelo qual o candidato se desvencilha da inelegibilidade a tempo de concorrer à eleição. Em alguns casos só é possível com o afastamento definitivo do cargo, por renúncia ou exoneração. Em outros casos, basta o licenciamento.

A Constituição proíbe a cassação de direitos políticos, cuja perda ou suspensão só se dará nos casos de:

- cancelamento da naturalização por sentença transitada em julgado;

---

[90] BRASIL, *Lei Complementar n. 64 de 18 de maio de 1990*. Estabelece, de acordo com o art. 14, § 9º da Constituição Federal, casos de inelegibilidade, prazos de cessação, e determina outras providências. Disponível em: http://www.planalto.gov.br/ccivil_03/LEIS/LCP/Lcp64.htm. Acesso em 1º set. 2019.

- incapacidade civil absoluta;
- condenação criminal transitada em julgado, enquanto durarem seus efeitos;
- recusa de cumprir obrigação a todos imposta ou prestação alternativa, nos termos do art. 5º, VIII; e
- improbidade administrativa, nos termos do art. 37, § 4º, da CF/1988.

Somente o Poder Judiciário pode decretar a perda ou suspensão de direitos políticos.

— Nossa! — exclama Just. — Os direitos políticos e o processo eleitoral são muito sérios e pautados em muitas regras. Preciso multiplicar este conhecimento!

3.6 ORGANIZAÇÃO DO ESTADO

A organização político-administrativa da República Federativa do Brasil compreende a *União, os Estados, o Distrito Federal e os Municípios,* de forma autônoma, e esta organização está descrita na Constituição Federal.

Dispõe o Texto Constitucional:[91]

> Art. 18. A organização político-administrativa da República Federativa do Brasil compreende a União, os Estados, o Distrito Federal e os Municípios, todos autônomos, nos termos desta Constituição.
>
> § 1º Brasília é a Capital Federal.
>
> § 2º Os Territórios Federais integram a União, e sua criação, transformação em Estado ou reintegração ao Estado de origem serão reguladas em Lei Complementar.
>
> § 3º Os Estados podem incorporar-se entre si, subdividir-se ou desmembrar-se para se anexarem a outros, ou formarem novos Estados ou Territórios Federais, mediante aprovação da população diretamente interessada, através de plebiscito, e do Congresso Nacional, por lei complementar.
>
> § 4º A criação, a incorporação, a fusão e o desmembramento de Municípios, far-se-ão por lei estadual, dentro do período determinado por Lei Complementar Federal, e dependerão de consulta prévia, mediante plebiscito, às populações dos Municípios envolvidos, após divulgação dos Estudos de Viabilidade Municipal, apresentados e publicados na forma da lei.

---
[91] BRASIL, 1988.

104   Instituições de Direito

Importante ressaltar que a Constituição estabelece competências, ou seja, determina as atribuições para cada ente federativo, colocando "cada um no seu quadrado".

No que tange à competência, ou seja, atribuições de cada ente federativo para a efetividade da organização político-administrativa da República Federativa do Brasil, há uma repartição de competências para o exercício e desenvolvimento de sua atividade normativa, no sentido de dar autonomia às entidades federativas.

Como afirma José Afonso da Silva,

> [...] esta distribuição constitucional de poderes é o ponto nuclear da noção de Estado Federal. [...] A Constituição de 1988 estruturou um sistema que combina competências exclusivas, privativas e principiológicas com competências comuns e concorrentes, buscando reconstruir o sistema federativo segundo critérios de equilíbrio ditados pela experiência histórica.[92]

Para esclarecer melhor, a classificação das competências pode ser definida como:

> *Competência* é a faculdade juridicamente atribuída a uma entidade, ou a um órgão ou agente do Poder Público para emitir decisões. *Competências* são as diversas modalidades de poder de que se servem os órgãos ou entidades estatais para realizar suas funções.
>
> Isso permite falar em espécies de competências, visto que as matérias que compõem seu conteúdo podem ser agrupadas em classes, segundo sua natureza, sua vinculação cumulativa a mais de uma entidade e seu vínculo a função do governo. Sob esses critérios, podemos classificar as competências primeiramente em dois grandes grupos com suas subclasses: I – *competência material*, que pode ser: a) exclusiva (art. 21); e b) comum, cumulativa ou paralela (art. 23); II – *competência legislativa*, que pode ser: a) exclusiva (art. 25, §§ 1º e 2º); b) privativa (art. 22); c) concorrente (art. 24); d) suplementar (art. 24, § 2º).[93]

Dito isso, vamos conhecer, de forma sucinta, as entidades que compõem a República Federativa do Brasil:

3.6.1 União

A União é a entidade federativa voltada para os assuntos de interesse de todo o Estado brasileiro. É o ente federativo central e só existe em Estados Federais. Trata-se de pessoa jurídica de direito público interno (autonomia) e internacional (soberania).

---

[92] SILVA, 2006, p. 417.
[93] SILVA, 2006, p. 419-420.

A Constituição lista os bens da União no art. 20, I a XI, tratando-se de um rol exemplificativo, ou seja, de uma relação não exaustiva, e para estes bens deve legislar o uso e proteção.

Nesse sentido, a União possui competência material exclusiva nas seguintes situações: internacionais (art. 21, I a IV), políticas (art. 21, V e XVII), financeiras (incisos VII e VIII), administrativas (incisos VI, XIII a XVI, XIX, XXII e XXIV), urbanística (incisos 21, IX, XX e XXI), econômica (incisos IX, segunda parte, e XXV), na área de prestação de serviço (inciso X a XII e XXIII) e sociais (incisos IX, segunda parte, e XVIII).

A competência material comum equivale a todas as entidades federativas sobre os assuntos evidenciados no art. 23 da CF/1988, ou seja, há assuntos como a questão ambiental em que estas têm a obrigação de proteção. No tocante a sua competência legislativa, tem-se a privativa (art. 22) e a concorrente (art. 24).

3.6.2 Estados federados

Importa ressaltar que os Estados-membros são unidades federativas que surgiram em 1889 com a proclamação da República, tendo autonomia – poder de agir dentro de regras preestabelecidas –, mas não possuindo competência internacional, que é exclusiva da União. Entretanto, sua auto-organização obedece ao modelo federal (art. 25 da CF/1988; art. 11 do Ato das Disposições Constitucionais Transitórias – ADCT).[94]

Os seguintes dispositivos constitucionais se aplicam aos Estados:

- **art. 34, VII:** intervenção;
- **art. 37:** Administração Pública;
- **arts. 70 a 75:** Tribunal de Contas;
- **art. 128, § 3º:** escolha do procurador-geral de Justiça.

No tocante a sua autolegislação, possuem competência para elaborar leis estaduais dentro da autonomia política com competência remanescente (art. 25, § 1º) ou competência exclusiva (arts. 18, § 4º, e 25, §§ 2º e 3º). Detêm, ainda, competência comum (art. 23), concorrente (art. 24, § 1º – União: normas gerais) e suplementar (art. 24, §§ 2º, 3º e 4º – Estado; art. 30, II – Município) constitucionalmente

---

[94] BRASIL. *Ato das Disposições Constitucionais Transitórias.* Disponível em: http://www.planalto.gov.br/ccivil_03/constituicao/constituicao.htm#adct. Acesso em: 15 jul. 2019.

determinadas. Vale ressaltar que as leis estaduais não podem estar em desconformidade com a Constituição Federal ou leis federais que tratem do mesmo assunto.

Outrossim, quanto ao poder de autogovernar, o Estado possui Executivo (arts. 28, 77, *caput* e § 1º, e 14, § 5º), Legislativo (arts. 27, *caput* e § 1º, 45, § 1º) e Judiciário (art. 125, §§ 1º e 3º). Possui, ainda, autoadministração, com corpo próprio de funcionários, de acordo com os termos da CF/1988 (arts. 37 a 41).

3.6.3 Municípios

Os Estados Federados são divididos em Municípios, com autonomia política administrativa. Os Municípios foram considerados entidades federativas autônomas a partir da CF/1988 (arts. 1º e 18), com um rol de competências estabelecido em seu art. 30, destacando-se assuntos de interesse local (art. 30, I) e impostos (art. 156 da CF /1988).

A seguir temos algumas características do Município.

- Auto-organização:
  » lei orgânica municipal (art. 29-A, § 3º);
  » votadas em dois turnos, com intervalo mínimo de dez dias, e aprovadas por dois terços dos membros da Câmara Municipal (art. 29);
  » não possui poder constituinte decorrente.

- Autolegislação:
  » competência exclusiva (art. 30, I);
  » competência comum (art. 23), cumulativa;
  » competência suplementar (art. 30, II), para suprir a omissão legislativa federal e/ou estadual;
  » competência material (art. 30, III a IX), para a prática de atos de gestão.

- Autogoverno:
  » Poder Executivo municipal:
    ◢ prefeito municipal (vice-prefeito);
    ◢ quatro anos de mandato (art. 29, I);
    ◢ reeleição (art. 14, § 5º);
    ◢ segundo turno (art. 29, II) – mais de 200 mil eleitores e não tendo maioria absoluta;
    ◢ competência do Tribunal de Justiça para julgar prefeito por crimes (art. 29, X);

CAPÍTULO 3 | DIREITO CONSTITUCIONAL   107

» Poder Legislativo municipal:

  ⊿ Câmara municipal composta de vereadores;

  ⊿ mandato de quatro anos e imunidades (art. 29, VIII) – alcança responsabilidade civil.

» não existe Poder Judiciário na esfera municipal.

• Autoadministração.

  » Dispõe de um corpo próprio de funcionários e servidores, regido por leis municipais, não podendo contrariar os princípios fundamentais da Administração Pública (arts. 37 a 41 da CF/1988).

3.6.4 Distrito Federal

No Brasil, a exemplo dos Estados Unidos, a sede do Estado Federal, a Capital Federal, foi fixada em um território à parte, em área que não pertence a nenhum dos Estados-membros. Com a Proclamação da República, a Capital, que era no Rio de Janeiro, foi transferida para o Distrito Federal (art. 18, § 1º, da CF/1988). Na Constituição de 1891, ficou estabelecido que a sede do governo central seria transferida para o Planalto Central, porém essa aspiração só veio a ser concretizada em 1960.[95]

A natureza jurídica é de entidade federativa dotada de autonomia política, com:

• auto-organização: regida por lei orgânica, aprovada por dois terços dos votos e promulgada pela própria Câmara Legislativa de Brasília (art. 32);

• autolegislação: são atribuídas as competências legislativas dos Estados e Municípios (arts. 32, § 1º, 147 e 157);

• autogoverno:

  » Poder Executivo: governador do Distrito Federal eleito para mandato de quatro anos;

  » Poder Legislativo:

    ⊿ deputados distritais (art. 27);

    ⊿ Câmara Legislativa – competência dos Estados e Municípios;

    ⊿ elege deputados federais e três senadores;

  » Poder Judiciário do Distrito Federal compete à União organizar e manter:

    ⊿ Poder Judiciário;

---

95 PINHO, R. C. R. *Teoria geral da Constituição e direitos fundamentais*. São Paulo: Saraiva, 2009. p. 112.

- Ministério Público;
- Defensoria Pública;
- Polícia Civil;
- Polícia Militar;
- Corpo de Bombeiros (arts. 21, XIII e XIV, e 32, § 4º).

3.6.5 Território

Não existe, atualmente, nenhum território no Brasil. Os últimos territórios, Roraima e Amapá, foram transformados em Estados, e Fernando de Noronha foi incorporado ao Estado de Pernambuco (arts. 14 e 15 do ADCT). Caso novos territórios venham a ser criados, isso se dará por meio de lei complementar federal (art. 18, § 2º). Os territórios têm a finalidade de estimular o desenvolvimento local ou de segurança nacional, podendo ser divididos em Municípios (art. 33, § 1º), e com representação fixa de quatro deputados na Câmara dos Deputados Federais (art. 45, § 2º). O Executivo terá governadores, nomeados pelo presidente da República com aprovação do Senado Federal (art. 84, XIV). Compete à União (art. 21, XIII e XIV, da CF/1988) organizar e manter o Poder Judiciário. Os territórios também devem possuir Ministério Público e Defensoria Pública Federal (art. 33, § 3º, da CF/1988).

3.7 DOS PODERES OU FUNÇÕES DO ESTADO

De acordo com o já exposto, os Poderes da União, Executivo, Legislativo e Judiciário, devem atuar de forma independente e harmônica, e os tópicos a seguir apresentam uma síntese da estrutura desses Poderes, de acordo com o normativo constitucional.

3.7.1 Do Poder Executivo

No Brasil, o Poder Executivo é monocrático, uma vez que é exercido por um só indivíduo – pelo presidente da República, auxiliado pelos ministros de Estado (art. 76 da CF/1988).

Segundo Manoel Gonçalves Ferreira Filho,[96] é no Poder Executivo que o povo confia a melhoria das condições de vida; portanto, é no Executivo que são postas as esperanças do eleitorado.

---

[96] FEREIRA FILHO, 2008, p. 223.

No presidencialismo, o presidente da República exerce a função de chefe de Estado e chefe de governo. A chefia de Estado consiste na representação do Estado de forma equilibrada e com moderação, por exemplo, em representações internacionais, recepções, representações diplomáticas. A chefia de governo está relacionada à orientação política geral, com o governar do país. O presidente da República não presta contas de seus atos ao Legislativo.

A Constituição disciplina sobre decretos e regulamentos para que as atividades administrativas do presidente da República possam instrumentalizar-se em efeitos concretos. Os decretos não podem inovar o direito, nem introduzir modificação na ordem jurídica. Entretanto, o presidente da República pode se valer de medidas provisórias, que são normas com força de lei por ele editadas em casos de relevância e urgência (art. 62 da CF/1988).[97]

Quando ocorrer exorbitação do poder, o presidente estará sujeito ao disposto no art. 49, V, da CF/1988, ou seja, o Congresso Nacional poderá suspender os atos normativos do Poder Executivo.

Características do cargo:

- é unipessoal;
- possui auxiliares do governo (ministros do Estado);
- para possuir elegibilidade, o candidato deve ser brasileiro nato, gozar dos direitos políticos e idade superior a 35 anos;
- o candidato não pode ser inelegível (art. 12, § 3º, I, combinado com o art. 14, § 3º, I, II e VI, *a*, da CF/1988);
- o mandato é de quatro anos (art. 82), sendo possível a reeleição uma única vez (art. 14, § 5º);
- dispositivos referentes à eleição (art. 77) e à posse (art. 78) estão disciplinados na CF/1988.

O vice-pesidente tem como características o fato de ser eleito junto com o presidente da República, sendo o substituto e o sucessor deste, até o final do mandato, em licenças, doenças, férias, viagens (art. 79). Depois do vice, quem pode suceder o presidente da República, na seguinte ordem, é o presidente da Câmara dos Deputados, o presidente do Senado e o presidente do STF (art. 80), em caráter temporário

---

[97] Consulte processo de tramitação disponível em: https://www.congressonacional.leg.br/materias/medidas-provisorias/entenda-a-tramitacao-da-medida-provisoria. Acesso em: 15 jul. 2019.

110 Instituições de Direito

(art. 81, §§ 1º e 2º). Vagando ambos os cargos, far-se-á eleição em 90 dias depois de aberta a última vaga.

A vacância – deixar o cargo vago – pode se dar pelos seguintes motivos:

- pela ocorrência de crime de responsabilidade (arts. 85 e 86 da CF/1988);
- por morte;
- por renúncia;
- pela perda ou suspensão dos direitos políticos e da nacionalidade;
- pelo não comparecimento para a posse (art. 78, parágrafo único);
- pela ausência do país por mais de 15 dias sem licença do Congresso Nacional (art. 83 da CF/1988).

A Constituição disciplina os cargos de ministro de Estado (arts. 87 e 88), que são os auxiliares do presidente da República, pessoas de sua confiança. Eles não participam da chefia do Estado e são escolhidos entre brasileiros, com idade superior a 21 anos, em gozo dos direitos políticos, sendo livremente escolhidos e destituídos pelo presidente da República, ou seja, nomeados e exonerados. É importante ressaltar que o cargo de ministro de Estado da Defesa é privativo de brasileiro nato (art. 12, § 3º, VII, de acordo com a Emenda Constitucional n. 23/1999).[98]

O Conselho da República é regulado por lei ordinária. Trata-se de um órgão superior de consulta do presidente da República, e dele participam:

- o vice-presidente,
- o presidente da Câmara dos Deputados;
- o presidente do Senado;
- os líderes da maioria e da minoria da Câmara dos Deputados;
- o ministro da Justiça; e
- seis cidadãos brasileiros natos com mais de 35 anos, sendo dois nomeados pelo presidente da República, dois eleitos pelo Senado e dois eleitos pela Câmara, todos com mandato de três anos, vedada a recondução (art. 89).

A competência do Conselho da República é determinada pelo art. 90 da CF/1988.

O Conselho de Defesa Nacional (art. 91) é órgão de consulta do presidente da República nos assuntos relacionados à soberania nacional e à defesa do Estado democrático, do qual participam, como membros natos:

---

[98] BRASIL. *Emenda Constitucional n. 23, de 2 de setembro de 1999*. Altera os arts. 12, 52, 84, 91, 102 e 105 da Constituição Federal (criação do Ministério da Defesa). Disponível em: http://www.planalto.gov.br/ccivil_03/constituicao/Emendas/Emc/emc23.htm. Acesso em: 15 jul. 2019.

- o vice-presidente da República;
- o presidente da Câmara dos Deputados;
- o presidente do Senado Federal;
- o ministro da Justiça;
- o ministro de Estado da Defesa;
- o ministro das Relações Exteriores;
- o ministro do Planejamento; e
- os comandantes da Marinha, do Exército e da Aeronáutica.

A competência do Conselho de Defesa Nacional encontra-se no art. 91, § 1º, I a IV, da CF/1988. Esse Conselho opina em caráter não vinculativo, podendo o presidente da República deixar de acatar seu pronunciamento.

Com relação aos *crimes de responsabilidade*, são infrações político-administrativas definidas na legislação federal, cometidas no desempenho da função, que atentem contra a existência da União, o livre exercício dos Poderes do Estado e a segurança interna do País.

O art. 85[99] é um exemplo.

Art. 85. São crimes de responsabilidade os atos do Presidente da República que atentem contra a Constituição Federal e, especialmente, contra:

I – a existência da União;

II – o livre exercício do Poder Legislativo, do Poder Judiciário, do Ministério Público e dos Poderes constitucionais das unidades da Federação;

III – o exercício dos direitos políticos, individuais e sociais;

IV – a segurança interna do País;

V – a probidade na administração;

VI – a lei orçamentária;

VII – o cumprimento das leis e das decisões judiciais.

Parágrafo único. Esses crimes serão definidos em lei especial, que estabelecerá as normas de processo e julgamento.

Quanto à destituição do cargo, a figura do *impeachment* estava presente já na monarquia, por meio da Lei n. 15/1827,[100] que dispunha sobre a responsabilidade

---

[99] BRASIL, 1988.

[100] BRASIL. *Lei de 15 de outubro de 1827*. Da responsabilidade dos Ministros e Secretários de Estado e dos Conselheiros de Estado. Disponível em: http://www.planalto.gov.br/ccivil_03/leis/lim/LIM-15-10-1827.htm. Acesso em 5 set. 2019.

dos ministros, secretários e conselheiros de Estado. A figura do imperador era preservada do *impeachment*, assim como na Inglaterra (de onde se originou), aplicando-se a máxima saxônica de que o Rei não erra (*the King can do not wrong*). Nossa primeira Constituição republicana, de 1891, inspirou-se no sistema norte-americano, pelo qual o *impeachment* não tem caráter criminal. Com pequenas variações, o instituto foi mantido na atual Constituição, firmando-se sua natureza de processo apenas político, não criminal, em que pese o art. 85 da CF/1988 denominar *crimes de responsabilidade* os atos presidenciais considerados ensejadores do processo de *impeachment*.

A Lei n. 1.079/1950[101] define os crimes de responsabilidade e regula o respectivo processo de julgamento.

Para instaurar um processo de *impeachment* é preciso que a acusação seja admitida por dois terços dos deputados federais, em sessão própria, ante a relevância do tema. Uma das primeiras questões a serem dirimidas refere-se ao quórum dessa sessão, mas o certo é que, tomando como fundamento o fato de que, apesar de não ser processo judicial, há de se preservar todas as garantias de direito, o correto é que os dois terços correspondam à totalidade dos congressistas e não apenas aos presentes à sessão, assim como acontece nos tribunais.

Depois disso, caso admitida a acusação, será ela remetida ao Senado Federal ou ao STF, em caso de crimes comuns e, havendo seu recebimento pelo presidente de algum desses órgãos, o presidente da República será suspenso de suas funções pelo prazo de 180 dias. Não sendo os processos julgados nesse prazo, impreterivelmente, o presidente reassumirá suas funções. O Senado, que é o fórum competente para o julgamento dos crimes de responsabilidade do presidente, vice-presidente, ministros de Estado, além dos ministros do STF, do procurador-geral da República e do advogado-geral da União, fará o julgamento, sob o comando do presidente do STF.

A condenação, da mesma forma que a admissão na Câmara, somente se dará pelo voto favorável de dois terços da totalidade dos senadores e o resultado afasta o presidente e inabilita-o para o exercício de funções públicas, por oito anos.

---

[101] BRASIL. *Lei n. 1.079, de 10 de abril de 1950.* Define os crimes de responsabilidade e regula o respectivo processo de julgamento. Disponível em: http://www.planalto.gov.br/ccivil_03/leis/l1079.htm. Acesso em: 15 jul. 2019.

Os crimes comuns são regulados pela Lei n. 8.038/1990,[102] que institui normas procedimentais para os processos em face do presidente da República por crimes comuns perante o STF (art. 86 da CF/1988).

3.7.2 Do Poder Legislativo

A estrutura do Legislativo pode ser unicameral ou bicameral. Este último é o caso brasileiro, uma peculiaridade do regime federativo. Possui duas Casas Legislativas: a Câmara dos Deputados Federais e o Senado Federal – compondo o Congresso Nacional (art. 45 da CF/1988).

A Câmara dos Deputados é integrada por representantes do povo, eleitos pelo sistema proporcional com mandato de quatro anos. Conforme a Lei Complementar n. 78/1993,[103] o número total de deputados é de 513, sendo que nenhum Estado pode ter menos de oito representantes, nem mais do que 70 (art. 45, § 1º, da CF/1988). Para o território a previsão é de um número fixo de quatro deputados federais (art. 45, § 2º, da CF/1988).

Para eleger-se deputado federal é necessário (art. 14 da CF/1988):

- ser brasileiro;
- gozar dos direitos políticos;
- possuir título de eleitor;
- ser filiado a um partido político; e
- ter mais de 21 anos.

A competência – atribuições – privativa da Câmara dos Deputados Federais está disciplinada no art. 51 da CF/1988.

O Senado Federal possui representantes dos Estados e do Distrito Federal, que são eleitos pelo sistema majoritário. Cada Estado, mais o Distrito Federal, elege três senadores, cada um com dois suplentes, e o mandato é de oito anos, com renovação a cada quatro anos de um terço e dois terços. O território não escolhe senadores.

Para eleger-se senador é necessário:

- ser brasileiro;
- gozar dos direitos políticos;

---

[102] BRASIL. *Lei n. 8.038, de 28 de maio de 1990.* Institui normas procedimentais para os processos que especifica, perante o Superior Tribunal de Justiça e o Supremo Tribunal Federal. Disponível em: http://www.planalto.gov.br/ccivil_03/LEIS/L8038.htm. Acesso em: 15 jul. 2019.

[103] BRASIL. *Lei Complementar n. 78, de 30 de dezembro de 1993.* Disciplina a fixação do número de Deputados, nos termos do art. 45, § 1º, da Constituição Federal. Disponível em: http://www.planalto.gov.br/ccivil_03/LEIS/LCP/Lcp78.htm. Acesso em: 15 jul. 2019.

114   Instituições de Direito

- ter feito o alistamento eleitoral;
- ser filiado a um partido político; e
- possuir mais de 35 anos.

Quanto à competência privativa do Senado, encontra-se no art. 52 da CF/1988.

Vale anotar que tanto a Câmara dos Deputados como o Senado Federal são dirigidos por suas mesas diretoras, com representantes eleitos, respectivamente, pelos membros de uma dessas Casas para mandato de dois anos, vedada a recondução, com função administrativa de direção e de polícia. A formação da mesa é regrada pelo art. 58, § 1º, da CF/1988.

O Congresso Nacional é dirigido pela reunião das duas mesas, intercalando-se na composição, iniciando-se pelo Senado. Este que deterá a presidência do Congresso Nacional (art. 57, § 5º, da CF/1988).

As mesas detêm legitimidade para propor ação direta de inconstitucionalidade (ADI) junto ao STF, quando a lei apresentar inconstitucionalidade.

Nessa estrutura destacam-se também as comissões parlamentares do Congresso Nacional (art. 58 da CF/1988), as quais, segundo José Afonso da Silva,[104] são organismos constituídos em cada Câmara compostos de número geralmente restrito de membros, encarregados de estudar e encaminhar as proposições legislativas e apresentar pareceres.

As comissões podem ser permanentes ou temporárias. As permanentes são organizadas em função da matéria. Exemplos: Comissão de Justiça e Redação; Comissão de Ciência e Tecnologia etc., com atribuições previstas no art. 58, § 2º, I a VI, da CF/1988. Já as temporárias são constituídas basicamente para uma finalidade específica, emitindo pareceres. Esvaído seu objetivo, são extintas. Exemplos: comissões parlamentares de inquérito (art. 58, § 3º, da CF/1988); comissão representativa (art. 58, § 4º) constituída durante o recesso parlamentar.

A atividade legislativa desenvolve-se isoladamente em cada uma das Casas ou conjuntamente (art. 57, § 3º, I a IV, da CF/1988), ou, ainda, em sessão unicameral (art. 3º do ADCT – revisão).

---

[104] SILVA, 2006, p. 449.

Você deve estar se perguntando o porquê de tanta informação. Como vimos no início da leitura, vivemos sob o manto da lei, e todos os dias há leis novas ou revogadas. Além disso, a imprensa nos bombardeia com reportagens sobre o Legislativo. Então, é importante conhecê-lo, saber como ele é, o que faz e pode fazer, e os significados das expressões próprias dessa estrutura de poder do Estado.

Vejamos algumas das expressões que tanto ouvimos na mídia, mas cujo significado desconhecemos.

- **Quórum:** número mínimo de membros da Casa Legislativa cuja presença se exige para que possa ser tomada validamente uma deliberação.
- **Maioria simples:** número inteiro imediatamente superior à metade dos *membros presentes* à reunião.
- **Maioria absoluta:** número inteiro imediatamente superior à metade do *total dos membros* de uma Casa Legislativa, independentemente do número presente àquela reunião.
- **Maioria qualificada:** determinada pela proporção de três quintos ou dois terços do total de membros. Exemplos: emenda constitucional e decretação de *impeachment*.
- **Legislatura:** período de quatro anos para os deputados federais; os senadores possuem duas legislaturas, pois têm mandato de oito anos.
- **Sessão:** nome atribuído às reuniões parlamentares diárias, no horário normal.
- **Sessão legislativa ordinária:** intervalo de um ano em que o Congresso deve reunir-se, sendo dividido em dois períodos legislativos (art. 57):
  » 1º período: 2 de fevereiro a 17 de julho;
  » 2º período: 1º de agosto a 22 de dezembro (alterado pela Emenda Constitucional n. 50/2006);[105]
  » os espaços intercalares (de 23 de dezembro a 1º de fevereiro e de 18 a 31 de julho) são chamados de recesso parlamentar.
- **Convocação extraordinária:** art. 57, § 6º, da CF/1988.

Quando falamos do Poder Legislativo, pensamos em leis, por isso temos, a seguir, uma síntese do processo de legislação ordinária – a mais comum. A palavra

---

[105] BRASIL. *Emenda Constitucional n. 50, de 14 de fevereiro de 2006.* Modifica o art. 57 da Constituição Federal. Disponível em: http://www.planalto.gov.br/ccivil_03/constituicao/emendas/emc/emc50.htm. Acesso em: 15 jul. 2019.

116 Instituições de Direito

iniciativa evidencia o ato que desencadeia o processo. O poder de iniciativa revela a capacidade atribuída pela CF/1988 para a deflagração do processo legislativo. Assim, possuem iniciativa as seguintes pessoas (art. 61, *caput,* da CF/1988):

- o presidente da República;
- qualquer deputado ou senador;
- a Comissão da Câmara dos Deputados, Senado ou Congresso Federal;
- o STF, os Tribunais Superiores e o TCU, e o procurador-geral da República, sendo estes limitados às matérias relacionadas às respectivas instituições; e
- o povo (art. 61, § 2º, da CF/1988).

A classificação da iniciativa, dependendo da matéria, pode ser:

- concorrente (art. 61, § 2º, da CF/1988), que pertence simultaneamente aos órgãos do Poder Legislativo, ao presidente da República e à população;
- reservada (exclusiva/privativa), quando a Constituição indica expressamente quais são as pessoas com capacidade para a deflagração do processo legislativo.

Resumo do processo legislativo ordinário (segundo a CF/1988)
- Iniciativa: art. 61, *caput*, e art. 61, § 2º.
- Discussão: art. 63, I e II.
- Deliberação (aprovação ou rejeição): art. 64.
- Sanção ou veto (superável por maioria absoluta do Congresso Nacional): art. 66.
- Promulgação e publicação.

Como vimos na LINDB,[106] somente após a data fixada a para sua entrada em vigor, constante da publicação, uma lei passa a vigorar, ou seja, pode ser exigido o seu cumprimento.

3.7.3 Do Poder Judiciário

O Poder Judiciário caracteriza-se pelo exercício da função jurisdicional, ou seja, seu papel é dirimir as controvérsias em virtude da lei. Além disso, também exerce funções atípicas, tais como administrar – no caso, por exemplo, da concessão de férias aos seus membros e serventuários – ou, então, legislar – quando edita normas regimentais.

---

[106] BRASIL. *Decreto-lei n. 4.657, de 4 de setembro de 1942.* Lei de Introdução às Normas do Direito Brasileiro. Disponível em: http://www.planalto.gov.br/ccivil_03/Decreto-Lei/Del4657.htm. Acesso em: 15 jul. 2019.

Observa José Afonso da Silva[107] que "jurisdição se destina a aplicar a lei na solução de lides".

Com a Constituição Federal de 1988, monopolizou-se a função jurisdicional ao Poder Judiciário (art. 5º, XXXV), excetuando-se os casos em que o Senado Federal julga crimes de responsabilidade de autoridades, entre elas o presidente da República.

A única exceção, observam Luiz David Araujo e Vidal Serrano Nunes Jr.,[108] vem inscrita no art. 217, §§ 1º e 2º, da CF/1988, que prescreve a obrigatoriedade de esvaimento da instância desportiva, que possui um prazo máximo de 60 dias para decidir em matérias relativas à competição e à disciplina.

A independência do Judiciário é resguardada tanto em virtude da autonomia institucional quanto da autonomia funcional concedida à magistratura. Vale anotar que o Judiciário só atua quando provocado, significando dizer que somente a partir do protocolo do processo judicial inicia-se sua prestação jurisdicional.

— Por isso que a figura do advogado é tão importante, agora entendi, sem ele o juiz não pode trabalhar – comenta Just.

Sim, Just, por isso a advocacia é tida pela Constituição como função essencial à Justiça, assim também o Ministério Público, a Advocacia Pública e a Defensoria Pública, como veremos adiante.

3.7.3.1 Princípios organizativos do Poder Judiciário

Os princípios organizativos em que se desdobra a autonomia institucional são:

- autogoverno (art. 96, I, *a*, da CF/1988);
- autoadministração (art. 96, I, *b*);
- iniciativa legislativa (art. 93 e 96, II);
- autoadministração financeira (art. 99).

3.7.3.2 Garantias aos magistrados

As garantias instituídas aos magistrados pela CF/1988, conforme disciplina o art. 95, são:

---
[107] SILVA, 2006, p. 480.
[108] ARAUJO, L. A. D.; NUNES JR., V. S. *Curso de direito constitucional*. 15. ed. São Paulo: Saraiva, 2011. p. 420.

118   Instituições de Direito

- vitaliciedade;
- inamovibilidade, salvo por motivo de interesse público (art. 93, VIII);
- irredutibilidade de subsídio, ressalvado o disposto nos arts. 37, X e XI, 39, § 4º, 150, II, 153, III, e 153, § 2º, I.

3.7.3.3 Vedações aos magistrados

Ainda, no art. 95 da CF/1988 encontramos, em seu parágrafo único, as vedações constitucionais impostas aos juízes:

- exercer, ainda que em disponibilidade, outro cargo ou função, salvo uma de magistério;
- receber, a qualquer título ou pretexto, custas ou participação em processo;
- dedicar-se à atividade político-partidária;
- receber, a qualquer título ou pretexto, auxílios ou contribuições de pessoas físicas, entidades públicas ou privadas, ressalvadas as exceções previstas em lei;
- exercer a advocacia no juízo ou tribunal do qual se afastou, antes de decorridos três anos do afastamento do cargo por aposentadoria ou exoneração.

3.7.3.4 Princípios do Poder Judiciário: arts. 93 a 100 da CF/1988

O ingresso na carreira se dá por meio de concurso público de provas e títulos para nomeação de juiz substituto, e com a participação da Ordem dos Advogados do Brasil (OAB), em todas as suas fases, exigindo-se que o candidato seja bacharel em direito com no mínimo três anos de atividade jurídica. A nomeação se dará segundo a ordem de classificação, conforme o art. 93, I, da CF/1988.

Durante o exercício profissional, a promoção de entrância para entrância, é realizada alternadamente, quer por antiguidade (tempo de serviço), quer por merecimento, atendidas as normas do art. 93, II, *a* até *e*, da CF/1988. O acesso aos tribunais de segundo grau também se dará por antiguidade e merecimento, alternadamente, apurados na última ou única entrância (art. 93, III).

O art. 94 da CF/1988 preceitua que a composição de um quinto dos lugares dos Tribunais será feita por membros do Ministério Público, com mais de dez anos de carreira, e de advogados de notório saber jurídico e reputação ilibada, com mais de dez anos de efetiva atividade profissional, indicados em lista sêxtupla pelos órgãos de representação das respectivas classes. Recebidas as indicações, o tribunal formará lista tríplice, enviando-a ao Poder Executivo que, nos 20 dias subsequentes, escolherá um de seus integrantes para nomeação. É a chamada condução ao tribunal pelo "quinto constitucional".

Diversas são as previsões constitucionais para o exercício da magistratura, como:

- a previsão de cursos oficiais: preparação e aperfeiçoamento de magistrados como requisito para ingresso e promoção na carreira (art. 93, IV);
- o subsídio mensal fixado para os ministros dos Tribunais Superiores (art. 93, V);
- a aposentadoria e a pensão dos magistrados e seus dependentes observarão o disposto no art. 40 (art. 93, VI);
- a fixação da residência do juiz (ele residirá na respectiva comarca, salvo autorização do tribunal – art. 93, VII);
- a remoção, disponibilidade e aposentadoria do magistrado são reguladas pelo art. 93, VIII e VIII-A, da CF/1988.

Importa ressaltar que, no exercício jurisdicional, os julgamentos serão públicos e as decisões fundamentadas, sob pena de nulidade. A lei poderá, em determinados atos, limitar a presença às próprias partes e a seus advogados, ou somente a estes, em casos nos quais a preservação do direito à intimidade do interessado no sigilo não prejudique o interesse público à informação (art. 93, IX, da CF/1988);

As decisões administrativas dos tribunais serão motivadas e proferidas em sessão pública, sendo as disciplinares tomadas pelo voto da maioria absoluta de seus membros (art. 93, X, da CF/1988).

No tocante à competência privativa do Judiciário, o art. 96 da CF/1988 contempla diversas atribuições, observado o art. 169, relacionadas aos atos pertinentes ao funcionamento próprio. Ressalte-se que aos Tribunais de Justiça cabe julgar os juízes estaduais e do Distrito Federal e Territórios, bem como os membros do Ministério Público, nos crimes comuns e de responsabilidade, ressalvada a competência da Justiça Eleitoral.

O Poder Judiciário é composto de diversos órgãos, apresentados de forma hierárquica:

- o STF;
- o Conselho Nacional de Justiça;
- o STJ;
- o Tribunal Superior do Trabalho;
- os Tribunais Regionais Federais e Juízes Federais;
- os Tribunais e Juízes do Trabalho;
- os Tribunais e Juízes Eleitorais;
- os Tribunais e Juízes Militares; e
- os Tribunais e Juízes dos Estados e do Distrito Federal e Territórios.

120   Instituições de Direito

O STF, o Conselho Nacional de Justiça e os Tribunais Superiores têm sede na Capital Federal. Além disso, o STF e os Tribunais Superiores possuem jurisdição em todo o território nacional.

Daremos destaque ao STF, que é o guardião de nossa Lei Maior. O STF é composto por 11 ministros com idade entre 35 e 65 anos de idade, de notável saber jurídico e reputação ilibada, escolhidos dentre cidadãos nomeados pelo presidente da República após aprovação pela maioria absoluta do Senado Federal.

A Constituição deixa claro que, precipuamente, cabe ao STF a "guarda da Constituição". Assim, a ele caberá:

- processar e julgar:
  - » ações diretas de inconstitucionalidade;
  - » infrações penais comuns do presidente da República, do vice-presidente, dos membros o Congresso Nacional, de seus ministros e do procurador-geral da República;
  - » infrações penais comuns e crimes de responsabilidade dos ministros de Estado e dos comandantes das Forças Armadas (art. 102, I, *c*, da CF/1988);
  - » *habeas corpus*, sendo paciente qualquer das pessoas acima referidas;
  - » litígio entre Estado estrangeiro ou organismo internacional e a União, Estado, DF ou Território;
  - » entre outros casos relacionados no art. 102, I, *a* a *r*, da CF/1988;
- julgar, em recurso ordinário: *habeas corpus*, mandado de segurança, *habeas data* e mandado de injunção decididos em única instância pelos Tribunais Superiores, se denegatória a decisão; e crimes políticos;
- julgar, mediante recurso extraordinário, as causas decididas em única ou última instância, nos casos previstos no art. 102, III, *a* a *d*, da CF/1988.

3.8 DAS FUNÇÕES ESSENCIAIS À JUSTIÇA

Trata-se das carreiras disciplinadas nos arts. 127 e 135 da CF/1988, compostas pelo Ministério Público, Advocacia Pública, Advocacia e Defensoria Pública, que vamos conhecer sucintamente.

3.8.1 Ministério Público

O Ministério Público é instituição permanente e essencial à função jurisdicional do Estado, incumbindo-lhe a defesa da ordem jurídica, do regime democrático e dos interesses sociais e individuais indisponíveis. Seus membros integram a categoria dos agentes políticos, tendo plena liberdade funcional para atuar, desempenhando suas atribuições com prerrogativas e responsabilidades próprias, estabelecidas na Constituição e em leis especiais. Seus princípios institucionais são a unidade, a indivisibilidade e a independência funcional. Tais princípios asseguram a autonomia administrativa, sendo-lhe facultado propor ao Poder Executivo a criação e a extinção de seus cargos e serviços auxiliares, providos por concursos de provas e títulos, conforme art. 127, § 2º, da CF/1988. Cabe também ao Ministério Público elaborar sua proposta orçamentária dentro dos limites estabelecidos na lei de diretrizes orçamentárias (art. 127, §§ 3º a 6º, da CF/1988). A organização e o funcionamento do Ministério Público são estabelecidos por lei complementar.

3.8.2 Advocacia Pública

A Advocacia Pública é exercida nas esferas federais, estaduais e municipais. Na esfera da União, passou a ser exercida pela Advocacia-Geral da União. Caberá a esta, diretamente, ou por órgãos vinculados:

- a representação da União, judicial e extrajudicialmente;
- a consultoria jurídica do Poder Executivo;
- o assessoramento do Poder Executivo.

A carreira da Advocacia-Geral da União é organizada por lei complementar, e o ingresso nela só poderá ocorrer mediante concurso público de provas e títulos (art. 131, § 2º, da CF/1988). O chefe da Advocacia-Geral da União será o advogado-geral da União, nomeado livremente entre cidadãos maiores de 35 anos, de notável saber jurídico e reputação ilibada, de acordo com o § 1º do art. 131 da CF/1988.

Nos Estados e no Distrito Federal a Advocacia Pública se dará por meio de procuradores dos Estados e do Distrito Federal, organizados em carreira, na qual o ingresso dependerá de concurso público de provas e títulos, com a participação da OAB em todas as suas fases. Eles exercerão a representação judicial e a consultoria jurídica das respectivas unidades federadas.

3.8.3 Advocacia e Defensoria Pública

O advogado é tido como indispensável à administração da justiça, segundo o art. 133 da CF/1988. No mesmo dispositivo está assegurada aos advogados a inviolabilidade por seus atos e manifestações no exercício da profissão, limitada pela lei. A OAB é o órgão que representa a categoria em todo o território nacional, e que assegura ao bacharel em direito aprovado em seu exame o exercício profissional, segundo seu código de ética.

A Defensoria Pública tem como função a orientação jurídica e a defesa, em todos os graus, dos necessitados, na forma do art. 5º, LXXIV, da CF/1988. As carreiras da Defensoria Pública serão organizadas por lei complementar, estabelecidas as seguintes regras:

- o ingresso na carreira se faz mediante concurso público de provas e títulos;
- garantia de inamovibilidade;
- vedado exercício da advocacia fora das atribuições institucionais.

Às Defensorias Públicas Estaduais são asseguradas autonomia funcional e administrativa e a iniciativa de sua proposta orçamentária dentro dos limites estabelecidos na lei de diretrizes orçamentárias, além da subordinação ao disposto no art. 99, § 2º, da CF/1988. Os servidores das carreiras da Advocacia Pública e da Defensoria Pública serão remunerados na forma do art. 39, § 4º, da CF/1988.

Vale anotar que nem todos os Estados possuem Defensoria Pública, cabendo à OAB, com seu quadro de advogados, atender aos necessitados por meio de convênios, nomeando os advogados dativos de seu quadro para prestação da assistência jurídica gratuita. Isso também acontece em Estados onde o número de defensores é inferior à demanda, como no Estado de São Paulo.

Não esqueça: todos têm direito a ser ver representados por um advogado!
Trata-se de direito constitucional fundamental garantido pelo art. 5º já estudado, e àquele que não puder pagar será nomeado um defensor público ou advogado dativo.

CAPÍTULO 4

DIREITO CIVIL

 Nesta nossa conversa, acredito que, após estudarmos o porquê de saber direito, qual a sua importância, o que é o Estado e as formas de exercício da cidadania, esses temas já estejam dominados tanto pelo Just como por você, leitor. Agora, vamos falar de conceitos relacionados à vida privada, do nascimento à morte, situações que serão examinadas em casos práticos no **Capítulo 10**. Com certeza você se verá em algum ou alguns dos casos fictícios abordados.

4.1 NOÇÕES BÁSICAS DE DIREITO CIVIL

O direito civil integra a área do direito privado, tratando de temas relacionados aos negócios dos particulares, ou seja, à vida privada, do nascimento à morte, passando pelos contratos, sociedades empresariais e matrimoniais, filhos, divórcio, alimentos, herança etc., tendo como seu principal diploma legal a Lei n. 10.406/2002 que insitui o Código Civil (CC).[1]

Como aponta Washington de Barros Monteiro,[2] todo Código supõe um plano, isto é, a distribuição ordenada e sistemática das diferentes partes de que se compõe. Primacial requisito de uma boa codificação é a ordem metódica na classificação das matérias. E o direito civil compreenderia, portanto, as regras jurídicas referentes às pessoas, às coisas e às ações.

Assim, nessa ordem sistemática, o CC é dividido em duas grandes partes: Parte Geral e Parte Especial. Na primeira, são contempladas as pessoas, as coisas, os atos jurídicos e as disposições sobre prescrição e exercício de direito. Na segunda, são incluídos os direitos das obrigações, o direito de empresa, o direito das coisas, o direito de família e o direito das sucessões. O Quadro 4.1 facilita o entendimento e o estudo do conteúdo das duas partes do CC, com suas respectivas divisões.

---

[1] BRASIL. *Lei n. 10.406, de 10 de janeiro de 2002*. Institui o Código Civil. Disponível em: http://www.planalto.gov.br/ccivil_03/leis/2002/l10406.htm. Acesso em: 15 jul. 2019.

[2] MONTEIRO, W. B. *Curso de direito civil:* parte geral. São Paulo: Saraiva, 1960. p. 53-54.

QUADRO 4.1 Partes Geral e Especial do CC com respectivas divisões

Parte geral	Parte especial
	Livro I – Do Direito das Obrigações
Livro I – Das Pessoas	Livro II – Do Direito de Empresa
Livro II – Dos Bens	Livro III – Do Direito das Coisas
Livro III – Dos Fatos Jurídicos	Livro IV – Do Direito de Família
	Livro V – Do Direito das Sucessões

Fonte: elaborado pela autora.

Os livros abrangem todo conteúdo sobre os temas e, apresentados de forma didática nas Partes Geral e Especial, facilitam o acesso e o entendimento.

Iniciaremos nosso estudo pela Parte Geral.

4.1.1 Personalidade e capacidade jurídica

Como vimos, o direito se preocupa com o homem e com suas relações, determinando as condutas a serem seguidas, visando permitir a vida social pacífica.

Dessa forma, é importante dizer quais são os conceitos de direito relacionados aos sujeitos das relações jurídicas.

O primeiro conceito é o de *pessoa*, conforme leciona Washington de Barros Monteiro:

> A palavra *pessoa* advém do latim *persona*, emprestada à linguagem teatral na antiguidade romana. Primitivamente, significava *máscara*. Os atores adaptavam ao rosto uma máscara, provida de disposição especial, destinada a dar eco às suas palavras. *Personare* queria dizer, pois, ecoar, fazer ressoar. A máscara era uma *persona*, porque fazia ressoar a voz de uma pessoa.
>
> Por uma curiosa transformação no sentido, o vocábulo passou a significar o papel que cada ator representava e, mais tarde, exprimiu a própria atuação de cada indivíduo no cenário jurídico. Por fim, completando a evolução, a palavra passou a expressar o próprio indivíduo que representa esses papéis. Neste sentido é que a empregamos atualmente.[3]

---

[3] MONTEIRO, 1960, p. 58.

Na linguagem jurídica, a pessoa é o ente físico ou moral, suscetível de direitos e obrigações, lembra Monteiro.[4] Sabe-se que toda pessoa natural possui aptidão para exercer direitos e deveres na ordem jurídica, ou seja, todas as pessoas têm a possibilidade de exercê-los. A esse atributo, inerente a todas as pessoas, sem qualquer restrição, dá-se o nome de *personalidade jurídica*.

> Assim, pode-se dizer que a personalidade jurídica é uma criação do direito, para que o indivíduo seja considerado pessoa e, portanto, tenha direitos e obrigações.

De acordo com o CC, em seu art. 1º,[5] o ser humano é considerado sujeito de direitos e de deveres e *para ser pessoa basta existir.*

> Art. 1º Toda pessoa é capaz de direito e deveres na ordem civil.

Surge desse artigo a noção de capacidade, que se relaciona com a de personalidade e a de pessoa.

> Capacidade é a aptidão para adquirir direitos e exercer, por si ou por outrem, atos da vida civil.

O conjunto desses poderes constitui a personalidade que, localizando-se ou concretizando-se em um ente, forma a pessoa. *Assim, a capacidade é o elemento da personalidade.* Capacidade exprime poderes ou faculdades; personalidade é a resultante desses poderes; pessoa é o ente a quem a ordem jurídica outorga esses poderes.[6]

Por isso, o art. 2º do CC[7] disciplina que, ao nascer com vida, adquire-se personalidade jurídica, com retroatividade de direitos até a concepção.

> Art. 2º A personalidade civil da pessoa começa do nascimento com vida; mas a lei põe a salvo, desde a concepção, os direitos do nascituro.

---

[4] MONTEIRO, 1960, p. 59.

[5] BRASIL, 2002.

[6] MONTEIRO, 1960, p. 61.

[7] BRASIL, 2002.

126   Instituições de Direito

Entretanto, para que ocorra o fato do nascimento, ponto de partida da personalidade, será preciso que a criança se separe completamente do ventre materno. Ainda não terá nascido enquanto a este permanecer ligado pelo cordão umbilical. Não basta o simples nascimento, aponta Monteiro:[8] é necessário que o recém-nascido haja dado sinais inequívocos de vida. Se nasce com vida, mesmo que efêmera, adquire personalidade jurídica, tornando-se sujeito de direitos e obrigações.

Podemos afirmar que *toda pessoa é dotada de personalidade jurídica*, tendo aptidão genérica para adquirir *direitos* e *contrair obrigações* (personalidade), pois toda pessoa é capaz de direitos e deveres na ordem civil (capacidade).

A capacidade jurídica pode ser categorizada em capacidade de direito e capacidade de fato.

- *Capacidade de direito* (genérica) é o potencial de todos os indivíduos para serem considerados pessoas.
- *Capacidade de fato* ou de exercício é a capacidade de exercer plenamente os atos da vida civil. Pode ser subdividida em:
  - » *capacidade negocial*, que é a exigência da capacidade de fato acrescida de um *plus*, necessário ao exercício de um ato (por exemplo, para vender uma casa, por procuração, além de a pessoa ser maior, deve ser alfabetizada para conseguir outorgar a procuração);
  - » *capacidade especial*, exigida para a realização de algum ato que está fora do direito privado, como no caso do alistamento militar ou carteira de habilitação.

A capacidade é a medida da personalidade. Todos possuem capacidade de direito (de aquisição ou de gozo de direitos), mas nem todos possuem capacidade de fato (de exercício do direito), que é a aptidão para exercer, por si, os atos da vida civil.

Quem tem as duas espécies de capacidade possui a capacidade plena.

No ordenamento brasileiro não existe incapacidade de direito, porque todos se tornam, ao nascer, capazes de adquirir direitos (art. 1º do CC).

---

[8] MONTEIRO, 1960, p. 62.

Todas as pessoas possuem capacidade de direito.

Todavia, quem tem só a capacidade de direito tem a capacidade limitada e necessita de outra pessoa que substitua ou complete sua vontade; são chamados de *incapazes* pela lei.

A incapacidade existente é a de fato ou de exercício.

Sendo a incapacidade uma restrição legal ao exercício de atos da vida civil, é subdividida em absoluta e relativa.

De acordo com o CC:[9]

> Art. 3º São absolutamente incapazes de exercer pessoalmente os atos da vida civil os menores de 16 (dezesseis) anos.

A incapacidade absoluta acarreta a proibição total do exercício, por si só, do direito, estando ligada somente ao fator idade. *O ato somente poderá ser praticado pelo representante legal* do absolutamente incapaz, *sob pena de nulidade* (art. 166, I, do CC).[10]

Já a incapacidade relativa (art. 4º do CC)[11] encontra-se vinculada a fatores como idade e estado de saúde física e ou mental, permitindo que o incapaz pratique atos da vida civil, *desde que assistido* por outra pessoa capaz, *sob pena de anulabilidade* (art. 171, I, do CC).[12]

> Art. 4º São incapazes, relativamente a certos atos ou à maneira de os exercer:
>
> I – os maiores de dezesseis e menores de dezoito anos;
>
> II – os ébrios habituais e os viciados em tóxico; (Redação dada pela Lei n. 13.146, de 2015).[13]
>
> III – aqueles que, por causa transitória ou permanente, não puderem exprimir sua vontade; (Redação dada pela Lei n. 13.146, de 2015).

---

[9] BRASIL, 2002.

[10] BRASIL, 2002.

[11] BRASIL, 2002.

[12] BRASIL, 2002.

[13] BRASIL. Lei n. 13.146, de 6 de julho de 2015. Institui a Lei Brasileira de Inclusão da Pessoa com Deficiência (Estatuto da Pessoa com Deficiência). Disponível em: http://www.planalto.gov.br/ccivil_03/_ato2015-2018/2015/lei/l13146.htm. Acesso em: 15 jul. 2019.

> IV – os pródigos.
>
> Parágrafo único. A capacidade dos indígenas será regulada por legislação especial. (Redação dada pela Lei n. 13.146, de 2015) .

Somente os alcoólatras e os toxicômanos, ou seja, os viciados no uso e dependentes de substâncias alcoólicas ou entorpecentes, são considerados relativamente incapazes, e deverão ser assistidos nos atos relativos a seu patrimônio.

Ainda, serão assistidos aqueles que, acometidos por doença ou que tenham sofrido acidente, estejam internados e sem possibilidade para exprimir sua vontade, enquanto esse quadro de saúde perdurar.

Pródigo é aquele que dissipa seus bens de forma desvairada, reduzindo-se à miséria, e no tocante aos atos relacionados à gestão de seu patrimônio deverá ser assistido. Isso significa dizer que, nos atos da vida civil, não relacionados com o patrimônio, este não necessitará ser assistido.

Importa ressaltar que, nas três situações acima citadas – os ébrios habituais e viciados em tóxicos, os sem possibilidade de exprimir sua vontade e os pródigos –, haverá a necessidade de decretação da incapacidade pelo Judiciário, com nomeação de um curador e definição dos limites da curatela, enquanto perdurar a incapacidade relativa. Então, não se trata de algo automático: necessita de um pedido ao juiz, que analisará a situação (provas, laudos etc.) antes de proferir sua decisão!

Os maiores de 16 e menores de 18 anos são considerados pela lei pessoas ainda não aptas para exercício pleno de todos os atos, devendo ser assistidos. Porém, o relativamente incapaz poderá praticar certos atos sem a assistência de seu representante legal, como ser testemunha, aceitar mandato, fazer testamento, exercer cargo público, casar, ser eleitor, celebrar contrato de trabalho etc.

No tocante à cessação da incapacidade, esta cessará quando a causa cessar (enfermidade, menoridade etc.), e também pela emancipação.

Há três espécies de *emancipação*: voluntária, judicial ou legal. A *voluntária* é concedida por ambos os pais ou por um deles na falta do outro, se o menor tiver 16 anos completos, mediante instrumento público. A *judicial* é concedida por sentença, ouvido o tutor, em favor do tutelado que já completou 16 anos. A *legal* é a que decorre de determinados fatos previstos na lei, conforme o quadro abaixo (art. 5º, II a V, do CC).[14]

---

[14] BRASIL, 2002.

CAPÍTULO 4 | DIREITO CIVIL

> Art. 5º A menoridade cessa aos dezoito anos completos, quando a pessoa fica habilitada à prática de todos os atos da vida civil.
>
> Parágrafo único. Cessará, para os menores, a incapacidade:
>
> I – pela concessão dos pais, ou de um deles na falta do outro, mediante instrumento público, independentemente de homologação judicial, ou por sentença do juiz, ouvido o tutor, se o menor tiver dezesseis anos completos;
>
> II – pelo casamento;
>
> III – pelo exercício de emprego público efetivo;
>
> IV – pela colação de grau em curso de ensino superior;
>
> V – pelo estabelecimento civil ou comercial, ou pela existência de relação de emprego, desde que, em função deles, o menor com dezesseis anos completos tenha economia própria.

 Visto tudo isso, vocês devem estar se perguntando: "Se o começo da personalidade civil se dá com o nascimento com vida, então o seu fim se dará com a morte?".
Esta também deve ser a pergunta do Just...

Vejamos o disposto no art. 6º do CC:[15]

> Art. 6º A existência da pessoa natural termina com a morte; presume-se esta, quanto aos ausentes, nos casos em que a lei autoriza a abertura de sucessão definitiva.

Entretanto, além da morte provada pelo atestado de óbito, conforme o art. 6º do CC, a extinção da personalidade também pode ser decretada por *declaração de ausência*, quando se presume morta a pessoa que há muito desapareceu e haja indícios de que esteja morta. A decretação de ausência somente poderá ser requerida depois de esgotadas as buscas e averiguações, devendo a sentença fixar a data provável do falecimento. Em caso de catástrofe, se o corpo não for encontrado (art. 7º do CC),[16] a legislação admite a morte presumida sem que haja a necessidade de decretação de ausência.

> Art. 7º Pode ser declarada a morte presumida, sem decretação de ausência:
>
> I – se for extremamente provável a morte de quem estava em perigo de vida;

---

[15] BRASIL, 2002.
[16] BRASIL, 2002.

> II – se alguém, desaparecido em campanha ou feito prisioneiro, não for encontrado até dois anos após o término da guerra.
>
> Parágrafo único. A declaração da morte presumida, nesses casos, somente poderá ser requerida depois de esgotadas as buscas e averiguações, devendo a sentença fixar a data provável do falecimento.

Há ainda a chamada *morte simultânea ou de comoriência*, prevista no art. 8°[17] do CC, ao prever que, se dois ou mais indivíduos falecerem na mesma ocasião (não precisa ser no mesmo lugar), não se podendo averiguar qual deles morreu primeiro, presumir-se-ão simultaneamente mortos. Essa regra é importante para o direito das sucessões, porque nesse caso não haverá transferência de bens entre eles, mas diretamente aos seus sucessores legais.

> Art. 8° Se dois ou mais indivíduos falecerem na mesma ocasião, não se podendo averiguar se algum dos **comorientes** precedeu aos outros, presumir-se-ão **simultaneamente mortos**.

4.1.2 Do nome, estado civil e domicílio

Vimos sucintamente os temas personalidade e capacidade jurídica. Acrescento que a pessoa identifica-se no seio da sociedade pelo nome, pelo estado civil e pelo domicílio.

4.1.2.1 Do nome

O nome é um elemento individualizador da pessoa natural. Trata-se de um direito da personalidade. São dois os elementos do nome:

- prenome;
- sobrenome ou apelido familiar.

Em alguns casos existe também o *agnome*, sinal que distingue as pessoas de uma mesma família (Júnior, Neto, Sobrinho etc.).

Dispõe o art. 16 do CC:[18]

> Art. 16. Toda pessoa tem direito ao nome, nele compreendidos o prenome e o sobrenome.

---

[17] BRASIL, 2002.

[18] BRASIL, 2002.

A principal característica do nome é a imutabilidade, porém o interessado, no primeiro ano após ter atingido a maioridade civil, poderá, pessoalmente ou por intermédio de procurador, alterar o nome, desde que não prejudique os apelidos de família, averbando-se a alteração, que será publicada pela imprensa. A alteração posterior de nome, somente por exceção e motivadamente, após audiência do Ministério Público, será permitida por sentença do juiz a que estiver sujeito o registro, arquivando-se o mandado e publicando-se a alteração pela imprensa, ressalvada a hipótese do art. 110 da Lei n. 6.015/1973.[19]

> Art. 58. O prenome será definitivo, admitindo-se, todavia, a sua substituição por apelidos públicos notórios. (Redação dada pela Lei n. 9.708, de 1998) (Vide ADIn n. 4.275)
>
> Parágrafo único. A substituição do prenome será ainda admitida em razão de fundada coação ou ameaça decorrente da colaboração com a apuração de crime, por determinação, em sentença, de juiz competente, ouvido o Ministério Público.

Porém, a regra geral da inalterabilidade do nome é relativa, conforme o art. 58 da Lei n. 6.015/1973.[20] As situações excepcionais que permitem a alteração do prenome são diversas, tais como:

- prenome que exponha seu portador ao ridículo,[21] ao vexame, que cause constrangimento ou que seja exótico;
- prenome que contenha erro gráfico é caso de retificação extrajudicial e não de alteração, e esse procedimento independe de sentença proferida pela autoridade judicial. Ocorre nos caso em que o nome é grafado incorretamente, como no caso de "Macelo" por "Marcelo", por exemplo;
- alteração de prenome para incluir apelido público notório ou nome, desde que o apelido seja lícito, conforme visto no art. 58 da Lei n. 6.015/1973. O exemplo clássico é do ex-presidente Lula, que acrescentou o apelido ao seu nome;

---

[19] BRASIL. Lei n. 6.015, de 31 de dezembro de 1973. Dispõe sobre os registros públicos, e dá outras providências. Disponível em: http://www.planalto.gov.br/ccivil_03/leis/L6015compilada.htm. Acesso em: 15 jul. 2019. Acesso em: 15 jul. 2019. Art. 110. Os erros que não exijam qualquer indagação para a constatação imediata de necessidade de sua correção poderão ser corrigidos de ofício pelo oficial de registro no próprio cartório no qual se encontrar o assentamento, mediante petição assinada pelo interessado, representante legal ou procurador, independentemente de pagamento de selos e taxas, após manifestação conclusiva do Ministério Público.

[20] BRASIL, 1973.

[21] Art. 55. [...] Parágrafo único. Os oficiais do registro civil não registrarão prenomes suscetíveis de expor ao ridículo os seus portadores. Quando os pais não se conformarem com a recusa do oficial, este submeterá por escrito o caso, independente da cobrança de quaisquer emolumentos, à decisão do Juiz competente.

- alteração do prenome pelo uso prolongado e constante. Também pode ser uma situação que dá ao seu portador o direito de obter a retificação do registro civil, de acordo com a jurisprudência;
- alteração do prenome por conta da pronúncia. Também é um caso em que a jurisprudência vem entendendo que deve ser feita a correção do prenome para que fique mais harmônico e mais fácil pronunciar;
- alteração do prenome por conta da homonímia, que ocorre quando nomes são iguais, causando inúmeros problemas nos registros dos cadastros restritivos como o Serviço de Proteção ao Crédito (SPC) e o Serasa, certidões positivas de distribuidores judiciais, inclusões indevidas nos cadastros criminais do Instituto de Identificação etc. Exemplos de nomes comuns e também homônimos: José da Silva, João Santos, Maria Silva etc. Nesse caso, permite-se que se acresça outra designação ao nome, um apelido público notório, conforme o art. 57 da Lei n. 6.015/1973.[22] Esse artigo admite a alteração de nome civil, desde que se faça por meio de exceção e motivadamente, mediante autorização judicial;
- alteração do prenome por conta da maioridade, independentemente de justificação, desde que não prejudique o sobrenome e a terceiros, no primeiro ano após a maioridade civil (dos 18 aos 19 anos), de acordo com o art. 56 da Lei n. 6.015/1973;
- alteração do prenome do estrangeiro, autorizada pelo art. 43, III, da Lei da 6.015/1973, se for de pronúncia e compreensão difíceis e puder ser traduzido ou adaptado para a língua portuguesa;
- alteração do prenome para proteção da vítima ou testemunha, permitida no art. 58, parágrafo único, da Lei n. 6.015/1973, mediante requerimento ao juiz competente, ouvido o Ministério Público, em segredo de justiça. Pode, inclusive, ser revertido à sua condição inicial depois de cessada a coação ou ameaça;
- alteração de prenome por conta da adoção, concedendo ao adotado o sobrenome do adotante, sendo facultativa a modificação do prenome, se menor. A Lei n. 8.069/1990 – Estatuto da Criança e do Adolescente (ECA), no art. 47, § 5º,[23] faculta a alteração do nome completo do adotado, incluídos também os nomes dos adotantes e dos novos avós.

---

[22] BRASIL, 1973.

[23] BRASIL. Lei n. 8.069, de 13 de julho de 1990. Dispõe sobre o Estatuto da Criança e do Adolescente e dá outras providências. Disponível em: http://www.planalto.gov.br/ccivil_03/leis/l8069.htm. Acesso em: 15 jul. 2019. Art. 47. O vínculo da adoção constitui-se por sentença judicial, que será inscrita no registro civil mediante mandado do qual não se fornecerá certidão. [...] § 5º A sentença conferirá ao adotado o nome do adotante e, a pedido deste, poderá determinar a modificação do prenome. [...]

4.1.2.2 Do estado civil

Com relação ao estado civil de uma pessoa, a lei o distingue em:

• solteiro;

• casado;

• viúvo;

• divorciado.

Uma pessoa casada, quando ocorre o divórcio ou a morte do cônjuge, passará a ter o estado civil de divorciada ou viúva, respectivamente, mas jamais voltará a ser solteira.

Cabe ainda observar que, para dar publicidade aos atos relacionados à pessoa, serão registrados em cartório de registro público:[24]

• os nascimentos, casamentos e óbitos;

• a emancipação por outorga dos pais ou por sentença do juiz;

• a interdição por incapacidade absoluta ou relativa;

• a sentença declaratória de ausência e de morte presumida.

Devem ainda ser averbados (anotados) em cartórios de registro público:

• as sentenças que decretarem a nulidade ou anulação do casamento, o divórcio, a separação judicial e o restabelecimento da sociedade conjugal;

• os atos judiciais ou extrajudiciais que declararem ou reconhecerem a filiação.

4.1.2.3 Do domicílio

Em relação ao domicílio, juridicamente falando, é o local onde a pessoa mora com ânimo definitivo. Se, porém, a pessoa natural tiver diversas residências onde, alternadamente, viva, considerar-se-á seu domicílio qualquer delas. É também domicílio da pessoa natural, quanto às relações concernentes à profissão, o lugar onde esta é exercida. Se a pessoa exercitar sua profissão em lugares diversos, cada um deles constituirá seu domicílio para as relações que lhe corresponderem. Assim, residência é o endereço onde uma pessoa vive sem ânimo definitivo, de forma transitória. *Uma pessoa pode ter várias residências, mas somente um domicílio.*

Sobre isso, estabelece o art. 70 do CC:[25]

---

[24] *Vide* BRASIL, 1973.

[25] BRASIL, 2002.

> Art. 70. O domicílio da pessoa natural é o lugar onde ela estabelece a sua residência com ânimo definitivo.

 Exemplificando, Just saiu da casa de seus pais para fazer faculdade em outra cidade, indo morar em uma república com seus colegas de classe. Porém, como ele manteve o endereço de seus pais no cadastro do banco e no da faculdade, seu domicílio continuou sendo a casa de seus pais, e a república passou a ser sua residência.

4.1.3 Fatos, atos e negócios jurídicos

De acordo com o CC, os *fatos jurídicos* em sentido amplo podem ser classificados em fatos naturais (fatos jurídicos em sentido estrito) e fatos humanos (atos jurídicos em sentido amplo). Os primeiros decorrem da natureza, e os segundos da atividade humana. Os fatos naturais, por sua vez, dividem-se em ordinários (nascimento, morte, maioridade, decurso de tempo) e extraordinários (terremoto, raio, tempestade e outros fatos que se enquadram na categoria do fortuito ou força maior).

Os fatos humanos dividem-se em lícitos e ilícitos.[26]

- *Lícitos* são os atos humanos a que a lei defere os efeitos almejados pelo agente. Praticados em conformidade com o ordenamento jurídico, produzem efeitos jurídicos voluntários, desejados pelo agente.
- *Ilícitos*, por serem praticados em desacordo com o prescrito no ordenamento jurídico, embora repercutam na esfera do direito, produzem efeitos jurídicos involuntários, mas impostos por esse ordenamento. Em vez de direitos, criam deveres.

O *ato jurídico* é menos rico em conteúdo e pobre na criação de efeitos. Não constitui exercício da autonomia privada, e sua satisfação somente se concretiza pelos modos determinados na lei.

No *negócio jurídico* há uma composição de interesses, um regramento geralmente bilateral de condutas, como ocorre na celebração de contratos. A manifestação de vontade tem uma finalidade negocial, que em geral é criar, adquirir, transferir, modificar, extinguir direitos etc. Mas existem alguns negócios jurídicos unilaterais, cujo aperfeiçoamento ocorre com uma única manifestação de vontade. Como exemplo temos a renúncia à herança e o testamento, porque o agente procura obter

---
[26] GONÇALVES, C. R. *Direito civil brasileiro: parte geral*. São Paulo: Saraiva, 2003. 17. v.1.

determinados efeitos jurídicos com a manifestação da vontade (o testamento presta-se à produção de vários efeitos: não só para o testador dispor de seus bens para depois de sua morte, como também para, eventualmente, reconhecer filho havido fora do matrimônio, nomear tutor para o filho menor, reabilitar indigno, nomear testamenteiro, destinar verbas para o sufrágio de sua alma etc.).

O negócio jurídico pode ser assim definido:

- em primeiro lugar, é um ato cercado de circunstâncias que o fazem ser socialmente visto como destinado a produzir efeitos jurídicos;
- em segundo lugar, a correspondência entre os efeitos atribuídos pelo direito (efeitos jurídicos) e os efeitos manifestados como queridos (efeitos manifestados) existe, porque a regra jurídica de atribuição procura seguir a visão social e liga efeitos ao negócio em virtude da existência de manifestação de vontade sobre eles. Em geral, o negócio jurídico é lícito.

O negócio jurídico não é uma simples manifestação de vontade, mas uma manifestação de vontade qualificada, ou uma declaração de vontade.

Em um contrato não há, como às vezes se diz, duas ou mais declarações de vontades; nele existe mais de uma vontade, mas essas manifestações se unificam na visão social de uma só declaração, que juridicamente será apenas um fato jurídico.

Embora o negócio jurídico geralmente seja lícito, há casos de negócios ilícitos que também são atos ilícitos, considerados crimes de acordo com o Código Penal (CP)[27] e outras leis. Exemplificando:

- art. 234 do CP: compra e venda ou locação de escrito, desenho, pintura, estampa ou objetos obscenos;
- art. 235 do CP: bigamia;
- art. 235 do CP: registro de nascimento inexistente;
- a compra e venda ou o empréstimo de entorpecente.

Ser lícito ou ilícito é qualificação que se dá a certos fatos jurídicos, conforme sejam aprovados ou reprovados pelo ordenamento jurídico; ora, a qualificação é sempre extrínseca à composição interna do fato.

Pode o negócio jurídico ser definido como fato jurídico abstrato ou como fato jurídico concreto.

---

[27] BRASIL. *Decreto-lei n. 2.848, de 7 de dezembro de 1940.* Código Penal. Disponível em: http://www.planalto.gov.br/cci vil_03/decreto-lei/del2848compilado.htm. Acesso em: 15 jul. 2019.

136 Instituições de Direito

- **In abstrato:** consiste em uma manifestação de vontade cercada de determinadas circunstâncias (as circunstâncias negociais), que fazem com que, socialmente, essa manifestação seja vista como dirigida à produção de efeitos jurídicos;
- **In concreto:** é todo fato jurídico consistente em declaração de vontade, a que o ordenamento jurídico atribui os efeitos designados como desejados, respeitados os pressupostos de existência, validade e eficácia impostos pela norma jurídica que sobre ele incide.

Assim, o negócio jurídico se caracteriza pela causalidade entre a vontade do homem e a obtenção dos efeitos jurídicos por ele pretendidos, estes reconhecidos pelo direito. São sempre atos de vontade deliberada e conscientemente emitida para a obtenção de resultados.

Os elementos constitutivos do negócio jurídico são classificados[28] em três espécies: essenciais, naturais e acidentais.

1. **Essenciais:** são os elementos essenciais à estrutura do ato, que lhe formam a substância e sem os quais o ato não existe. Em uma compra e venda, por exemplo, os elementos essenciais são a coisa, o preço e o consentimento. Faltando um deles, o ato não existe.

2. **Naturais:** são as consequências que decorrem do próprio ato, sem que haja necessidade de expressa menção. No exemplo acima, são os elementos naturais, a obrigação que tem o vendedor de responder pelos vícios redibitórios (art. 441 do CC)[29] e pelos riscos da evicção (art. 447 do CC);[30] a obrigação que tem o comprador de dar garantia a que se refere o art. 477 do CC,[31] segunda alínea, caso lhe sobrevenha diminuição patrimonial capaz de comprometer a prestação a seu cargo.

3. **Acidentais:** são estipulações que facultativamente se adicionam ao ato para modificar-lhe uma ou algumas de suas consequências naturais, como a condição, o termo e o modo, ou encargo (arts. 121, 131 e 136 do CC),[32] o prazo para entregar a coisa ou pagar o preço.

---

[28] AZEVEDO, A. J. *Negócio jurídico*. São Paulo: Saraiva, 2010. p. 27.
[29] BRASIL, 2002.
[30] BRASIL, 2002.
[31] BRASIL, 2002.
[32] BRASIL, 2002.

CAPÍTULO 4 | DIREITO CIVIL   137

O negócio jurídico deve ser examinado em três planos sucessivos de projeção (existência, validade e eficácia), elementos que, em seu sentido próprio, referem-se a tudo aquilo de que algo mais complexo se compõe. São requisitos, condições, exigências, a que se deve satisfazer para preencher certos fins, e, finalmente, fatores, tudo o que concorre para determinado resultado, sem propriamente dele fazer parte. O negócio jurídico, examinado no *plano da existência*, precisa de elementos para existir; no *plano da validade*, de requisitos, para ser válido; e, no *plano da eficácia*, de fatores de eficácia, para ser eficaz.[33]

4.1.4 Objeto de direito: coisas e bens[34]

Nesta categoria inscrevemos a satisfação de nossas exigências e de nossos desejos, quando amparados pela ordem jurídica. Escapam à sua configuração os bens morais, as solicitações estéticas, os anseios espirituais. São bens jurídicos, antes de tudo, os de natureza patrimonial. Entretanto, a ordem jurídica envolve ainda outros bens inestimáveis economicamente, ou insuscetíveis de se traduzir por um valor pecuniário, que, embora não recebam valoração financeira, integram o patrimônio do sujeito e são suscetíveis de proteção legal. Dessa forma, bens jurídicos sem expressão patrimonial, como o estado de filiação, que em si mesmo não tem expressão econômica; o direito ao nome; o poder sobre os filhos, por exemplo, apesar de não serem suscetíveis de avaliação, são bens jurídicos.

Classificação dos bens:

- bens considerados "em si mesmos", abrangendo a classificação em móveis e imóveis; fungíveis e infungíveis; consumíveis e inconsumíveis; divisíveis e indivisíveis; singulares e coletivos.
- bens "reciprocamente considerados", ou seja, os principais e acessórios;
- bens "em relação com as pessoas seus titulares", compreendendo os bens públicos e privados; os disponíveis e indisponíveis;
- bens "difusos", que pertencem a todos e a ninguém em particular, por exemplo, o meio ambiente.

Os imóveis definem-se como as coisas que não se podem transportar, sem destruição, de um para outro lugar, calcada em um critério distintivo natural.

---

[33] AZEVEDO, 2010, p. 27.

[34] Item elaborado com base no pensamento dos autores Silvio Rodrigues, Washington de Barros Monteiro, Carlos Roberto Gonçalves.

138   Instituições de Direito

O direito civil conhece quatro categorias de imóveis:

- por natureza;
- por acessão física;
- por acessão intelectual; e
- por determinação legal.

Sobre o tema, dispõe o CC:[35]

> Art. 79. São bens imóveis o solo e tudo quanto se lhe incorporar natural ou artificialmente.
>
> Art. 80. Consideram-se imóveis para os efeitos legais:
>
> I – os direitos reais sobre imóveis e as ações que os asseguram;
>
> II – o direito à sucessão aberta.
>
> Art. 81. Não perdem o caráter de imóveis:
>
> I – as edificações que, separadas do solo, mas conservando a sua unidade, forem removidas para outro local;
>
> II – os materiais provisoriamente separados de um prédio, para nele se reempregarem.

Os móveis por determinação legal são aqueles bens incorpóreos que a lei expressamente trata como móveis, segundo o CC:[36]

> Art. 82. São móveis os bens suscetíveis de movimento próprio, ou de remoção por força alheia, sem alteração da substância ou da destinação econômico-social.
>
> Art. 83. Consideram-se móveis para os efeitos legais:
>
> I – as energias que tenham valor econômico;
>
> II – os direitos reais sobre objetos móveis e as ações correspondentes;
>
> III – os direitos pessoais de caráter patrimonial e respectivas ações.
>
> Art. 84. Os materiais destinados a alguma construção, enquanto não forem empregados, conservam sua qualidade de móveis; readquirem essa qualidade os provenientes da demolição de algum prédio.

---

[35] BRASIL, 2002.

[36] BRASIL, 2002.

Os direitos autorais são também reputados bens móveis para efeitos legais, de acordo com o art. 3º da Lei n. 9.610/1998.[37]

Bens móveis da mesma categoria são ainda os direitos decorrentes da propriedade industrial, segundo o art. 5º da Lei n. 9.279/1996,[38] como os direitos originados de poder de criação, de organização e de invenção do indivíduo, assegurando ao seu autor as garantias expressas nas patentes de invenção, na utilização exclusiva das marcas de indústria e comércio e nome empresarial, e protegendo os direitos assentados na capacidade da imaginação criadora contra a utilização alheia e a concorrência desleal.

Os bens também se classificam em:

- **fungíveis:** aqueles que podem ser substituídos por outros da mesma espécie, qualidade e quantidade;
- **infungíveis ou não fungíveis:** os que não podem.

A fungibilidade é própria dos móveis, porque normalmente são eles suscetíveis de se caracterizarem pela quantidade, pelo peso ou pela medida, e é por isso que o CC restringe a definição aos bens móveis. As coisas fungíveis guardam entre si uma relação de equivalência, o que lhes atribui um mesmo poder liberatório, e significa que o devedor tem a faculdade de quitar a obrigação, entregando ao credor uma coisa em substituição a outra, desde que do mesmo gênero, da mesma qualidade e na mesma quantidade.

Os bens ainda podem ser:

- **consumíveis:** os que são destruídos em sua substância pelo uso normal;
- **não consumíveis:** aqueles cuja utilização não atinge sua integralidade.

A noção originária da consumibilidade é, pois, ligada à ideia de destruição da própria coisa. É o que se denomina *consumibilidade material ou natural*, compreendendo os bens que, por serem usados, desaparecem imediatamente, como os alimentos, que são ingeridos (utilização natural) e por isso mesmo são destruídos.

Não se deve, porém, confundir a consumibilidade com a deterioração a que as coisas estão sujeitas, inclusive as que, na melhor técnica e dentro dos melhores conceitos, são, e devem considerar-se, inconsumíveis.

Ainda, é possível distinguir a divisibilidade e os acessórios.

---

[37] BRASIL. *Lei n. 9.610, de 19 de fevereiro de 1998*. Altera, atualiza e consolida a legislação sobre direitos autorais e dá outras providências. Disponível em: http://www.planalto.gov.br/ccivil_03/leis/l9610.htm. Acesso em: 15 jul. 2019.

[38] BRASIL. *Lei n. 9.279, de 14 de maio de 1996*. Regula direitos e obrigações relativos à propriedade industrial. Disponível em: http://www.planalto.gov.br/ccivil_03/leis/l9279.htm. Acesso em: 15 jul. 2019.

- **Divisibilidade:** não importa, para definir a divisibilidade, admitir que materialmente tudo seja disso suscetível. Exige a ciência jurídica, então, a ingerência de outro requisito: que a fragmentação respeite as qualidades essenciais do todo. A Lei n. 4.591/1964[39] disciplinava a divisibilidade dos prédios por planos horizontais, independentemente do número de andares e do material da construção, associada a unidade autônoma à fração ideal do solo e das coisas comuns: Exemplo: condomínios.

- **Acessórios:** em razão de seu caráter subsidiário, a coisa acessória, por via de regra, segue a principal, princípio que o Código atual dispensou-se de repetir. Dizemos por via de regra porque, como a lei admite que o contrário resulte de um ajuste, não pode o princípio enunciar-se como caráter absoluto. O bem acessório, por sua própria existência subordinada, não tem, nessa qualidade, uma valoração autônoma, mas a ele se liga o objetivo de completar, como subsidiário, a finalidade econômica da coisa principal.

Há ainda os bens singulares e coletivos, os bens reciprocamente considerados, os bens públicos e os bens de família, sendo este último regulamentado pela Lei n. 8.009/1990,[40] que cuida da impenhorabilidade desse bem para proteção da família.

Dispõe o art. 1º da Lei n. 8.009/1990 que "o imóvel residencial próprio do casal, ou da entidade familiar, é impenhorável e não responderá por qualquer tipo de dívida civil, comercial, fiscal, previdenciária ou de outra natureza, contraída pelos cônjuges ou pelos pais ou filhos que sejam seus proprietários e nele residam, salvo nas hipóteses previstas nesta Lei". Ressalte-se que a impenhorabilidade, além das benfeitorias, estende-se a todos os equipamentos, inclusive os de uso profissional, ou móveis que guarnecem a casa, desde que quitados. Com isso, o legislador criou outra modalidade de "bem de família", que se estabelece sem as observâncias das formalidades previstas no CC, nos arts. 1.711 a 1.722,[41] e subordinada a requisitos bem mais simples, extraídos do art. 1º, anteriormente transcrito.

---

[39] BRASIL. *Lei n. 4.591, de 16 de dezembro de 1964*. Dispõe sôbre o condomínio em edificações e as incorporações imobiliárias. Disponível em: http://www.planalto.gov.br/ccivil_03/leis/l4591.htm. Acesso em: 15 jul. 2019.

[40] BRASIL. *Lei n. 8.009, de 29 de março de 1990*. Dispõe sobre a impenhorabilidade do bem de família. Disponível em: http://www.planalto.gov.br/ccivil_03/leis/L8009.htm. Acesso em: 15 jul. 2019.

[41] BRASIL, 2002.

4.2 NOÇÕES INTRODUTÓRIAS DE CONTRATOS[42]

O contrato é a mais comum e a mais importante fonte de obrigação, devido a suas múltiplas formas e inúmeras repercussões no mundo jurídico. Esse negócio jurídico depende, para a sua formação, da participação de pelo menos duas partes, podendo ser bilateral ou plurilateral.

O CC disciplina, em 20 capítulos, as 23 espécies de contratos nominados (arts. 481 a 853) e cinco declarações unilaterais de vontade (art. 854 a 886 e 904 a 909), além dos títulos de crédito, tratados separadamente (arts. 887 a 926). Contém ainda um título referente às obrigações por atos ilícitos (Da Responsabilidade Civil, arts. 927 a 954).

No direito civil, o contrato está presente não só no direito das obrigações como também no direito de empresa, no direito das coisas (transcrição, usufruto, servidão, hipoteca etc.), no direito de família (casamento) e no direito das sucessões (partilha em vida).

Outrossim, o contrato tem uma função social, sendo veículo de circulação de riqueza, centro da vida dos negócios e propulsor da expansão capitalista. O CC tornou explícito que a liberdade de contratar só pode ser exercida em consonância com os fins sociais do contrato, implicando os valores primordiais da boa-fé e da probidade (arts. 421 e 422).[43]

> Art. 421. A liberdade de contratar será exercida em razão e nos limites da função social do contrato.
>
> Art. 422. Os contratantes são obrigados a guardar, assim na conclusão do contrato, como em sua execução, os princípios de probidade e boa-fé.

4.2.1 Princípios fundamentais do direito contratual

Não há unanimidade na enumeração dos princípios contratuais. Consultados os autores civilistas,[44] notamos que a autonomia da vontade e a boa-fé são essenciais, seguidas do consensualismo e da obrigatoriedade da convenção.

---

[42] GONÇALVES, C. R. *Direito civil brasileiro*: contratos e atos unilaterais. São Paulo: Saraiva, 2017.

[43] BRASIL, 2002.

[44] Orlando Gomes, Silvio Rodrigues, Maria Helena Diniz, Sílvio de Salvo Venosa e Carlos Roberto Gonçalves.

A *autonomia da vontade* é a "liberdade de contratar. Significa o poder dos indivíduos de suscitar, mediante uma declaração de vontade, efeitos reconhecidos e tutelados pela ordem jurídica", leciona Orlando Gomes.[45]

Consiste na prerrogativa conferida aos indivíduos de criar relações na órbita do direito, desde que se submetam às regras impostas pela lei e que seus fins coincidam com o interesse geral ou não o contradigam. A autonomia da vontade pode se desdobrar em dois outros princípios:

1. princípio da liberdade de contratar ou não contratar;
2. princípio de contratar aquilo que entender, conforme enfatiza Silvio Rodrigues.

Maria Helena Diniz afirma que a autonomia da vontade consiste no poder das partes de estipular livremente, como melhor lhes convier, mediante acordo de vontades, a disciplina de seus interesses, suscitando efeitos tutelados pela ordem jurídica envolvendo, além da liberdade de criação do contrato, a liberdade de contratar ou não contratar, de escolher o outro contratante e de fixar o conteúdo do contrato. É limitada pelas normas de ordem pública, pelos bons costumes e pela revisão judicial dos contratos.

Lembra Sílvio de Salvo Venosa[46] que a liberdade de contratar nunca foi ilimitada. "A liberdade contratual permite que as partes se valham dos modelos contratuais constantes do ordenamento jurídico (contratos típicos), ou criem uma modalidade de contrato de acordo com suas necessidades (contratos atípicos)".

O princípio da *boa-fé*, para Maria Helena Diniz[47] deve ser observado na interpretação do contrato. É preciso ater-se mais à intenção do que ao sentido literal da linguagem e, em prol do interesse social de segurança das relações jurídicas, as partes deverão agir com lealdade e confiança recíprocas, auxiliando-se mutuamente na formação e na execução do contrato. Daí estar ligado ao princípio da probidade.

Sílvio de Salvo Venosa[48] também assevera, quanto ao princípio da boa-fé, no sentido que a questão refere-se mais propriamente à interpretação dos contratos. A boa-fé objetiva, presente no atual CC, traduz-se "de forma mais perceptível como

---

[45] GOMES, O. *Contratos*. Rio de Janeiro: Forense, 2007. p. 26.

[46] VENOSA, S. S. *Direito civil:* Teoria Geral das obrigações e Teoria Geral dos Contratos. 3. ed. São Paulo: Atlas, 2003. v. 2. p. 375.

[47] DINIZ, M. H. *Curso de direito civil brasileiro:* teoria das obrigações contratuais e extracontratuais. 22. ed. São Paulo: Saraiva, 2005c. v. 3.

[48] VENOSA, 2003, p. 370.

uma regra de conduta, um dever agir de acordo com determinados padrões sociais estabelecidos e reconhecidos".

Segundo o *princípio do consensualismo*, o simples acordo de duas ou mais vontades basta para gerar contrato válido, pois a maioria dos negócios jurídicos bilaterais é consensual, embora alguns, por serem solenes, tenham sua validade condicionada à observância de certas formalidades legais, pontua Maria Helena Diniz.[49]

Por força do *princípio da obrigatoriedade da convenção ou da força obrigatória dos contratos ou da força vinculante dos contratos*, temos que as estipulações feitas no contrato deverão ser fielmente cumpridas, sob pena de execução patrimonial contra o inadimplente, leciona Diniz.[50]

A limitação à eficácia do princípio da obrigatoriedade das convenções surgiu a partir dos últimos anos do século XIX, quando apareceu na doutrina uma tendência a reviver a *rebus sic stantibus*,[51] que foi consolidada por meio da moderna teoria da imprevisão.

Consubstancia-se na regra de que o contrato é lei entre as partes e consagra a ideia de que o contrato, uma vez obedecidos os requisitos legais, torna-se obrigatório entre as partes, que dele não se podem desligar senão por outra avença em tal sentido. De forma que um contrato válido e eficaz deve ser cumprido pelas partes: *pacta sunt servanda* (o acordo faz lei entre as partes). Essa obrigatoriedade forma a base do direito contratual.

O *princípio da relatividade dos efeitos dos contratos* ou da relatividade das convenções apenas vincula as partes que nela intervieram, não aproveitando nem prejudicando terceiros, salvo raras exceções. Contém a ideia de que os efeitos do contrato só se manifestam entre as partes, não aproveitando nem prejudicando terceiros. Tal princípio representa um elemento de segurança, tendo como regra geral que o contrato só ata aqueles que dele participaram. Seus efeitos não podem nem prejudicar, nem aproveitar a terceiros. O contrato somente afeta os partícipes do negócio. Ninguém pode tornar-se credor ou devedor contra sua vontade. Esse princípio não se aplica tão somente às partes, mas também ao objeto.

---

[49] DINIZ, 2005c.

[50] DINIZ, 2005c.

[51] Em tradução livre, *rebus sic stantibus* significa "retornar às coisas como eram antes". Tal cláusula é empregada para designar a teoria da imprevisão, segundo a qual a ocorrência de fato imprevisto e imprevisível posterior à celebração do contrato diferido ou de cumprimento sucessivo possibilita alteração, sempre que as circunstâncias que envolveram sua formação não forem as mesmas no momento da execução da obrigação contratual, de modo a prejudicar uma parte em benefício da outra.

4.3 DIREITO DE FAMÍLIA

Chegamos ao tema que fala do amor, de olhares que se encontram e se unem para constituir uma família!

Dispõe o art. 230 da Constituição Federal de 1988 (CF/1988):[52]

> Art. 230. A família, a sociedade e o Estado têm o dever de amparar as pessoas idosas, assegurando sua participação na comunidade, defendendo sua dignidade e bem-estar e garantindo-lhes o direito à vida.

O direito de família encontra-se regulado nos arts. 1.511 a 1.783 do CC.[53] Entretanto, a CF/1988 introduz um novo olhar para o direito de família, constitucionalizando um tema de direito privado e alargando seu conceito, ao declarar que a *família*, base da sociedade, tem especial proteção do Estado e, hoje, é oriunda não apenas do casamento (CF/1988, 226, §§ 1º e 2º), mas também da *união estável entre o homem e a mulher e da comunidade monoparental ou unilinear*, aquela formada por qualquer dos pais e seus descendentes (art. 226, §§ 3º e 4º, da CF/1988). Estas últimas são chamadas de entidade familiar.

Assim, todas aquelas entidades familiares que se encontravam à margem no conceito civilista passaram a se constituir em família, com direitos e obrigações idênticos aos oriundos do casamento.

O conteúdo do direito de família no CC pode ser dividido em sete partes:

- casamento;
- união estável;
- relações de parentesco;
- poder familiar;
- alimentos;
- bem de família (Lei n. 8.009/1990);
- tutela e curatela.

---

[52] BRASIL. *Constituição da República Federativa do Brasil de 1988*. Disponível em: http://www.planalto.gov.br/ccivil_03/constituicao/constituicaocompilado.htm. Acesso em: 15 jul. 2019.
[53] BRASIL, 2002.

O direito de família pode ser conceituado como o complexo de normas que regulam a celebração do casamento, sua validade e os efeitos que dele resultam, as relações pessoais e econômicas da sociedade conjugal, a dissolução desta, a união estável, as relações entre pais e filhos, o vínculo de parentesco e os institutos complementares da tutela e curatela.[54]

Diversas são as espécies de família:

- matrimonial;
- não matrimonial;
- adotiva.

Maria Helena Diniz[55] aponta os caracteres distintos que constituem a família, tais como:

- biológico;
- psicológico;
- econômico;
- religioso;
- político;
- jurídico.

Da mesma forma, a autora enumera os princípios do direito de família, extraídos do CC e da CF:

- princípio da *ratio* do matrimônio e da união estável: afeição – art. 226, § 6º, da CF/1988 e arts. 1.511 e 1.571 do CC;
- princípio da igualdade jurídica dos cônjuges e dos companheiros: art. 226, § 5º, da CF/1988; arts. 5º, I, e 1º, III, da CF/1988; arts. 1.511, *in fine,* 1.565 a 1.570, 1.631, 1.634, 1.643, 1.647, 1.650, 1.651 e 1.724 do CC;
- princípio da igualdade jurídica de todos os filhos: art. 227, § 6º, da CF/1988 e arts. 1.596 a 1.629 do CC;
- princípio do pluralismo familiar: CF/1988 – família matrimonial e as entidades familiares (união estável e família monoparental);
- princípio da consagração do poder familiar: poder-dever (arts. 1.630 a 1.638 do CC);
- princípio da liberdade: arts. 1.513, 1.565, 1.642, 1.643, 1.639 e 1.634 do CC;
- princípio do respeito à dignidade da pessoa humana: art. 1º, III, e 227 da CF/1988.

---

[54] DINIZ, M. H. *Curso de direito civil brasileiro:* direito de família. 22. ed. São Paulo: Saraiva, 2005a. v. 5, p. 3.

[55] DINIZ, 2005a, p. 13-14.

A importância do direito de família se traduz e se reflete em outros ramos do direito, como no próprio direito civil e em áreas do direito público.

- **No direito civil:** direito das obrigações, direito das coisas, direito das sucessões.
- **No direito público:** direito constitucional, direito tributário, direito administrativo, direito previdenciário, direito processual, direito penal.

4.3.1 Casamento

Casamento é o vínculo entre o homem e a mulher, firmado perante o Estado, com o intuito de constituição de uma família.

Para Maria Helena Diniz,[56] é o vínculo jurídico entre o homem e a mulher que visa ao auxílio mútuo material e espiritual, de modo que haja uma integração fisio-psíquica e a constituição de uma família.

A natureza jurídica do casamento encontra divergências, havendo três correntes que o conceituam: contratual ou individualista (canônico), institucionalista (instituição social), e mista ou eclética (contrato na formação e instituição no conteúdo). As divergências doutrinárias referentes à natureza jurídica do casamento são defendidas por diversos autores; para Maria Helena Diniz e Arnoldo Wald, por exemplo, o casamento é considerado uma instituição social. Já Silvio Rodrigues e Carlos Roberto Gonçalves o entendem como um contrato de direito de família, por estabelecer um regime de casamento; por sua vez, Sílvio de Salvo Venosa defende que o casamento-ato é um negócio jurídico e o casamento-estado é uma instituição. E, para Flávio A. M. Barros, o casamento é simultaneamente instituição e contrato.

O regime de bens é um tema muito importante que sempre gera dúvidas entre as pessoas, por isso vou explicar sucintamente os regimes de bens previstos pelo CC.

Num conceito simplificado, regime de bens é a regra legal que determina a questão patrimonial dos cônjuges durante o casamento, e é regido pelos seguintes princípios: autonomia da vontade, isonomia, indivisibilidade e imutabilidade.

Autonomia da vontade é a liberdade para optar por qualquer dos regimes do CC, porém não é absoluta: não pode se sobrepor às normas cogentes, à moral e aos bons costumes, sob pena de nulidade de suas cláusulas (arts. 1.655, 1.656 e 1.641 do CC). O princípio da isonomia está presente na CF/1988, art. 5º, I. A *indivisibilidade* exige um único regime de bens para ambos os cônjuges. A exceção está no art. 1.572, § 3º, do CC, que dispõe sobre a separação remédio. E a *imutabilidade* que consiste na

---

[56] DINIZ, 2005a, p. 39.

impossibilidade de alteração do regime de bens na vigência do casamento, comporta quatro exceções[57] especificadas na lei.

São dois os regimes legais: a comunhão parcial de bens, a qual vigora quando não há pacto antenupcial ou, então, quando este é nulo ou ineficaz; e a separação legal ou obrigatória, prevista nas hipóteses do art. 1.641 do CC.

Sobre o *pacto antenupcial*, no Brasil não se fala muito dessa espécie de contrato prévio celebrado entre os noivos, mas você já deve visto este assunto em algum filme estrangeiro. O filme *O amor custa caro*, discorre sobre o tema ao narrar as aventuras e desventuras de um advogado de uma mulher casadoira.

Saindo da ficção e do direito estrangeiro, de acordo com o CC, o pacto antenupcial é o contrato realizado antes do casamento pelo qual os nubentes escolhem o regime de bens que vigorará durante o matrimônio. É ato solene, exige escritura pública, sob pena de nulidade absoluta. Só vigora se houver o casamento (art. 1.653), e a partir da data do casamento (§ 1º do art. 1.639). A eficácia do pacto antenupcial realizado por menor fica condicionada à aprovação de seu representante legal, salvo as hipóteses de regime obrigatório de separação de bens, caso em que não haverá pacto (art. 1.654).

Esse tipo de contrato somente terá efeito perante terceiros após registro averbado no Registro de Imóveis do domicílio dos cônjuges (art. 1.657 do CC). Antes do registro, o pacto só é válido entre os nubentes; após o registro há uma presunção de que todos o conhecem, dá-se a publicização do ato.

Porém, na legislação brasileira esse instrumento somente se torna obrigatório quando o regime escolhido não é o legal, como a comunhão universal, a participação final nos aquestos e a separação de bens – este último quando não decorrer de determinação legal.

No regime de comunhão parcial, comunicam-se os bens adquiridos durante o casamento, independentemente do esforço comum dos cônjuges. Na hipótese de inexistência, nulidade ou ineficácia do pacto antenupcial, a lei impõe esse regime como legal. Nesse regime excluem-se da comunhão os bens relacionados no art. 1.668 do

---

[57] Exceções a imutabilidade: a) art. 7º, § 5º, da Lei de Introdução às Normas do Direito Brasileiro (LINDB). BRASIL. Decreto-lei n. 4.657, de 4 de setembro de 1942. Lei de Introdução às Normas do Direito Brasileiro. Disponível em: http://www.planalto.gov.br/ccivil_03/Decreto-Lei/Del4657.htm. Acesso em: 15 jul. 2019. Permite ao estrangeiro, no ato de sua naturalização, optar pelo regime da comunhão parcial; b) o art. 1.572, § 3º, do CC cuida da separação remédio, quando defere ao cônjuge enfermo, casado na comunhão universal, e que não houver pedido separação, a propriedade exclusiva dos bens por ele adquiridos antes do casamento; c) segundo o art. 1.640, § 2º, do CC, é admissível a alteração do regime de bens, mediante autorização judicial em pedido motivado de ambos os cônjuges; d) quando o pacto antenupcial elege o regime da separação com cláusula de que se transformará em comunhão parcial ou universal na hipótese de nascimento de filho.

148   Instituições de Direito

CC. O art. 1.660 determina que entram na comunhão os bens ali descritos. A administração do patrimônio comum compete a qualquer dos cônjuges. As dívidas contraídas no exercício da administração obrigam os bens comuns e particulares do cônjuge que os administra, e os do outro na razão do proveito que houver auferido (art. 1.663 do CC). A anuência de ambos os cônjuges é necessária para os atos, a título gratuito, que impliquem cessão de uso ou gozo de bens comuns (art. 1.663, § 2º do CC). Em caso de malversação dos bens, o juiz poderá atribuir a administração a apenas um dos cônjuges (art. 1.663, § 3º do CC). As dívidas contraídas por qualquer dos cônjuges na administração de seus bens particulares e em benefícios destes, não obrigam os bens comuns (art. 1.666 do CC). Os bens da comunhão respondem pelas obrigações contraídas pelo marido ou pela mulher para atender aos encargos da família, às despesas de administração e às decorrentes de imposição legal (art. 1664 do CC).

O regime de separação de bens pode ser:

• legal – art. 1.641 do CC;

• convencional, conforme o pacto antenupcial.

O art. 1.687 do CC dispõe que, estipulada a separação de bens, estes permanecerão sob a administração exclusiva de cada um dos cônjuges, que os poderá alienar ou gravar de ônus. Nesse regime, cada um dos cônjuges conserva-se na propriedade, posse e administração dos bens adquiridos antes e durante o casamento, recebendo sozinho as rendas e frutos produzidos pelos bens que lhe pertencem. O art. 1.688 do CC estabelece que ambos os cônjuges são obrigados a contribuir para as despesas do casal, na proporção dos rendimentos de seu trabalho e de seus bens, salvo estipulação em contrário no pacto antenupcial. Observação: há uma discussão quanto à comunicação dos aquestos (bens adquiridos pelo esforço comum de ambos os cônjuges) nesse regime. A obrigatoriedade da separação está prevista no art. 1.641 do CC. No regime de separação legal ou obrigatória, comunicam-se apenas os aquestos.

O regime da comunhão universal implica comunicação entre os cônjuges dos bens, direitos e obrigações anteriores ou posteriores ao casamento. A comunicabilidade é extensiva à herança e doação. Esse regime depende de pacto antenupcial. O art. 1.668 do CC elenca os bens excluídos dessa comunhão, mas a incomunicabilidade dos bens descritos nesse artigo não se estende aos frutos, que são comunicáveis quando se percebam ou vençam na constância do casamento (art. 1.669 do CC).

Anote-se que os demais bens e obrigações entram na comunhão. Assim, pelas dívidas contraídas durante o casamento por um dos cônjuges, ainda que oriundas de atos ilícitos, responsabiliza-se também o outro cônjuge.

O regime de participação final nos aquestos – arts. 1.672 a 1.686, inovação do atual CC, institui que cada cônjuge mantenha o seu patrimônio próprio durante o casamento, com a livre administração dos bens, mas, com a dissolução da sociedade conjugal, partilhem pela metade os bens que eles adquiriram a título oneroso durante o casamento. Trata-se de regime híbrido: durante a constância do casamento vigora a separação de bens e com a dissolução transforma-se em comunhão parcial. Para a alienação de bens móveis há necessidade da anuência do outro cônjuge (art. 1.673 do CC). Sobrevindo a dissolução da sociedade conjugal, será apurado o montante dos aquestos, excluindo-se da comunhão: os bens anteriores ao casamento e os que em seu lugar se sub-rogaram; os bens adquiridos por sucessão ou doação; e as dívidas relativas a esses bens. Na apuração dos aquestos devem ser considerados os bens adquiridos a título oneroso durante o casamento. Presumem-se adquiridos na constância do casamento: os bens móveis (art. 1.674, parágrafo único do CC); o valor das doações feitas por um dos cônjuges sem a autorização do outro; o valor dos bens alienados em detrimento da meação, se não houver preferência do cônjuge lesado ou de seus herdeiros de os reivindicar (art. 1.676 do CC); e as dívidas posteriores ao casamento, contraídas por um dos cônjuges, que tenham revertido em proveito do outro (art. 1.677 do CC).

 Explicitado sobre os regimes de casamento, você deve verificar se possui capacidade jurídica para o casamento.

Para contrair casamento há necessidade de capacidade jurídica, conforme previsão legal. Assim, temos:

- a *incapacidade,* que é a inaptidão para contrair casamento com qualquer pessoa que seja; e
- o *impedimento,* que é a falta de legitimação para contrair núpcias apenas com certas pessoas.

Como já vimos, são absolutamente incapazes de exercer pessoalmente os atos da vida civil os menores de 16 anos – previsto no art. 3º do CC –, não podendo dessa forma contrair casamento. Já os nomeados no art. 4º do CC, tidos como relativamente incapazes, podem se casar mediante autorização dos pais ou do curador ou ato judicial que a supra (art. 1.525, II, do CC).

150   Instituições de Direito

A *capacidade para o casamento*, isto é, *a idade núbil, é adquirida aos 16 anos para o homem ou mulher*, exigindo-se, porém, a autorização de ambos os pais, ou de seus representantes legais, enquanto não atingida a maioridade civil. Havendo divergência entre os pais, é assegurado a qualquer deles recorrer ao juiz para a solução do desacordo. Até a celebração do casamento podem os pais, tutores ou curadores revogar a autorização (art. 1.518 do CC). Se ambos os pais denegarem a autorização, o menor pode requerer ao juiz a expedição de alvará de suprimento de consentimento (art. 1.518 do CC).

Todavia, excepcionalmente, *era permitido* o casamento de quem ainda não alcançou a idade núbil, *a fim de evitar imposição ou cumprimento de pena criminal nos crimes sexuais*. Nestes delitos, o casamento extinguia a punibilidade (o art. 107, VII, do CP[58] foi revogado), ou em caso de gravidez (art. 1.520 do CC). Agora, com a Lei n. 11.106/2005,[59] *o casamento não mais constitui causa de extinção da punibilidade*, ou seja, não é mais possível fazer que não haja punição ao réu. Por isso, a vítima poderá unir-se em matrimônio com o réu, livre e espontaneamente, formar família, e depois ver seu cônjuge condenado pela prática da conduta precedente, ensejadora de procedimento na esfera criminal.

Porém, *não podem casar* (art. 1.521 do CC) os ascendentes com os descendentes, seja o parentesco natural ou civil, e os afins em linha reta. A afinidade é o vínculo entre o cônjuge ou companheiro e os parentes do outro. Na linha reta, os afins são o sogro, a sogra, o genro e a nora.

O CC prevê o vínculo de afinidade na união estável (art. 1.595 do CC). Assim, o homem que vive em união estável não pode casar com a filha de sua companheira. O § 2º do art. 1.595 do CC dispõe que, na linha, reta a afinidade não se extingue com a dissolução do casamento ou da união estável.

Também não podem casar o adotante com quem foi cônjuge do adotado e o adotado com quem foi cônjuge do adotante; os irmãos, unilaterais ou bilaterais, e demais colaterais, até terceiro grau inclusive.

Os irmãos são parentes colaterais de segundo grau. Podem ser bilaterais ou germanos, quando têm o mesmo pai e a mesma mãe, e unilaterais, quando só um dos progenitores é o mesmo.

Os parentes colaterais de terceiro grau são os tios e sobrinhos. Admite-se, porém, o casamento entre tio e sobrinha ou tia e sobrinho, se eles requererem no processo de habilitação o exame médico pré-nupcial. O juiz, nesse caso, nomeará

---

[58] BRASIL, 1940.

[59] BRASIL. *Lei n. 11.106, de 28 de março de 2005*. Altera os arts. 148, 215, 216, 226, 227, 231 e acrescenta o art. 231-A ao Decreto-Lei nº 2.848, de 7 de dezembro de 1940 – Código Penal e dá outras providências. Disponível em: http://www.planalto.gov.br/ccivil_03/_Ato2004-2006/2005/Lei/L11106.htm. Acesso em: 15 jul. 2019.

dois médicos para avaliar os riscos à sanidade da eventual prole; se os médicos descartarem qualquer problema de eugenia, o casamento poderá ser realizado (art. 2º do Decreto-lei n. 3.200/1941).[60] Sem esse exame médico, o casamento será nulo.

Quanto aos primos-irmãos, não há qualquer impedimento, podendo o casamento realizar-se livremente, independente de exame médico.[61]

Ainda, não podem casar (art. 1.521 do CC) o adotado com o filho do adotante, pois a adoção atribui ao adotado a condição de filho.

Também não podem casar as pessoas casadas, pois a bigamia é crime previsto no art. 235 do C. P.[62] Na verdade, não se trata de um impedimento, mas de uma incapacidade matrimonial.

O cônjuge sobrevivente não pode se casar com o condenado por homicídio ou tentativa de homicídio contra seu consorte, pois o casamento gera uma presunção de conivência no crime de homicídio. É lícito o casamento na hipótese de absolvição, ainda que por insuficiência de provas, ou extinção de punibilidade. Também quando se tratar de crime culposo. O simples fato de existir um processo-crime não inviabiliza o matrimônio: a lei exige condenação definitiva. Antes disso há a presunção de inocência. O impedimento deve existir até o momento do casamento. Se o trânsito em julgado da condenação ocorrer depois do casamento, este permanece intacto.

Em todos esses casos em que não pode existir casamento entre as partes, alguém deve opor os *impedimentos*, ou seja, avisar a autoridade celebrante de que o casamento não pode se realizar.

 Caro leitor, você se lembra daquela pergunta que ouvimos em todos os casamentos, e que nos filmes é sempre enfatizada? Por vezes ficamos torcendo para que alguém se manifeste: "Quem souber de algo que impeça este casamento, fale agora ou cale-se para sempre...".

Essa pergunta tem sua razão de ser. A oposição dos impedimentos é o ato que visa obstar a celebração do casamento, desde a publicação dos proclamas.

A legitimidade para apresentar oposição dos impedimentos é atribuída a qualquer pessoa capaz. Aliás, se o juiz, ou o oficial de registro, tiver conhecimento da

---

[60] BRASIL. *Decreto-lei n. 3.200, de 19 de abril de 1941.* Dispõe sobre a organização e proteção da família. Disponível em: http://www.planalto.gov.br/ccivil_03/Decreto-Lei/Del3200.htm. Acesso em: 15 jul. 2019.
[61] Por precaução, é melhor fazer exames médicos antes de ter filhos.
[62] BRASIL, 1940.

existência de algum impedimento, será obrigado a declará-lo (art. 1.522 e parágrafo único do CC).

Outrossim, a lei determina *causas suspensivas da celebração do casamento*, nas quais não deve casar (art. 1.523 do CC) o viúvo ou a viúva que tiver filho do cônjuge falecido, enquanto não fizer inventário dos bens do casal e der a partilha aos herdeiros. É permitido aos nubentes solicitar ao juiz a realização do casamento, provando-se a inexistência de prejuízo ao filho do leito anterior. No caso de a viúva, ou da mulher cujo casamento se desfez por ser nulo ou anulado, até dez meses depois do começo da viuvez, ou da dissolução conjugal, esta não deve se casar. O objetivo é evitar a *turbatio sanguinis*, isto é, o conflito de paternidade, tendo em vista a presunção de paternidade do art. 1.597 do CC. Afasta-se a causa suspensiva, provando-se, perante o juiz, o nascimento de filho, ou a inexistência de gravidez na fluência do prazo (parágrafo único do art. 1.523 do CC).

Ainda, não deve casar o divorciado, enquanto não houver sido homologada ou decidida a partilha. Isso para evitar confusão de patrimônios. Se provada ao juiz a inexistência de prejuízo ao ex-cônjuge, o casamento será celebrado (parágrafo único do art. 1.523 do CC).

Por fim, não deve casar o tutor ou curador e seus descendentes, ascendentes, irmãos, cunhados ou sobrinhos com a pessoa tutelada ou curatelada, enquanto não cessar a tutela ou curatela, e não estiverem saldadas as respectivas contas. O objetivo é a proteção do tutelado ou curatelado. Admite-se, porém, o casamento na pendência da tutela ou curatela, mediante alvará judicial provando inexistência de prejuízo (parágrafo único do art. 1.523 do CC). Com a cessação da tutela ou curatela, desde que as contas estejam saldadas, o casamento pode realizar-se, independentemente de alvará judicial.

Na *preparação do casamento* há três fases distintas:

- *habilitação,*[63] processo informativo realizado nas circunscrições do registro civil, perante o juiz;

---

[63] O processo de habilitação é a fase preliminar de habilitação, na qual se verifica se os nubentes preenchem os requisitos para o ato nupcial. Seu objetivo é evitar a realização de casamentos vedados pela lei. O requerimento de habilitação para o casamento será firmado por ambos os nubentes, de próprio punho, ou, a seu pedido, por procurador. A habilitação será feita perante o oficial do registro civil, instruída com os documentos elencados no art. 1.525 do CC e, após audiência do Ministério Público, será homologada pelo juiz (art. 1.526 do CC). Esse procedimento é incompatível com a realidade, levando-se ao juiz apenas as habilitações matrimoniais em que o oficial antever questões relativas à identificação de impedimentos (art. 1.521 do CC) ou de causas suspensivas (art. 1.523 do CC), hipóteses de segundas núpcias e quando não atingida a maioridade civil (arts. 1.517 e 1.520 do CC). Estando em ordem a documentação, o oficial lavrará os proclamas de casamento, que serão afixados por quinze dias nas circunscrições do registro civil de ambos os nubentes. Obrigatoriamente, os proclamas também serão publicados na imprensa local, se houver (art. 1.527 do CC). O parágrafo único do art. 1.527 dispõe que a autoridade competente, havendo urgência, poderá dispensar a publicação dos proclamas. A autoridade competente é o juiz de direito (art. 69 da Lei n. 6.015/1973). A lei não especifica os casos de urgência, mas a doutrina costuma citar: moléstia grave de um dos nubentes, que está à beira morte; necessidade de viagem inadiável; evitar a imposição ou cumprimento de pena criminal nos crimes contra os costumes. Antes de deferir, o juiz deve ouvir o outro nubente e o Ministério Público. Inexistente fato obstativo, o oficial extrairá o certificado de habilitação (art. 1.531 do CC), cuja eficácia será de 90 dias, a contar da data em que foi extraído o certificado (art. 1.532 do CC). Após o decurso desse prazo, que é decadencial, o casamento só poderá ser realizado se houver renovação do processo da habilitação. BRASIL, 2002. BRASIL, 1973..

- *publicizdade* nos órgãos locais;
- *celebração* propriamente dita.

A solenidade realizar-se-á com toda a publicidade, de portas abertas, *presentes pelo menos duas testemunhas*, parentes ou não dos contraentes.

O CC exige quatro testemunhas apenas em duas hipóteses:

1. casamento celebrado em edifício particular;
2. se algum dos contraentes não souber ou não puder escrever.

No ato da celebração, o presidente do ato, após ouvir dos nubentes ou procurador com poderes especiais a afirmação de que pretendem casar por livre e espontânea vontade, declarará efetuado o casamento, nestes termos: "De acordo com a vontade que ambos acabais de afirmar perante mim, de vos receberdes por marido e mulher, eu, em nome da lei, vos declaro casados".

A *celebração do casamento*, de acordo com o art. 1.538 do CC, será imediatamente suspensa se algum dos contraentes:

- recusar a solene afirmação de sua vontade;
- declarar que não é livre e espontânea;
- manifestar-se arrependido.

Se o casamento for realizado *in extremis* ou em *articulo mortis* ou for nuncupativo, haverá a dispensa do processo de habilitação, a publicação de proclamas e a presença da autoridade, e será celebrado pelos próprios nubentes *na presença de seis testemunhas* que com eles não tenham parentesco em linha reta ou na colateral até o segundo grau. Tal casamento só é possível mediante dois requisitos:

1. que um dos contraentes esteja em iminente risco de vida;
2. na impossibilidade de os contraentes obterem a presença da autoridade celebrante ou de seu substituto.

Nesse caso, realizado o casamento, as testemunhas devem comparecer perante a autoridade judicial mais próxima, dentro de dez dias, pedindo que lhes tome por termo a declaração de que:

- foram convocadas por parte do enfermo;
- que este parecia em perigo de vida, mas em seu juízo;
- que em sua presença declararam os contraentes, livre e espontaneamente, receber-se por marido e mulher.

154   Instituições de Direito

Já o casamento religioso[64] com efeitos civis (art. 1.516 do CC e arts. 70 a 75 da Lei n. 6.015/1973) terá habilitação prévia quase idêntica à do casamento civil. A diferença é que a cerimônia é presidida por uma autoridade eclesiástica. No procedimento de habilitação, os nubentes requerem ao oficial a expedição de certidão para se casar perante a autoridade religiosa (art. 71 da Lei n. 6.015/1973).

Tendo em vista que o casamento dá início a uma sociedade conjugal, há necessidade de determinar o *regime de bens*. É lícito aos nubentes, antes de celebrado o casamento, estipular, quanto aos seus bens, o regime que julgarem mais conveniente. Não havendo convenção, ou sendo ela nula ou ineficaz, vigorará, quanto aos bens entre os cônjuges, o regime da comunhão parcial.[65]

Entretanto, não haverá escolha, sendo obrigatório o regime da separação de bens no casamento das pessoas que o contraírem com inobservância das causas suspensivas da celebração do casamento, da pessoa maior de 70 anos e de todos os que dependerem, para casar, de suprimento judicial.

O casamento será *nulo* somente na hipótese de ter sido contraído por infringência de impedimento (art. 1.548 do CC).

Será *anulável* nas hipóteses do art. 1.550 do CC, quando um ou ambos os cônjuges não ostentava a idade para casamento de 16 anos. A anulabilidade só ocorre se o casamento ocorrer sem o alvará judicial. Se, porém, resultar gravidez, não se anulará (art. 1.551 do CC). A segunda causa ocorre quando o menor em idade núbil tiver se casado sem autorização do seu representante legal.

Nesses casos, o prazo para a propositura da *ação anulatória* é de 180 dias, e só poderá ser proposta:

- pelo próprio menor, contado o prazo do dia que cessou sua incapacidade;
- pelos representantes legais, contado o prazo do dia do casamento;
- ou pelos herdeiros necessários, no caso de morte do cônjuge menor, contado o prazo a partir do óbito (art. 1.555 do CC).

---

[64] Ver o art. 73 da Lei n. 6.015/1973. Celebrado o casamento, a autoridade eclesiástica celebrante ou qualquer interessado deverá, no prazo de 30 dias após a realização do ato, promover, perante o oficial do registro civil, o registro do casamento. Esse prazo é decadencial. Decorridos os 30 dias, o registro dependerá de nova habilitação (art. 1.516, § 1º, do CC). O casamento religioso, celebrado sem a prévia habilitação perante o oficial de registro público, poderá ser registrado desde que apresentados pelos nubentes, com o requerimento de registro, a prova do ato religioso e os documentos exigidos pelo CC, suprindo eles eventual falta de requerimento no termo da celebração (art. 74 da Lei n. 6.015/1973). Processada a habilitação, o oficial fará o registro do casamento religioso, de acordo com as provas do ato e os dados constantes do processo, observado o disposto no art. 70 da Lei n. 6.015/1973. Segundo o art. 75 da Lei n. 6.015/1973, o registro produzirá efeitos a contar da celebração do casamento, ou seja, retroagirá à data da celebração. Trata-se de uma espécie de conversão de união estável em casamento. BRASIL, 1973. BRASIL, 2002.

[65] Art. 1.658 do CC. No regime de comunhão parcial, comunicam-se os bens que sobrevierem ao casal, na constância do casamento, com as exceções dos artigos seguintes. BRASIL, 2002.

A terceira causa de anulação se dá quando um dos cônjuges é coagido ou incide em *erro essencial* quanto à pessoa do outro (arts. 1.556 e 1.557 do CC). Nesse caso o prazo é de quatro anos para ação anulatória por coação. O art. 1.557 do CC relaciona as hipóteses:

- em caso de erro essencial quanto à identidade, honra e boa fama, sendo esse erro tal que seu conhecimento ulterior torne insuportável a vida em comum para o cônjuge enganado;
- pela ignorância de crime, anterior ao casamento, que, por sua natureza, torne insuportável a vida conjugal;
- pela ignorância, anterior ao casamento, de defeito físico irremediável que não caracterize deficiência ou de moléstia grave e transmissível, por contágio ou por herança, capaz de pôr em risco a saúde do outro cônjuge ou de sua descendência.

Se houver erro essencial, o prazo para ser intentada a ação de anulação é de três anos, a contar da data da celebração do casamento (art. 1.560, III, do CC), e somente o cônjuge que incidiu em erro pode demandar a anulação (art. 1.559 do CC). Por outro lado, a coabitação, isto é, a relação sexual entre os cônjuges, após o vício, obsta a anulação do casamento quando se tratar de:

- erro sobre a identidade, honra e boa fama;
- ignorância de crime anterior ao casamento.

Todavia, subsiste o direito de anular o casamento, mesmo que haja coabitação, nos casos de:

- defeito físico irremediável;
- moléstia grave e transmissível;
- doença mental grave.

A quarta causa para anulação é o casamento do incapaz de consentir ou manifestar, de modo inequívoco, o consentimento. Para anular o casamento não há necessidade de requerer a interdição do incapaz.

A quinta causa de anulação é a do casamento realizado pelo mandatário sem que ele ou o outro contraente soubesse da revogação do mandato, e não sobrevindo coabitação entre os cônjuges. Equipara-se à revogação a invalidade do mandato judicialmente decretada. O prazo para anulação é de 180 dias, a partir da data em que o mandante tiver conhecimento da celebração (§ 2º do art. 1.560 do CC). A anulação dependerá de dois requisitos:

156   Instituições de Direito

1. ignorância do mandatário e do outro contraente acerca da revogação do mandato;

2. ausência de coabitação entre o mandante e outro contraente.

Porém, a coabitação sana o vício do mandato.

A sexta e última causa para anulação de um casamento é a incompetência da autoridade celebrante. O prazo para ser intentada a ação de anulação é de dois anos, a contar da data da celebração (art. 1.560, II, do CC). O Ministério Público não tem legitimidade para a propositura dessa ação, que pode ser proposta por qualquer interessado. Porém, conforme art. 1.554 do CC, subsiste o casamento celebrado por aquele que, sem possuir a competência exigida na lei, exercer publicamente as funções de juiz de casamento e, nessa qualidade, tiver registrado o ato no registro civil.

Em todas as hipóteses, a anulação depende de três requisitos:

1. que a existência da causa de anulação seja anterior ao casamento;

2. ignorância dessa causa por parte do outro contraente;

3. que a descoberta da causa, após o enlace, tenha tornado insuportável a vida em comum.

Complementando:
• É possível ingressar com ação de nulidade e de anulação de casamento.
• O Ministério Público pode ajuizar apenas ação de nulidade.
• O Ministério Público não pode ajuizar ação de anulação.
• A ação de nulidade é imprescritível, podendo ser promovida a qualquer tempo.
• A ação de anulação submete-se a prazo decadencial, conforme anotado em cada caso.
• O casamento nulo nunca se convalida; o anulável, sim.

Por fim, no casamento tido como válido, *a sociedade conjugal termina*:

• pela morte de um dos cônjuges;

• pela nulidade ou anulação do casamento;

• pela separação judicial;

• pelo divórcio.

O casamento válido só se dissolve pela morte de um dos cônjuges ou pelo divórcio, aplicando-se a presunção estabelecida pelo CC quanto ao ausente. Dissolvido o casamento pelo divórcio direto ou por conversão, o cônjuge poderá manter o nome de casado, salvo, no segundo caso, dispondo em contrário a sentença de separação judicial.

Qualquer dos cônjuges poderá propor a *ação de separação judicial*, imputando ao outro qualquer ato que importe grave violação dos deveres do casamento e torne insuportável a vida em comum. A separação judicial pode também ser pedida se um dos cônjuges provar ruptura da vida em comum há mais de um ano e a impossibilidade de sua reconstituição. O cônjuge pode, ainda, pedir a separação judicial quando o outro estiver acometido de doença mental grave, manifestada após o casamento, que torne impossível a continuação da vida em comum, desde que, após uma duração de dois anos, a enfermidade tenha sido reconhecida de cura improvável. Nesse caso reverterão ao cônjuge enfermo, que não houver pedido a separação judicial, os remanescentes dos bens que levou para o casamento, e se o regime dos bens adotado pelo casal o permitir, a meação dos adquiridos na constância da sociedade conjugal.

De acordo com a lei, pode caracterizar a impossibilidade da comunhão de vida a ocorrência de algum dos seguintes motivos:

- adultério;
- tentativa de morte;
- sevícia ou injúria grave;
- abandono voluntário do lar conjugal, durante um ano contínuo;
- condenação por crime infamante;
- conduta desonrosa.

O juiz pode considerar outros fatos que tornem evidente a impossibilidade da vida em comum.

Do fim do casamento decorrerão responsabilidades e obrigações para as partes, tais como:

- divisão dos bens havidos em comum ou em conformidade com o regime de bens adotados no casamento;
- guarda dos filhos;
- prestação de alimentos.

158   Instituições de Direito

Decorrido um ano do trânsito em julgado da sentença que houver decretado a separação judicial, ou da decisão concessiva da medida cautelar de separação de corpos, qualquer das partes poderá requerer sua conversão em divórcio. A conversão em divórcio da separação judicial dos cônjuges será decretada por sentença, da qual não constará referência à causa que a determinou. O divórcio poderá ser requerido, por um ou por ambos os cônjuges, no caso de comprovada separação de fato por mais de dois anos, e pode ser concedido sem que haja prévia partilha de bens.

4.3.2 União estável[66]

As modificações apontadas e discutidas por duas décadas eram necessárias, mas, ao ser editada tal lei, muitas dessas alterações não refletiam a sociedade atual, como é o caso dos artigos referentes ao instituto da união estável, regulado apenas pelos arts. 1.723 a 1.727 do CC. Apesar de inovadores, já que tal assunto não constava do antigo Código, esses artigos não espelham a facilitação da união estável em casamento como é proposto no art. 226 do Texto Constitucional, mas apenas a reconhecem.

De acordo com os artigos citados, é reconhecida como entidade familiar a união estável entre o homem e a mulher, configurada na convivência pública, contínua e duradoura e estabelecida com o objetivo de constituição de família. A união estável não se constituirá se ocorrerem os impedimentos do art. 1.521 do CC, citados no item do casamento; não se aplicará a incidência do inciso VI no caso de a pessoa casada se achar separada de fato ou judicialmente. As causas suspensivas do art. 1.523 do CC não impedirão a caracterização da união estável. As relações pessoais entre os companheiros obedecerão aos deveres de lealdade, respeito e assistência, e de guarda, sustento e educação dos filhos. Na união estável, salvo contrato escrito entre os companheiros, aplica-se às relações patrimoniais, no que couber, o regime da comunhão parcial de bens. Poderá essa união converter-se em casamento, mediante pedido dos companheiros ao juiz e assento no registro civil. Importante mencionar que as relações não eventuais entre o homem e a mulher impedidos de casar constituem concubinato.

---

[66] SOUZA, L. C. União estável. *Revista da Faculdade de Direito Padre Anchieta*, ano IV, n. 6, p. 45-64, maio 2003.

Sílvio de Salvo Venosa, quanto à união estável, lembra que, apesar das leis existentes, do Novo Código Civil e do Texto Constitucional, muitas dúvidas persistem, e aduz:

> Impossível equacioná-las por completo em decorrência dessas normas imperfeitas e repletas de imprecisões. O legislador não foi claro, ou porque não soube, ou porque assim não desejou. Desse modo, é difícil sistematizar os direitos dos companheiros e, muito mais que isso, nos casos práticos será por vezes difícil harmonizar efeitos da união estável com efeitos do casamento, quando ambos se apresentam concomitante ou sucessivamente aos olhos do intérprete.[67]

Lembra esse autor que o legislador do CC optou por distinguir claramente o que se entende por união estável e por concubinato, não podendo mais essas expressões ser utilizadas como sinônimas. O termo *concubinato* fica reservado, na forma do art. 1.727 do CC, às relações não eventuais entre homem e mulher impedidos de casar, o que também não é uma expressão muito precisa. Trata-se da união sem casamento, impura ou adulterina.

É importante distinguir união estável de concubinato nessas respectivas compreensões, pois há consequências jurídicas diversas em cada um dos institutos. No concubinato podem ocorrer efeitos patrimoniais de uma sociedade de fato, sem que existam outros direitos dedicados exclusivamente à união estável, tratada muito proximamente como se matrimônio fosse. A entidade familiar reconhecida como tal é denominada *união estável*, conforme o art. 1.723 do CC.

O art. 1.726 do CC é um complemento ao dispositivo constitucional – art. 226, § 4º – ao dispor que "a união estável poderá converter-se em casamento, mediante pedido dos companheiros ao juiz e assento no registro civil".

Essa conversão em casamento, lembra Venosa,

> [...] não prescinde e depende, é evidente, dos procedimentos preliminares e do processo de habilitação regular. Por essa razão, esse artigo e os demais que o precederam com o mesmo sentido são inócuos e nada acrescentam. Sentido haveria na disposição que dispensasse alguns dos procedimentos prévios para a realização do casamento ou se estabelecesse regras patrimoniais retroativas ao termo inicial da união estável, o que não ocorre entre nós.[68]

---

[67] VENOSA, S. S. *Direito civil*: direito de família. São Paulo: Atlas, 2003a. p. 450-451.
[68] VENOSA, 2003a, p. 453.

160   Instituições de Direito

Porém, salienta-se que o Código Civil não exigiu prazo mínimo de convivência para a caracterização da união estável como se fez no passado. Ainda, é importante ressaltar que o Código não revogou as Leis n. 8.971/1994[69] e n. 9.278/1996.[70]

A Lei n. 8.971, de 29/12/1994, publicada em 30/12/1994, veio a regular o direito a alimentos entre os companheiros, bem como os direitos sucessórios. A referida lei regula o assunto preceituando que:

> A companheira comprovada de um homem solteiro, separado judicialmente, divorciado ou viúvo, que com ele viva há mais de 5 anos, ou dele tenha prole, poderá valer-se do disposto na lei que regula a prestação alimentar (Lei 5.478/1968), enquanto não constituir nova união e desde que prove a necessidade.[71]

Pela análise do art. 1º da Lei 8.971/1994, infere-se que alguns requisitos terão que concorrer para que se obtenha o benefício da prestação alimentar. São eles:

- convivência mínima de 5 anos;
- homem ou mulher devem ser solteiros, separados judicialmente, divorciados ou viúvos;
- o pretendente deve provar a necessidade de receber alimentos (vale acrescentar aqui que tenha o alimentante possibilidade de prestar alimentos, devem ser conjugados os verbos necessitar e poder, embora o texto legal não o diga expressamente). Estes serão fornecidos enquanto o beneficiário não constituir nova união. Saliente-se que o direito em questão abrange homens e mulheres, desde que preencham os pressupostos legais.

Estatui o art. 2º, III da mesma Lei n. 8971/1994, que, na ausência de ascendentes ou descendentes o(a) companheiro sobrevivente herdará a totalidade da herança. Finalmente prescreve a lei, que, quanto aos bens deixados pelo autor (a) da herança resultarem de atividade em que haja colaboração do companheiro(a) , terá o sobrevivente direito a metade de seus bens.

A Lei n. 9.278/1996, no seu art. 1º, preceitua que é reconhecida como entidade familiar a convivência duradoura, pública e contínua, de um homem e uma mulher, estabelecida com o objetivo de constituição de família.

---

[69] BRASIL. *Lei n. 8.971, de 29 de dezembro de 1994.* Regula o direito dos companheiros a alimentos e à sucessão. Disponível em: http://www.planalto.gov.br/ccivil_03/LEIS/L8971.htm. Acesso em: 15 jul. 2019.

[70] BRASIL. *Lei n. 9.278, de 10 de maio de 1996.* Regula o § 3º do art. 226 da Constituição Federal. Disponível em: http://www.planalto.gov.br/ccivil_03/LEIS/L9278.htm. Acesso em: 15 jul. 2019.

[71] BRASIL, 1994.

CAPÍTULO 4 | DIREITO CIVIL   161

Essa lei estabeleceu como direitos e deveres iguais dos conviventes:

- o respeito e consideração mútuos;
- assistência moral e material recíproca;
- guarda, sustento e educação dos filhos comuns (art. 2º da Lei 9.278/1996).

Presumem-se frutos do trabalho e da colaboração comum, pertencentes em condomínio aos conviventes, os bens móveis ou imóveis, por eles adquiridos a título oneroso, na constância da união estável. Essa presunção só pode ser afastada por estipulação escrita (art. 5º da Lei 9.278/1996), que, acredita-se, poderá ser instrumentalizada a qualquer momento, sendo essencial o instrumento público se na pactuação estiverem envolvidos bens imóveis. Da mesma forma, salvo estipulação escrita, a administração dos bens comuns cabe a ambos os conviventes.

O art. 5º, § 1º da Lei 9.278/1996, deixa claro que não se comunicam os bens adquiridos por um convivente na constância da união estável, como produto de bens existentes anteriormente à união.

Dissolvida a união estável por rescisão, ao convivente que deles necessitar, serão prestados alimentos (art. 7º da Lei 9.278/1996), naturalmente enquanto não constituir nova união ou contrair casamento.

Dissolvida pela morte, o convivente supérstite terá o direito real de habitação vitalício relativamente ao imóvel destinado a residência da família, direito que se desconstituirá na hipótese de constituição de nova união ou casamento (art. 7º, § único da Lei 9.278/1996).

Essa lei estabeleceu que os conviventes, de comum acordo e a qualquer tempo, poderão requerer ao Oficial do Registro Civil da circunscrição de seu domicílio a conversão da união estável em casamento (art. 8º da Lei 9.278/1996).

A Lei n. 9.278/1996, inovou ao conferir a essas questões a competência exclusiva do juízo da família – Vara de Família,[72] assegurado o segredo de justiça (art. 9º), e não mais o cível, para proteger os direitos oriundos da livre união. É de se aceitar, então, realidade da diversidade familiar. Nada mais justo, já que se defende a família qualquer que seja sua forma de constituição.

---

[72] Antes dessa lei, eram inúmeros os processos pendentes da competência, destaca-se: *JTJ – Volume 178 – Página 259:* "COMPETÊNCIA – Alimentos – Causa decorrente de concubinato – Competência do Juízo da Família e das Sucessões – Interpretação do artigo 226, caput, e § 3º, da Constituição da República, e da Lei Federal n. 8.971, de 1994 – Conflito procedente e competente o Juízo suscitado."

4.3.3 Relações de parentesco

São *parentes em linha reta* as pessoas que estão umas para com as outras na relação de ascendentes e descendentes.

São *parentes em linha colateral ou transversal*, até o quarto grau, as pessoas provenientes de um só tronco, sem descenderem uma da outra.

O parentesco é *natural ou civil* conforme resulte de consanguinidade ou outra origem. Contam-se na linha reta os graus de parentesco pelo número de gerações, e, na colateral, também pelo número delas, subindo de um dos parentes até o ascendente comum, e descendo até encontrar o outro parente, de acordo com a Figura 4.1.

FIGURA 4.1 Parentesco legal

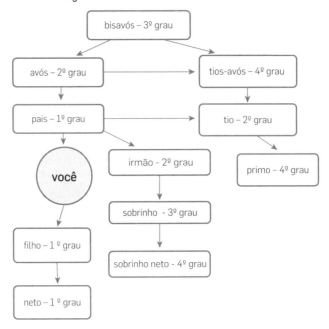

Fonte: elaborada pela autora.

Cada cônjuge ou companheiro é aliado aos parentes do outro pelo vínculo da afinidade. O *parentesco por afinidade* limita-se aos ascendentes, aos descendentes e aos irmãos do cônjuge ou companheiro.

Na linha reta, a afinidade não se extingue com a dissolução do casamento ou da união estável.

Leitor, isso significa que não há ex-sogra ou ex-sogro!

4.3.3.1 Da filiação

Estabelece a CF/1988:[73]

> Art. 227. [...]
> § 6º Os filhos, havidos ou não da relação do casamento, ou por adoção, terão os mesmos direitos e qualificações, proibidas quaisquer designações discriminatórias relativas à filiação.

De acordo com o atual Código Civil, não haverá qualquer diferenciação entre os filhos, sejam eles havidos ou não da relação de casamento, ou por adoção, terão os mesmos direitos e qualificações, proibidas quaisquer designações discriminatórias relativas à filiação.

A adoção de crianças e adolescentes será deferida na forma prevista pelo ECA.[74] E a adoção de maiores de 18 anos dependerá da assistência efetiva do poder público e de sentença constitutiva, aplicando-se, no que couber, as regras gerais do ECA.

4.3.4 Poder familiar

Antes da CF/1988, no antigo CC de 1916,[75] havia a figura jurídica do "pátrio poder". O pai era considerado o cabeça do casal, a ele cabendo o poder sobre os filhos.

Porém, atualmente, segundo o CC de 2002,[76]

> Art. 1.630. Os filhos estão sujeitos ao poder familiar, enquanto menores.

Durante o casamento e a união estável, compete o poder familiar aos pais; na falta ou impedimento de um deles, o outro o exercerá com exclusividade. Divergindo os pais quanto ao exercício do poder familiar, é assegurado a qualquer deles recorrer ao juiz para solução do desacordo.

---

[73] BRASIL, 1988.
[74] BRASIL, 1990.
[75] BRASIL, *Lei n. 3.071, de 1º de janeiro de 1916*. Código Civil dos Estados Unidos do Brasil. Regogada pela Lei n. 10.406, de 2002. Disponível em: http://www.planalto.gov.br/ccivil_03/leis/L3071.htm. Acesso em 5 set. 2019.
[76] BRASIL, 2002.

A separação judicial, o divórcio e a dissolução da união estável não alteram as relações entre pais e filhos senão quanto ao direito, que aos primeiros cabe, de ter em sua companhia os segundos.

O filho, não reconhecido pelo pai, fica sob poder familiar exclusivo da mãe; se a mãe não for conhecida ou capaz de exercê-lo, será designado um tutor ao menor.

Com a constitucionalização do direito de família, desde 1988 compete a ambos os pais, qualquer que seja sua situação conjugal, o pleno exercício do poder familiar, que consiste em, quanto aos filhos:

- dirigir-lhes a criação e a educação;
- exercer a guarda unilateral ou compartilhada nos termos do art. 1.584 do CC;
- conceder-lhes ou negar-lhes consentimento para casarem;
- conceder-lhes ou negar-lhes consentimento para viajarem ao exterior;
- conceder-lhes ou negar-lhes consentimento para mudarem sua residência permanente para outro Município;
- nomear-lhes tutor por testamento ou documento autêntico, se o outro dos pais não lhe sobreviver, ou o sobrevivo não puder exercer o poder familiar;
- representá-los judicial e extrajudicialmente até os 16 anos, nos atos da vida civil, e assisti-los, após essa idade, nos atos em que forem partes, suprindo-lhes o consentimento;
- reclamá-los de quem ilegalmente os detenha;
- exigir que lhes prestem obediência, respeito e os serviços próprios de sua idade e condição.

Extingue-se o poder familiar:

- pela morte dos pais ou do filho;
- pela emancipação, pela maioridade;
- pela adoção;
- por decisão judicial, na forma do art. 1.638 do CC.

Se o pai ou a mãe contrair novas núpcias, ou estabelecer união estável, não perde, quanto aos filhos do relacionamento anterior, os direitos ao poder familiar, exercendo-os sem qualquer interferência do novo cônjuge ou companheiro. Igual preceito aplica-se ao pai ou à mãe solteiros que casarem ou estabelecerem união estável.

Se o pai ou a mãe abusar de sua autoridade, faltando aos deveres a eles inerentes ou arruinando os bens dos filhos, cabe ao juiz, requerendo algum parente, ou o Ministério Público, adotar a medida que lhe pareça reclamada pela segurança do menor e seus haveres, até suspendendo o poder familiar, quando convenha.

Suspende-se igualmente o exercício do poder familiar ao pai ou à mãe condenados por sentença irrecorrível, em virtude de crime cuja pena exceda a dois anos de prisão.

E perderá por ato judicial o poder familiar o pai ou a mãe que:

- castigar imoderadamente o filho;
- deixar o filho em abandono;
- praticar atos contrários à moral e aos bons costumes;
- incidir, reiteradamente, nas faltas previstas no art. 1.637 do CC; e
- entregar de forma irregular o filho a terceiros para fins de adoção.

4.3.4.1 Da proteção dos filhos

Com relação à guarda dos filhos em caso de separação ou divórcio dos pais, a guarda será unilateral ou compartilhada, conforme disciplinam os arts. 1.583 a 1.590 do CC.

Compreende-se por guarda unilateral a atribuída a um só dos genitores ou a alguém que o substitua (art. 1.584, § 5º, do CC) e, por guarda compartilhada a responsabilização conjunta e o exercício de direitos e deveres do pai e da mãe que não vivam sob o mesmo teto, concernentes ao poder familiar dos filhos comuns. Na guarda compartilhada, a cidade considerada base de moradia dos filhos será aquela que melhor atender aos interesses dos filhos.

4.3.5 Dos alimentos

Os arts. 1.694 a 1.710 do CC disciplinam os alimentos, ou seja, a necessidade de um parente prestar auxílio a outro que necessite, nos termos de sua responsabilidade legal.

Outrossim, a CF/1988[77] consagra que:

> Art. 229. Os pais têm o dever de assistir, criar e educar os filhos menores, e os filhos maiores têm o dever de ajudar e amparar os pais na velhice, carência ou enfermidade.

---

[77] BRASIL, 1988.

Podem os parentes, os cônjuges ou companheiros pedir uns aos outros os alimentos de que necessitem para viver de modo compatível com sua condição social, inclusive para atender às necessidades de sua educação.

Os alimentos devem ser fixados na proporção das necessidades do reclamante e dos recursos da pessoa obrigada.

Importa ressaltar que essa obrigação não está limitada entre os cônjuges ou pais para filhos, mas se estende também dos filhos para os pais. Tampouco se refere somente a "comida", mas compreende tudo o que for necessário para viver com dignidade, como vestuário, educação, saúde etc.

Just e você, leitor, sabiam que seus avós podem processar seus pais para pedir alimentos, e que no futuro seus pais poderão fazer o mesmo (processando você), se necessitarem de apoio econômico para viverem?

4.3.6 Bem de família

Estabelece o Código Civil:[78]

> Art. 1.711. Podem os cônjuges, ou a entidade familiar, mediante escritura pública ou testamento, destinar parte de seu patrimônio para instituir bem de família, desde que não ultrapasse um terço do patrimônio líquido existente ao tempo da instituição, mantidas as regras sobre a impenhorabilidade do imóvel residencial estabelecida em lei especial.
>
> Parágrafo único. O terceiro poderá igualmente instituir bem de família por testamento ou doação, dependendo a eficácia do ato da aceitação expressa de ambos os cônjuges beneficiados ou da entidade familiar beneficiada.

Os arts. 1.711 a 1.722, regulamentados pela Lei n. 8.009/1990,[79] dispõem que o bem de família consistirá em prédio residencial urbano ou rural, com suas pertenças e acessórios, destinando-se em ambos os casos a domicílio familiar, e poderá abranger valores mobiliários, cuja renda será aplicada na conservação do imóvel e no sustento da família. Deve ser averbado como tal na matrícula do imóvel no cartório de registro de imóveis, segundo a Lei n. 6.015/1973.[80]

---

[78] BRASIL, 2002.
[79] BRASIL, 1990.
[80] BRASIL, 1973.

De acordo com o art. 1º da Lei n. 8.009/1990,[81] o imóvel residencial próprio do casal, ou da entidade familiar, é impenhorável e não responderá por qualquer tipo de dívida civil, comercial, fiscal, previdenciária ou de outra natureza, contraída pelos cônjuges ou pelos pais ou filhos que sejam seus proprietários e nele residam, salvo nas hipóteses previstas nesta lei. A impenhorabilidade compreende o imóvel sobre o qual se assentam a construção, as plantações, as benfeitorias de qualquer natureza e todos os equipamentos, inclusive os de uso profissional, ou móveis que guarnecem a casa, desde que quitados. Excluem-se da impenhorabilidade os veículos de transporte, obras de arte e adornos suntuosos.

Visando proteger o imóvel que abriga a família, a lei declara que a dissolução da sociedade conjugal não extingue o bem de família. Porém, dissolvida a sociedade conjugal pela morte de um dos cônjuges, o sobrevivente poderá pedir a extinção do bem de família, se for o único bem do casal. Extingue-se, igualmente, o bem de família com a morte de ambos os cônjuges e a maioridade dos filhos, desde que não sujeitos a curatela.

4.3.7 Tutela e curatela

4.3.7.1 Tutela

A tutela se estabelece de acordo com os arts. 1.728 a 1.766 do CC, relacionada aos filhos menores na ocorrência do falecimento dos pais, ou sendo estes julgados ausentes, e no caso de os pais decaírem do poder familiar.

Esse instituto é de grande importância para os atos civis do menor, que precisará ser representado até os 16 anos de idade e assistido dos 16 aos 18 anos.

O tutor poderá ser nomeado em testamento pelos pais, desde que detentores do poder familiar. Na ausência de nomeação, incumbe a tutela aos parentes consanguíneos do menor, na seguinte ordem:

• aos ascendentes, preferindo o de grau mais próximo ao mais remoto;
• ou aos colaterais até o terceiro grau, preferindo os mais próximos aos mais remotos e, no mesmo grau, os mais velhos aos mais moços;

Em qualquer dos casos, o juiz escolherá dentre eles o mais apto a exercer a tutela em benefício do menor.

---

[81] BRASIL, 1990.

O juiz nomeará tutor idôneo e residente no domicílio do menor em casos específicos:

- quando não houver tutor testamentário ou legítimo;
- quando estes forem excluídos ou escusados da tutela;
- quando removidos por não idôneos o tutor legítimo e o testamentário.

Vale ressaltar que aos irmãos órfãos será dado um só tutor. No caso de ser nomeado mais de um tutor por disposição testamentária sem indicação de precedência, entende-se que a tutela foi atribuída ao primeiro e que os outros lhe sucederão pela ordem de nomeação se ocorrer morte, incapacidade, escusa ou qualquer outro impedimento.

Ainda, quem institui um menor herdeiro, ou legatário seu, poderá nomear-lhe curador especial para os bens deixados, ainda que o beneficiário se encontre sob o poder familiar, ou tutela.

As crianças e os adolescentes cujos pais forem desconhecidos, falecidos ou que tiverem sido suspensos ou destituídos do poder familiar terão tutores nomeados pelo juiz ou serão incluídos em programa de colocação familiar, na forma prevista no ECA.

No CC encontram-se dispositivos relativos a quem pode ser tutor, sobre a escusa de exercer tal função, bem como as obrigações do tutor relativas à educação, gestão de patrimônio etc.

Por fim, a tutela cessará quando se der a maioridade ou a emancipação do menor, e nos casos de reconhecimento ou adoção do menor que ficará sujeito a poder familiar.

Cessam as funções do tutor ao expirar o termo em que era obrigado a servir, ou ao sobrevir escusa legítima, ou ao ser removido.

4.3.7.2 Curatela

Os arts. 1.767 a 1.783 do CC disciplinam a curatela, destinada a nomear um curador para:

- aqueles que, maiores de idade, por causa transitória ou permanente, não puderem exprimir sua vontade;
- os ébrios habituais e os viciados em tóxico;
- os pródigos, que não têm condições para gerir seu patrimônio.

A nomeação é judicial, e esse rol é taxativo, permitindo que situações similares possam ser enquadradas nele.

A Lei n. 13.146/2015[82] – Lei Brasileira de Inclusão da Pessoa com Deficiência, conhecida como Estatuto da Pessoa com Deficiência, alterou o art. 1.767 do CC. No caso dos que, por causa transitória ou permanente, não puderem exprimir sua vontade, a curatela será definida de acordo com a comprovação médica, considerando as condições ou estados psicológicos, verificando se reduzem a capacidade de discernimento acerca da vida do enfermo. Quanto aos ébrios habituais e aos viciados em tóxicos, o discernimento é tido como reduzido, pois não se trata de uso eventual de determinadas substâncias, mas do uso continuado, comprometendo o raciocínio do usuário. No caso dos pródigos, em razão de sua incapacidade de gerir seus bens, deverá ser averiguado esse desvio comportamental, não bastando os gastos para sua verificação. Nesse caso, pode ser que a interdição seja parcial, relacionada somente para realizar negócios que envolvam o patrimônio da pessoa.

A curatela é estabelecida por meio de um processo de interdição, provando nos autos processuais a causa geradora da incapacidade para que, na sentença, o juiz possa estabelecer o grau da incapacidade, pois nem sempre ela será absoluta; o juiz nomeará um curador, que exercerá a curatela. Esse curador será, de acordo com o CC, preferencialmente, o cônjuge ou companheiro do interditando, ou um dos parentes mais próximos (ascendente, descendente ou colateral). Caberá ao juiz verificar quem possui melhores condições de exercer o encargo e quem mantém uma relação de afeto e afinidade com o incapaz (ou relativamente incapaz). O curador terá a obrigação de administrar os bens do curatelado e de prestar contas a cada dois anos (ou a critério do juiz) por meio de um relatório contábil com os comprovantes das despesas. Verificada qualquer irregularidade, ele poderá ser destituído do encargo, providenciando-se a sua substituição.[83]

Por fim, o art. 1.783-A do CC apresenta uma figura nova à qual, no que couber, serão aplicadas as disposições referentes à prestação de contas na curatela. Trata-se da *tomada de decisão apoiada*, o processo pelo qual a pessoa com deficiência elege pelo menos duas pessoas idôneas, com as quais mantenha vínculos e que gozem de sua confiança, para prestar-lhe apoio na tomada de decisão sobre atos da vida civil, fornecendo-lhes os elementos e informações necessários para que possa exercer sua capacidade.

Para formular pedido de tomada de decisão apoiada, a pessoa com deficiência e os apoiadores devem apresentar termo em que constem os limites do apoio a ser

---

[82] BRASIL, 2015.

[83] FARIAS, C. C.; ROSENVALD, N. *Curso de direito civil:* famílias. 6. ed. Salvador: Juspodivm, 2014. *passim.*

oferecido e os compromissos dos apoiadores, inclusive o prazo de vigência do acordo e o respeito à vontade, aos direitos e aos interesses da pessoa que devem apoiar. O pedido de tomada de decisão apoiada será requerido pela pessoa a ser apoiada, com indicação expressa das pessoas aptas a prestar o apoio. Antes de se pronunciar sobre o pedido de tomada de decisão apoiada, o juiz, assistido por equipe multidisciplinar, após oitiva do Ministério Público, ouvirá pessoalmente o requerente e as pessoas que lhe prestarão apoio.

A decisão tomada por pessoa apoiada terá validade e efeitos sobre terceiros, sem restrições, desde que esteja inserida nos limites do apoio acordado. O terceiro com quem a pessoa apoiada mantenha relação negocial pode solicitar que os apoiadores contra-assinem o contrato ou acordo, especificando, por escrito, sua função em relação ao apoiado. Em caso de negócio jurídico que possa trazer risco ou prejuízo relevante, havendo divergência de opiniões entre a pessoa apoiada e um dos apoiadores, deverá o juiz, ouvido o Ministério Público, decidir sobre a questão. Se o apoiador agir com negligência, exercer pressão indevida ou não adimplir as obrigações assumidas, poderá a pessoa apoiada ou qualquer interessado apresentar denúncia ao Ministério Público ou ao juiz. Se for procedente a denúncia, o juiz destituirá o apoiador e nomeará, ouvida a pessoa apoiada e se for de seu interesse, outra pessoa para prestação de apoio. A pessoa apoiada pode, a qualquer tempo, solicitar o término de acordo firmado em processo de tomada de decisão apoiada. Da mesma forma, o apoiador pode solicitar ao juiz a exclusão de sua participação do processo de tomada de decisão apoiada, sendo seu desligamento condicionado à manifestação do juiz sobre a matéria.

4.4 DIREITO DAS SUCESSÕES

Os arts. 1.784 a 2.027 do CC disciplinam o direito das sucessões, que pode ser conceituado como o conjunto de princípios e normas que regem a transferência da herança ou do legado, ao herdeiro ou legatário, em razão da morte.

O direito das sucessões fundamenta-se no *princípio da perpetuidade da propriedade,* consubstanciada em sua transmissibilidade *post mortem.*

Sobre isso, estabelece o CC:[84]

---
[84] BRASIL, 2002.

> Art. 1784. Aberta a sucessão, a herança transmite-se, desde logo, aos herdeiros legítimos e testamentários.

Ou seja, no momento da morte dá-se a abertura da sucessão, e os herdeiros passam a ser responsáveis pelo patrimônio deixado pelo falecido.

A lei disciplina duas formas de sucessão:

1. a legítima (vocação hereditária do art. 1.829 do CC);[85]
2. a testamentária.

> Art. 1829. A sucessão legítima defere-se na ordem seguinte:
>
> I – aos descendentes, em concorrência com o cônjuge sobrevivente, salvo se casado este com o falecido no regime da comunhão universal, ou no da separação obrigatória de bens (art. 1.640, parágrafo único); ou se, no regime da comunhão parcial, o autor da herança não houver deixado bens particulares;
>
> II – aos ascendentes, em concorrência com o cônjuge;
>
> III – ao cônjuge sobrevivente;
>
> IV – aos colaterais.

Determina o CC que os herdeiros legítimos podem ser:

• necessários: descendentes, ascendentes e cônjuge;
• facultativos: companheiros e colaterais até quarto grau; e,
• universal: o que recebe a totalidade da herança.

Herança: é o patrimônio deixado pelo morto; é o direito sucessório, cujo fato gerador é a morte do titular do patrimônio.

Meação: é o patrimônio comunicável durante o casamento; é o direito oriundo do matrimônio, que pode ser reconhecido em vida, quando houver separação judicial ou divórcio. A meação varia conforme o regime de bens.

---

85 BRASIL, 2002.

172 Instituições de Direito

No caso de ausência de herdeiros, a herança irá para o Município ou Distrito Federal, ou a União (art. 1.844 do CC), mas sua condição como herdeiro é muito questionada: para alguns é herdeiro, para outros não se trata de herdeiro.

Nessa regra sucessória, os descendentes de primeira classe são os filhos; de segunda: os netos; de terceira: os bisnetos, e assim por diante. Eles sucedem de duas formas:

1. por direito próprio ou por cabeça;
2. por representação ou estirpe.

> » **Por direito próprio ou por cabeça:** todos os herdeiros se acham no mesmo grau.

Exemplo 1: Josiclei teve 13 filhos, todos vivos quando de seu falecimento, de modo que a herança é dividida em 13 partes iguais.

Exemplo 2: Josualdo teve dois filhos, **A** e **B**, *ambos falecidos antes dele.*

O filho **A** deixou três filhos (netos); o filho **B**, um filho (neto).

Ao todo são quatro netos, de modo que a herança é dividida em quatro partes iguais.

> » **Por representação ou estirpe:** descendente de grau inferior concorre à sucessão com o de grau superior em razão de premoriência, concorrência, indignidade, ausência e, para alguns autores, também a deserdação.

Exemplo 3: se Josildo deixa dois filhos vivos, **A** e **B**, e dois netos, **X** e **Y**, descendentes de um terceiro filho, **C**, premorto; a herança será dividida assim: 1/3 para **A**; 1/3 para **B**; e 1/3 para **X** e **Y** (sendo 1/6 para cada um deles).

Em regra, a sucessão se dá quando o herdeiro mais próximo exclui o mais remoto. Assim, herdam por direito próprio ou por cabeça os parentes mais próximos do *de cujus*, ao passo que no direito de representação ou sucessão indireta, ou por estirpe, o parente mais remoto, de grau inferior, concorre à sucessão com o mais próximo, de grau superior.

Exemplo 4: Jostinei morre e deixa um filho vivo (**A**) e outro já falecido (**B**), que por sua vez deixou dois filhos (B1 e B2).

A herança será dividida da seguinte forma: metade para o filho A e metade para os netos B1 e B2, sendo ¼ para cada um deles.

No caso dos ascendentes, os mais próximos excluem os mais remotos. Não há direito de representação.

Tratando-se de filiação adotiva, a herança é deferida aos pais adotivos e demais ascendentes da linha adotante. Os pais biológicos nada herdam, *porque a adoção extingue os vínculos com a família de sangue.*

Na hipótese de morte de filho não reconhecido, o pai que não o reconheceu nada herdará. Só poderá efetuar o reconhecimento *post mortem* se o filho tiver deixado ascendentes (art. 1.609, parágrafo único, do CC).

No caso de cônjuge sobrevivente, algumas hipóteses legais são listadas:

- em falta de descendentes e ascendentes, qualquer que seja o regime de bens, será deferida a sucessão por inteira ao cônjuge sobrevivente;
- na hipótese de anulação do casamento, o cônjuge sobrevivente pode ainda herdar, desde que presentes dois requisitos: reconhecimento judicial de sua boa-fé (casamento putativo) e anulação posterior à morte do outro.
- o CC inovou na sucessão do cônjuge, admitindo sua *concorrência com os descendentes*, em determinados regimes de bens (art. 1.829, I, do CC). Havendo descendentes, caberá ao cônjuge quinhão igual ao dos que sucederam por cabeça, *não podendo sua quota ser inferior à quarta parte da herança*, se for ascendente dos herdeiros com que concorrer (art. 1.832 do CC).

Exemplo 5: se Jost deixa esposa e dois filhos, ficará 1/3 para cada um; se deixa esposa e dez filhos, 1/4 da herança vai para a esposa, e o restante é dividido por cabeça entre os filhos.

Ainda sobre o cônjuge sobrevivente, de acordo com o art. 1.829, I, do CC, deve ser observado o regime de casamento. Se for casado no regime de comunhão universal ou no de separação obrigatória de bens, é excluído da herança. Mas, se for regime de comunhão parcial, o cônjuge só concorrerá com os descendentes em relação aos bens particulares; dos demais é meeiro.

Na *falta de descendentes, são chamados à sucessão os ascendentes*, em concorrência com o cônjuge sobrevivente, qualquer que seja o regime de bens.

Exemplo: se Josualdo deixar pai, mãe e esposa, a cada um caberá 1/3 da herança.

O art. 1.831 do CC contempla ainda o cônjuge, qualquer que seja o regime de bens, sem prejuízo da participação que lhe caiba na herança, com o direito real da habitação relativamente ao imóvel destinado à residência da família. No CC não há previsão da perda desse direito pelo fato de o cônjuge supérstite contrair novo casamento.

No caso da sucessão da companheira ou companheiro, o art. 1.790 do CC determina que o companheiro participará da sucessão do outro, quanto aos bens adquiridos onerosamente na vigência da união estável, nas condições dispostas no referido artigo. E, conforme art. 1.725 do CC, o(a) companheiro(a), além de meeiro, figura também como herdeiro.

O *concubinato adulterino ou incestuoso não produz efeitos sucessórios*, mas a legislação reconhece a validade da união estável quando a pessoa casada se achar separada de fato ou judicialmente (§ 1º do art. 1.723 do CC). Quanto ao direito de habitação da Lei n. 9.278/1996, o CC é omisso, podendo ocorrer, e cessando esse direito com a morte ou então o casamento ou união estável.

Para que o herdeiro seja habilitado como tal, deve aceitar a herança. De acordo com a lei, há três formas de aceitação da herança:

- **aceitação expressa:** o herdeiro declara por escrito, público ou particular, o desejo de receber a herança. Não se admite aceitação verbal;
- **aceitação tácita:** o herdeiro pratica ato positivo revelador do desejo de receber a herança;
- **aceitação presumida:** o herdeiro permanece silente diante da notificação judicial, que lhe fixa o prazo de 20 a 30 dias para aceitar ou repudiar a herança. O silêncio implica aceitação, que poder se direta ou indireta.

Caso não tenha interesse nos bens deixados pelo falecido a lei faculta a renúncia da herança como um ato unilateral pelo qual o herdeiro abdica de seus direitos sucessórios. Trata-se de ato solene, que depende de escritura pública ou termo nos autos do inventário. Não se admite renúncia tácita ou presumida. A renúncia deve ser feita pelo próprio herdeiro ou por mandatário revestido de poderes especiais e expressos.

Entretanto, há situações em que um herdeiro é considerado indigno, como no caso de ter atentado contra a vida do pai, por exemplo. Nesse caso, é possível que, por ocasião do falecimento do pai, os outros herdeiros promovam uma ação de indignidade contra este herdeiro.

Essa ação só pode ser proposta por quem tem interesse na sucessão, isto é, quem obtém um ganho com a exclusão do indigno. O credor desse herdeiro também pode ajuizar a ação. O Município também, desde que a herança se torne jacente com a exclusão do indigno. *Se ninguém propuser a ação, o indigno herdará*, sendo vedado ao Ministério Público propô-la, uma vez que o interesse é eminentemente de caráter privado.

A morte do indigno impede a propositura da ação. Se ele morrer no curso do processo, este deve ser extinto sem julgamento de mérito, pois a indignidade é uma pena e esta não deve passar além do criminoso. Trata-se de ação personalíssima, com prazo para propositura de quatro anos a contar da abertura da sucessão. Com o trânsito em julgado da sentença de reconhecimento da indignidade, operam-se os seguintes efeitos:

- o indigno é excluído da sucessão e obrigado a restituir os frutos percebidos da herança;
- se o indigno for herdeiro legítimo, seus descendentes herdarão por representação, como se morto fosse. Trata-se de resquício da morte civil;
- se não houver herdeiros, a quota irá para os demais herdeiros da mesma classe;
- se o indigno for herdeiro testamentário ou legatário, não haverá direito de representação, o indigno não terá direito ao usufruto e à administração dos bens que couberem a seus filhos ou a sucessão eventual desses bens.

Os bens excluídos do indigno são chamados de *ereptícios*. Porém, o indigno tem direito à indenização pelas despesas feitas para conservação dos bens.

Muito se fala em filmes e novelas sobre *deserdação*, então vale estabelecer a distinção entre *indignidade* e deserdação, embora ambas dependam de sentença judicial e todas as causas de indignidade também sejam causas de deserdação.

- A *indignidade* é extensiva a qualquer herdeiro, legitimo ou testamentário, e também aos legatários, e é cominada pela lei.
- A *deserdação* é restrita apenas aos herdeiros necessários (descendentes e ascendentes), a lei não prevê a deserdação do cônjuge; é ato de vingança do testador.

O testamento, por si só, é insuficiente para deserdar o herdeiro necessário. Após a morte do testador, dentro do prazo de quatro anos, os interessados ou herdeiros devem propor *ação de deserdação*, demonstrando a veracidade da causa constante no testamento.

O *testamento* é o ato pelo qual alguém dispõe dos bens para depois de sua morte, ou determina a própria vontade sobre certas situações de ordem estritamente pessoal ou moral, e possui como características ser um ato:

- unilateral;
- gratuito;
- unipessoal;
- solene;
- revogável;
- *causa mortis;*
- personalíssimo.

O testamento tem conteúdo patrimonial, servindo para a disposição dos bens, como também para fins extrapatrimoniais, por exemplo, para:

- reconhecimento de filho (art. 1.609 do CC);
- nomeação de tutor para filho menor (art. 1.729, parágrafo único, do CC);
- perdão do indigno (art. 1.818 do CC);
- deserdação do herdeiro (art. 1.964 do CC);
- nomeação de testamenteiro (art. 1.976 do CC).

4.5 DIREITO DE VIZINHANÇA

 Atendendo ao pedido do Just e de muitos alunos que perguntam sobre o direito de vizinhança em razão das festas nas repúblicas e reclamações dos vizinhos, faremos uma exposição sucinta sobre o tema.

Os arts. 1.277 a 1.313 do CC discorrem sobre o chamado direito de vizinhança, tratando desde o uso anormal da propriedade, árvores limítrofes, passagem forçada, passagem de canos e tubulação, águas, limites entre prédios e o direito de tapagem, até o direito de construir. Para atender à demanda, falaremos somente do uso anormal da propriedade no direito civil, correlacionando-o com o crime de perturbação do sossego e o crime ambiental de poluição, sonora descrito na Lei dos Crimes Ambientais (Lei n. 9.605/1998).[86]

---

[86] BRASIL. Lei n. 9.605, de 12 de fevereiro de 1998. Dispõe sobre as sanções penais e administrativas derivadas de condutas e atividades lesivas ao meio ambiente, e dá outras providências. Disponível em: http://www.planalto.gov.br/ccivil_03/leis/l9605.htm. Acesso em: 15 jul. 2019.

> Art. 1.277 do CC. O proprietário ou o possuidor de um prédio tem o direito de fazer cessar as interferências prejudiciais à segurança, ao sossego e à saúde dos que o habitam, provocadas pela utilização de propriedade vizinha.
>
> Parágrafo único. Proíbem-se as interferências considerando-se a natureza da utilização, a localização do prédio, atendidas as normas que distribuem as edificações em zonas, e os limites ordinários de tolerância dos moradores da vizinhança.[87]

Na Lei das Contravenções Penais – Decreto-lei n. 3.688/1941, art. 42,[88] há previsão de que causar perturbação ao trabalho ou ao sossego alheio, seja com gritaria ou algazarra, exercendo profissão incômoda ou ruidosa, em desacordo com as prescrições legais, abusando de instrumentos sonoros ou sinais acústicos e provocando ou não procurando impedir barulho produzido por animal de que tem a guarda, deve ser criminalizado, pois o causador do incômodo perturbou a paz pública, sendo passível de condenação por prisão simples, de 15 dias a três meses, ou multa. É importante ressaltar que no dispositivo legal não há horário estabelecido para que essas condutas sejam consideradas perturbação do sossego. Pode ser inclusive durante o dia.

Segundo a Lei dos Crimes Ambientais, incorre nas penas do art. 54, que regula a poluição sonora, quem causar poluição de qualquer natureza em níveis tais que resultem ou possam resultar em danos à saúde humana. Neste caso a pessoa estará sujeita a pena de reclusão de um a quatro anos e multa. Se o crime for culposo, a pena é reduzida para detenção, de seis meses a um ano, e multa.

Então, leitor, respeite as leis e seus vizinhos!
Vamos viver em paz!

---

[87] BRASIL, 2002.

[88] BRASIL. Decreto-lei n. 3.688, de 3 de outubro de 1941. Lei das Contravenções Penais. Disponível em: http://www.planalto.gov.br/ccivil_03/decreto-lei/Del3688.htm. Acesso em: 15 jul. 2019.

CAPÍTULO 5

DIREITO EMPRESARIAL

5.1 NOÇÕES INTRODUTÓRIAS DE DIREITO EMPRESARIAL

Depois que você aprendeu um pouco sobre direito, direito constitucional e civil, a lógica do sistema constitucional e algumas das questões cotidianas do direito civil, quero apresentar sucintamente o direito empresarial, ainda chamado impropriamente por alguns autores de direito comercial. Se você estuda Administração, deve estar curioso para saber mais sobre o tema, porém aqui somente serão apresentadas as noções introdutórias.

Sei que está na moda empreender, e que você, Just, assim como você, leitor, podem ter esse desejo, mas montar um negócio, escolher o melhor tipo societário ou ainda se tornar um empresário individual requer conhecimento legal e contábil. Falarei apenas sobre a questão legal, como primeiros passos para entender empresarial.

Começaremos por uma pergunta: — direito comercial ou direito empresarial?

A professora Gisele Pereira Leite nos ajudará a responder:

> Inegavelmente a expressão Direito Comercial se consagrou no mundo jurídico-acadêmico e profissional, sobretudo porque o comércio foi a atividade percussora do Direito. Mas, atualmente *o Direito Comercial não cuida apenas do comércio, ampliou seus horizontes para disciplinar toda a atividade econômica exercida profissionalmente*, com fim lucrativo e com finalidade de produzir e circular bens ou serviços. Então, hoje o Direito Comercial cuida de relações empresariais.[1]

Temos, então, o DIREITO EMPRESARIAL!

O direito empresarial abrange um conjunto variado de matérias, incluindo as obrigações dos empresários, as sociedades empresárias, os contratos especiais de comércio, os títulos de crédito, a propriedade intelectual, entre outras.

---

[1] LEITE, G. P. J. Fundamentos de direito empresarial. *Âmbito Jurídico*, Rio Grande, XVI, n. 114, jul. 2013. Disponível em: http://www.ambito-juridico.com.br/site/?n_link=revista_artigos_leitura&artigo_id=13463. Acesso em: 15 jul. 2019.

180 Instituições de Direito

Em um breve histórico mundial,[2] o comércio vem antes do direito comercial. Podemos apontar três fases nessa evolução:

- **1ª fase:** Idade Média – o direito comercial surge como o direito dos comerciantes;
- **2ª fase:** Idade Moderna – a teoria dos atos do comércio como critério delimitador no âmbito de incidência do regime jurídico comercial;
- **3ª fase:** Código Civil italiano de 1942 – a teoria da empresa como critério delimitador no âmbito de incidência do regime jurídico comercial, sendo vista a empresa como atividade econômica organizada.

No Brasil, temos a seguinte evolução histórica:

- as *Ordenações do Reino*, com a aplicação das leis de Portugal e a inspiração do direito estatutário italiano;
- o *Código Comercial de 1850*,[3] com inspiração do Código Napoleônico;
- a adoção da teoria dos atos de comércio;
- o Regulamento n. 737, de 1850,[4] que apresenta o rol de atos de comércio;
- o *Código Civil de 2002*,[5] com a transição da teoria dos atos de comércio para a *teoria da empresa*;
- a definição do empresário como aquele que exerce profissionalmente atividade econômica organizada.

O direito empresarial é um ramo jurídico especial de direito privado destinado à regulação das atividades econômicas e de seus agentes produtivos. Aplica-se aos agentes econômicos chamados de comerciantes, doravante denominados empresários individuais, e às sociedades empresárias.[6]

Assim, o direito empresarial é um ramo do direito privado especial que pode ser entendido como o conjunto de normas disciplinadoras da atividade negocial do empresário, e de qualquer pessoa, física ou jurídica, destinada a fins de natureza econômica, desde que habitual e dirigida à produção de bens ou serviços conducentes a resultados patrimoniais ou lucrativos, e que a exerça com a racionalidade própria

---

[2] RAMOS, A. L. S. C. *Direito empresarial esquematizado*. Rio de Janeiro-São Paulo: Forense-Método, 2012. p. 1-5.

[3] BRASIL, *Lei n. 556 de 25 de junho de 1850*. Código Comercial. Disponível em: http://www.planalto.gov.br/ccivil_03/LEIS/L0556-1850.htm. Acesso em 5 set. 2019. Revogada pela Lei 20.406, de 10 de janeiro de 2002.

[4] BRASIL. *Decreto n. 737, de 25 de novembro de 1850*. Determina a ordem do Juízo no Processo Comercial. Disponível em: http://www.planalto.gov.br/ccivil_03/decreto/historicos/dim/DIM0737.htm. Acesso em 5 set. 2019.

[5] BRASIL. *Lei n. 10.406, de 10 de janeiro de 2002*. Institui o Código Civil. Disponível em: http://www.planalto.gov.br/ccivil_03/leis/2002/l10406.htm. Acesso em: 15 jul. 2019.

[6] LEITE, 2013.

CAPÍTULO 5 | DIREITO EMPRESARIAL   181

de "empresa", sendo um ramo especial de direito privado, porque a empresa deve cumprir sua função social (art. 170, III, da Constituição Federal – CF/1988).[7]

Função social representa deveres e responsabilidades com a sociedade em geral, como emprego, salário, economia, proteção ao meio ambiente (não causar poluição) etc.

Podemos enumerar algumas das fontes do direito empresarial:

- normas empresariais;
- Código Comercial de 1850;
- Código Civil (CC);
- legislações esparsas, por exemplo: a Lei n. 11.101/2005[8] (Lei de Falências e Recuperação de Empresas); a Lei n. 6.404/1976[9] (direito societário); a Lei n. 7.357/1985[10] (Lei Uniforme de Genebra – cheques); Lei n. 5.474/1968[11] (duplicatas); Lei n. 9.279/1996[12] (propriedade industrial);
- usos e costumes comerciais.

Ramos aponta que

> A grande dificuldade em compreender o conceito de empresa para aqueles que iniciam o estudo do direito empresarial está no fato de que a expressão é comumente utilizada de forma técnica, até mesmo pelo legislador [...]. Empresa é, na verdade, um conceito abstrato, que corresponde a uma atividade econômica organizada, destinada à produção ou à circulação de bens ou de serviços. Não se deve confundir, pois, empresa, com sociedade empresária. Esta, na verdade, é uma pessoa jurídica que exerce a empresa, ou seja, que exerce uma atividade econômica organizada. Empresa e empresário são noções, portanto, que se relacionam, mas não se confundem.[13]

Empresa é a atividade econômica explorada pelo empresário, constituída pela produção e circulação de bens e serviços para o mercado. O termo *empresa* é

---

[7] BRASIL. *Constituição da República Federativa do Brasil de 1988*. Disponível em: http://www.planalto.gov.br/ccivil_03/constituicao/constituicaocompilado.htm. Acesso em: 15 jul. 2019.

[8] BRASIL. *Lei n. 11.101, de 9 de fevereiro de 2005*. Regula a recuperação judicial, a extrajudicial e a falência do empresário e da sociedade empresária. Disponível em: http://www.planalto.gov.br/ccivil_03/_Ato2004-2006/2005/Lei/L11101.htm. Acesso em: 15 jul. 2019.

[9] BRASIL. *Lei n. 6.404, de 15 de dezembro de 1976*. Dispõe sobre as Sociedades por Ações. Disponível em: http://www.planalto.gov.br/ccivil_03/leis/l6404consol.htm. Acesso em: 15 jul. 2019.

[10] BRASIL. *Lei n. 7.357, de 2 de setembro de 1985*. Dispõe sobre o cheque e dá outras providências. Disponível em: http://www.planalto.gov.br/ccivil_03/leis/L7357.htm. Acesso em: 15 jul. 2019.

[11] BRASIL. *Lei n. 5.474, de 18 de julho de 1968*. Dispõe sobre as Duplicatas, e dá outras providências. Disponível em: http://www.planalto.gov.br/ccivil_03/leis/l5474.htm. Acesso em: 15 jul. 2019.

[12] BRASIL. *Lei n. 9.279, de 14 de maio de 1996*. Regula direitos e obrigações relativos à propriedade industrial. Disponível em: http://www.planalto.gov.br/ccivil_03/leis/l9279.htm. Acesso em: 15 jul. 2019.

[13] RAMOS, 2012, p. 16.

concebido na acepção de "exercício de atividade". Atividade nada mais é que o complexo de atos que compõem a vida empresarial. A empresa pode ser exercida pelo empresário individual (pessoa natural) ou pela sociedade empresária (pessoa jurídica para a prática de atividade econômica).

Empresários são aqueles que praticam atividade econômica organizada para a produção, transformação ou circulação de bens e prestação de serviços visando lucro. O empresário pode ser uma pessoa física (empresário individual, que exerce profissionalmente atividade negocial, estando em pleno gozo de sua capacidade civil – art. 966 do CC) ou jurídica (sociedade empresária que se constitui para a prática de atividade própria do empresário individual – art. 982 do CC).

De acordo com o art. 972 do CC, são proibidos de exercer a atividade empresarial:

- os funcionários públicos;
- os militares da ativa (art. 29 da Lei n. 6.880/1980);[14]
- os deputados e senadores (art. 54 da CF/1988);
- os auxiliares do empresário (leiloeiros, despachantes, corretores, aduaneiros);
- os falidos (art. 102 da Lei de Falências e Recuperação de Empresas).

Aquele que é impedido de exercer atividade empresarial e, mesmo assim, se encarrega de exercê-la estará desenvolvendo atividade irregular, podendo sofrer sanções. Porém, os atos por ele praticados não são nulos, tendo validade perante terceiros; o impedido deve responder pelas obrigações contraídas. Os impedidos que exercem empresa estão sujeitos ao regime de falência, uma vez que se enquadram no conceito de empresário previsto no art. 966 do CC. Eles não estão sujeitos à recuperação. O fato de serem impedidos para o exercício da atividade empresarial não quer dizer que existam restrições a que sejam acionistas ou quotistas de uma sociedade empresária.

Para se tornar empresário, de acordo com o Código Civil,[15] é necessário o registro de empresário no Registro de Empresas Mercantis:

Art. 967. É obrigatório o registro do empresário no Registro Público de Empresas Mercantis da respectiva sede, antes do início de sua atividade.

---

[14] BRASIL. *Lei n. 6.880, de 9 de dezembro de 1980*. Dispõe sobre o Estatuto dos Militares. Disponível em: http://www.planalto.gov.br/ccivil_03/LEIS/L6880.htm. Acesso em: 15 jul. 2019.

[15] BRASIL, 2002.

A Lei de Registro Público de Empresas Mercantis (Lei n. 8.934/1994)[16] cria o Sistema Nacional de Registro de Empresa Mercantil (Sirem), composto pelo Departamento Nacional de Registro de Comércio (DNRC) e pelas Juntas Comerciais.

Estabelecimento comercial é a representação patrimonial do empresário ou da sociedade empresária, englobando apenas elementos de seu ativo, incluindo bens materiais e imateriais. De acordo com o art. 1.142 do CC, estabelecimento empresarial é a reunião de bens para a consecução dos objetivos empresariais. Os bens materiais compreendem coisas corpóreas imóveis e móveis, tais como edifícios, terrenos, veículos, mobiliários e mercadorias. Os bens imateriais compreendem coisas incorpóreas, tais como o título do estabelecimento, o ponto e clientela, direitos, patentes etc. Outrossim, o título do estabelecimento é o nome pelo qual o estabelecimento é conhecido (nome fantasia).

O empresário supostamente lesado pelo uso de seu nome fantasia por outrem tem, necessariamente, de provar o prejuízo suportado.

É importante definir alguns conceitos próprios do direito empresarial.

- **Nome empresarial:** "[...] expressão que identifica os empresários nas relações jurídicas que formalizam em decorrência do exercício da atividade empresarial". Não se confunde com o nome fantasia, marca e outros elementos chamados "sinais de propaganda".
- **Ponto comercial:** surge em decorrência da atividade exercida no estabelecimento; cultiva-se uma clientela que reconhece o estabelecimento pelo seu endereço. Diante da sua importância, o legislador criou norma específica para resguardar o empresário/empresa/sociedade que tem seu estabelecimento em imóvel alheio, de acordo com a Lei n. 8.245/1991,[17] a Lei de Locação (locação não residencial: arts. 51 a 57; proteção da ação renovatória: arts. 71 a 75).
- **Clientela:** conjunto de pessoas que habitualmente negociam com o estabelecimento. A clientela (clientes habituais) difere da freguesia, que nada mais é que a viabilidade de atrair futuros clientes.

Como preceitua o art. 1.179 do Código Civil,[18] todo empresário individual ou sociedade empresária se encontra obrigado a manter um sistema de escrituração contábil periódico, acrescido de dois balanços financeiros anuais: o patrimonial e o de resultado econômico.

---

[16] BRASIL. *Lei n. 8.934, de 18 de novembro de 1994.* Dispõe sobre o Registro Público de Empresas Mercantis e Atividades Afins e dá outras providências. Disponível em: http://www.planalto.gov.br/ccivil_03/leis/l8934.htm. Acesso em: 15 jul. 2019.

[17] BRASIL. *Lei n. 8.245, de 18 de outubro de 1991.* Dispõe sobre as locações dos imóveis urbanos e os procedimentos a elas pertinentes. Disponível em: http://www.planalto.gov.br/ccivil_03/leis/l8245.htm. Acesso em: 15 jul. 2019.

[18] BRASIL, 2002.

> Art. 1.179. O empresário e a sociedade empresária **são obrigados** a seguir um sistema de contabilidade, mecanizado ou não, com base na escrituração uniforme de seus livros, em correspondência com a documentação respectiva, e a levantar anualmente o **balanço patrimonial** e o de **resultado econômico**. [...]
>
> § 2º É dispensado das exigências deste artigo o pequeno empresário a que se refere o **art. 970**. Dispensa requisitos da escrituração contábil do art. 1.179 do CC.
>
> Art. 970. A lei assegurará tratamento favorecido, diferenciado e simplificado ao empresário rural e ao pequeno empresário, quanto à inscrição e aos efeitos daí decorrentes.

Com essas noções gerais, é possível introduzir alguns conceitos sobre as sociedades empresárias.

5.2 SOCIEDADES EMPRESARIAIS

No Código Civil de 2002, em seu Livro II, Título I, que trata do "Direito da Empresa", a figura do comerciante desaparece e surge então a figura do empresário (não se cogitando mais de sociedade comercial e sim de sociedade empresária). Como vimos, o CC efetivamente adotou a teoria da empresa, e regulamentou as sociedades existentes em nosso direito, à exceção das sociedades por ações (sociedades anônimas), que continuam a ser reguladas pela Lei n. 6.404/1976.

A inscrição do empresário será feita mediante requerimento que contenha, segundo o Código Civil:[19]

> Art. 968. [...]
>
> I – o seu nome, nacionalidade, domicílio, estado civil e, se casado, o regime de bens;
>
> II – a firma, com a respectiva assinatura autógrafa que poderá ser substituída pela assinatura autenticada com certificação digital ou meio equivalente que comprove a sua autenticidade, ressalvado o disposto no inciso I do § 1º do art. 4º da Lei Complementar n. 123, de 14 de dezembro de 2006;
>
> III – o capital;
>
> IV – o objeto e a sede da empresa.
>
> § 1º Com as indicações estabelecidas neste artigo, a inscrição será tomada

---

[19] BRASIL, 2002.

> por termo no livro próprio do Registro Público de Empresas Mercantis, e obedecerá a número de ordem contínuo para todos os empresários inscritos.
>
> § 2º À margem da inscrição, e com as mesmas formalidades, serão averbadas quaisquer modificações nela ocorrentes.
>
> § 3º Caso venha a admitir sócios, o empresário individual poderá solicitar ao Registro Público de Empresas Mercantis a transformação de seu registro de empresário para registro de sociedade empresária, observado, no que couber, o disposto nos arts. 1.113 a 1.115 deste Código.
>
> § 4º O processo de abertura, registro, alteração e baixa do microempreendedor individual de que trata o art. 18-A da Lei Complementar n. 123, de 14 de dezembro de 2006, bem como qualquer exigência para o início de seu funcionamento deverão ter trâmite especial e simplificado, preferentemente eletrônico, opcional para o empreendedor, na forma a ser disciplinada pelo Comitê para Gestão da Rede Nacional para a Simplificação do Registro e da Legalização de Empresas e Negócios – CGSIM, de que trata o inciso III do art. 2º da mesma Lei. (Incluído pela Lei n. 12.470, de 2011)
>
> § 5º Para fins do disposto no § 4º, poderão ser dispensados o uso da firma, com a respectiva assinatura autógrafa, o capital, requerimentos, demais assinaturas, informações relativas à nacionalidade, estado civil e regime de bens, bem como remessa de documentos, na forma estabelecida pelo CGSIM.

Os tipos de constituição de sociedades empresariais são juridicamente estabelecidas pelo Código Civil, devendo, em sua composição, atender ao disposto nos arts. 1.039 a 1.092, que versam sobre os tipos societários.

- **Sociedade em nome coletivo (arts. 1.039 a 1.044 do CC):** somente pessoas físicas podem participar, e todos possuem responsabilidade ilimitada e solidária perante as obrigações assumidas pela empresa. Cada sócio responde ilimitada e isoladamente por qualquer obrigação social da empresa, mesmo que o montante do capital exceda o valor do capital social. Assim, se a dívida da empresa com esse tipo de sociedade for superior ao seu capital, os bens individuais dos sócios garantirão o seu resgate. A nomenclatura oficial da empresa deve ser composta pelo nome de qualquer sócio e omitido o nome de um ou mais, e deve sempre ser acompanhada da expressão "& CIA". O nome empresarial, neste caso, deve ser o sobrenome real de um dos sócios.

- **Sociedade em comandita simples (arts. 1.045 a 1.051 do CC):** possui dois tipos de sócios, os comanditados e os comanditários, sendo os primeiros pessoas físicas que respondem ilimitada e solidariamente pelas ações sociais (colaborando com o capital social) e os segundos, obrigados apenas pelos valores de suas quotas. Neste caso, a firma ou razão social da sociedade somente pode conter nomes de sócios comanditados.

- **Sociedade limitada (arts. 1.052 a 1.087 do CC):** caracterizada principalmente pela responsabilidade limitada dos sócios, ou seja, os sócios investem um valor X no capital social da empresa e são responsáveis somente pela integralização do capital. O capital social é representado por quotas, e cada sócio é responsável diretamente pelo seu montante, apesar de existir a obrigação solidária pela integralização das quotas subscritas pelos demais sócios. Normalmente, na nomenclatura oficial desse tipo de sociedade consta a expressão "Ltda.".

- **Sociedade anônima (arts. 1.088 e 1.089 do CC):** a principal característica da sociedade anônima é o fato de o capital social ser dividido em ações, além de a responsabilidade dos sócios ou acionistas ser limitada ao preço da emissão das ações subscritas ou adquiridas. Na nomenclatura costuma figurar a abreviação "S/A", "S.A." ou "SA". Pode ser classificada como sociedade de capital fechado e sociedade de capital aberto. No primeiro caso, a empresa pertence a um grupo reservado de sócios, conservando certa liberdade contratual. As sociedades de capital aberto são detentoras de autorização especial para negociar suas ações no mercado de capitais.

- **Sociedade em comandita por ações (arts. 1.090 a 1.092 do CC):** neste tipo de sociedade, assim como na sociedade em comandita simples, existem dois tipos de sócios: os comanditados, que respondem ilimitada e solidariamente pelas obrigações da sociedade, e os comanditários, que respondem apenas pelas cotas ou ações subscritas, mas as semelhanças acabam por aqui. A sociedade em comandita de ações é uma sociedade cujo capital é dividido em ações e somente os acionistas podem ser diretores ou gerentes. Esse tipo de sociedade está em franco declínio no Brasil.

Nesse sentido, verificamos que o CC rege as sociedades empresárias ao categorizá-las em seis tipos, porém, existem também as sociedades simples.

A *sociedade empresária* é aquela constituída por, no mínimo, duas pessoas, com objeto lícito descrito em seu contrato social, natureza essencialmente mercantil, sujeita ao Registro Público de Empresas Mercantis (Junta Comercial), em que a execução de tal objeto não comporte a exceção prevista no parágrafo único do art. 966 do CC.

A *sociedade simples* é aquela organizada por, no mínimo de, duas pessoas, com objeto lícito descrito em seu contrato social, natureza essencialmente não mercantil, em que, para a execução de seu objeto, os sócios recaiam na exceção prevista acima, ou seja, exerçam profissão intelectual, de natureza científica, literária ou artística, mesmo que para a execução necessitem de auxiliares ou colaboradores. Está sujeita ao Registro Público de Empresas Sociedade Simples (Cartório).

Vale anotar a *diferença entre sociedades simples e sociedades empresárias.*

As sociedades simples são aquelas cujos sócios exercem suas profissões, ou seja, a prestação de serviço tem natureza estritamente pessoal. O exemplo clássico é a sociedade de médicos, em que os próprios profissionais realizam a atividade-fim da sociedade, o mesmo podendo ser dito sobre os advogados, dentistas, pesquisadores, escritores etc. Em razão disso, as cooperativas e associações também serão sempre sociedades simples. Como se pode depreender do exemplo aqui citado, no caso da sociedade simples a *expertise* dos sócios deve ter direta ligação com a atividade desenvolvida pela sociedade, o que não ocorre na empresária.

Do outro lado, temos a sociedade empresária, cujo objeto é o exercício, de forma profissional, de atividade econômica organizada para a produção e/ou circulação de bens ou de serviços.

Diante dessa distinção, o registro das sociedades simples e empresárias segue essa mesma diferenciação. Assim, são registradas na Junta Comercial as sociedades empresárias – em que prevalece a atividade empresarial/comercial – e no Registro Civil de Pessoas Jurídicas as simples, em que predomina a atividade pessoal dos sócios.

Por fim, cumpre ressaltar que a denominação *sociedade simples* em nada se relaciona com o sistema do "Simples Nacional", que é aquele que estabelece normas tributárias – diferenciadas e favorecidas – para as microempresas e empresas de pequeno porte.

Em síntese, temos, então, as sociedades personificadas e as não personificadas, identificadas no Quadro 5.1, com previsão legal respectiva.

QUADRO 5.1 Tipos societários

Sociedades não personificadas	Previsão legal
Sociedade em comum	Arts. 986 a 990, CC
Sociedade em conta de participação	Arts. 991 a 996, CC
Sociedades personificadas	**Previsão legal**
Sociedade simples	Arts. 997 a 1.038, CC
Sociedade em nome coletivo	Arts. 1.039 a 1.044, CC
Sociedade em comandita simples	Arts. 1.045 a 1.051, CC
Sociedade limitada	Arts. 1.052 a 1.089, CC
Sociedade em comandita por ações	Lei 6.404/76 e Arts. 1.090 a 1.092, CC
Sociedade cooperativa	Lei 5.764/71 e Arts. 1.093 a 1.096, CC
Sociedade anônima	Lei 6.404/76 e Arts. 1.088 a 1.089, CC

Fonte: adaptado do Código Civil.

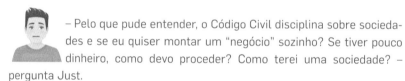

– Pelo que pude entender, o Código Civil disciplina sobre sociedades e se eu quiser montar um "negócio" sozinho? Se tiver pouco dinheiro, como devo proceder? Como terei uma sociedade? – pergunta Just.

Ótima pergunta, Just! Acredito que muitos leitores estavam com a mesma dúvida. Primeiro quero esclarecer que, embora existam tantos tipos societários, o que predomina no Brasil é a sociedade limitada (Ltda.), em razão da responsabilidade limitada dos sócios com relação ao patrimônio pessoal. Mas, para você, que quer empreender sozinho, deve abrir uma empresa individual (EI), o interessante é começar como microempreendedor individual (MEI) ou com uma microempresa (ME), ou até mesmo, se tiver mais capital, com uma empresa de pequeno porte (EPP), para depois ampliar os negócios e criar uma sociedade com amigos, por exemplo. Vou explicar um pouquinho sobre essas possibilidades mais à frente.

Como vimos, o Código Civil disciplina as sociedades simples e as sociedades empresárias, mas ainda é possível ser empresário individual de acordo com a Lei

Complementar – LC n. 123/2006,[20] que institui o Estatuto Nacional da Microempresa e da Empresa de Pequeno Porte, bem como cria a figura do MEI.

Um ponto importante para realçar é o fato de que, realizadas as burocracias legais para registro como empresário, a escolha por MEI, ME ou EPP ocorre em razão ao tipo de negócio a empreender e o valor bruto anual a ser estimado para a atividade empresarial.

O processo de abertura, registro, alteração e baixa do MEI, da ME e da EPP, bem como qualquer exigência para o início de seu funcionamento, deverão ter trâmite especial e simplificado, preferencialmente eletrônico, opcional para o empreendedor.

Podem ser dispensados o uso da firma, com a respectiva assinatura autógrafa, o capital, requerimentos, demais assinaturas, informações relativas ao estado civil e regime de bens, bem como remessa de documentos, na forma estabelecida pelo Comitê para Gestão da Rede Nacional para a Simplificação do Registro e da Legalização de Empresas e Negócios (CGSIM); e ficam reduzidos a 0 (zero) todos os custos, inclusive prévios, relativos à abertura, à inscrição, ao registro, ao funcionamento, ao alvará, à licença, ao cadastro, às alterações e procedimentos de baixa e encerramento, e aos demais itens relativos ao MEI, incluindo os valores referentes a taxas, a emolumentos e a demais contribuições relativas aos órgãos de registro, de licenciamento, sindicais, de regulamentação, de anotação de responsabilidade técnica, de vistoria e de fiscalização do exercício de profissões regulamentadas.

No tocante aos tributos, foi instituído o Regime Especial Unificado de Arrecadação de Tributos e Contribuições – Simples Nacional, que consiste no recolhimento mensal, mediante documento único de arrecadação, dos impostos e contribuições correspondentes à atividade empresarial, com as exceções previamente disciplinadas em lei.

Então, Just, se você quiser começar como MEI, que é a pessoa que trabalha por conta própria, é necessário que se formalize como tal desde que se enquadre em uma das atividades previstas na Resolução

---

[20] BRASIL. *Lei Complementar n. 123, de 14 de dezembro de 2006*. Institui o Estatuto Nacional da Microempresa e da Empresa de Pequeno Porte; altera dispositivos das Leis n. 8.212 e 8.213, ambas de 24 de julho de 1991, da Consolidação das Leis do Trabalho – CLT, aprovada pelo Decreto-Lei n. 5.452, de 1º de maio de 1943, da Lei n. 10.189, de 14 de fevereiro de 2001, da Lei Complementar n. 63, de 11 de janeiro de 1990; e revoga as Leis n. 9.317, de 5 de dezembro de 1996, e 9.841, de 5 de outubro de 1999. Disponível em: http://www.planalto.gov.br/ccivil_03/leis/lcp/lcp123.htm. Acesso em: 15 jul. 2019.

CGSN n. 140/2008,[21] que seu faturamento bruto anual não ultrapasse o valor máximo até R$ 81.000,00 e que não participe em outra empresa como sócio ou titular.

Além disso, devido à simplificação fiscal, você recolherá um valor mensal a título de tributos, contemplando inclusive um percentual à Previdência Social.

E se precisar de ajuda na execução de sua atividade, poderá ter um empregado contratado que receba o salário-mínimo ou o piso da categoria.

Para ser considerado ME ou EPP, além do registro no Registro de Empresas Mercantis ou no Registro Civil de Pessoas Jurídicas, os valores do faturamento anual são diferenciados, bem como podem optar pelo Simples Nacional.

No caso da ME, esta pode auferir, em cada ano-calendário, *receita bruta igual ou inferior a R$ 360.000,00*. A EPP, pode auferir, em cada ano-calendário, *receita bruta superior a R$ 360.000,00 e igual ou inferior a R$ 4.800.000,00*.

 Espero que tenha auxiliado o Just e você, leitor, com essas breves explicações.

5.3 TÍTULOS DE CRÉDITO

Outro tema que é muito corriqueiro são os títulos de crédito que auxiliam o empresário em sua gestão negocial.

Estabelece o art. 887 do Código Civil:[22]

> Art. 887. O título de crédito, documento necessário ao exercício do direito literal e autônomo nele contido, somente produz efeito quando preencha os requisitos da lei.

Os títulos de crédito são documentos formais, pois necessitam observar os requisitos essenciais e previstos na lei cambiária; são considerados bens móveis conforme os arts. 82 a 84 do CC, sujeitando-se aos princípios que norteiam a circulação desses bens, como o que prescreve que a posse de boa-fé vale como propriedade; e são

---

[21] BRASIL/RECEITA FEDERAL. *Resolução CGSN N. 140, de 22 de maio de 2018.* Dispõe sobre o Regime Especial Unificado de Arrecadação de Tributos e Contribuições devidos pelas Microempresas e Empresas de Pequeno Porte (Simples Nacional). Disponível em: http://normas.receita.fazenda.gov.br/sijut2consulta/link.action?visao=anotado&idAto=92278. Acesso em: 15 jul. 2019.

[22] BRASIL, 2002.

títulos de apresentação, por serem documentos necessários ao exercício dos direitos neles contidos. Além disso, constituem títulos executivos extrajudiciais (art. 784 do Código de Processo Civil), por configurarem uma obrigação líquida e certa. São, ainda, tidos como títulos de resgate, porque sua emissão pressupõe futuro pagamento em dinheiro que extinguirá a relação cambiária, e são, por fim, títulos de circulação, uma vez que sua principal função é a circulabilidade do crédito.[23]

Devem ser observados os arts. 887 a 926 do CC e a legislação especial para cada título de crédito:

- Letra de câmbio e nota promissória: Decreto n. 57.663/1966[24] e Decreto n. 2.044/1908[25] (Lei Saraiva): aplicação subsidiária;
- Cheque: Lei n. 7.357/1985;
- Duplicata: Lei n. 5.474/1968.

Os títulos de crédito podem ser classificados quanto ao modelo, estrutura e natureza.

Quanto ao modelo, podem ser:

- **vinculados:** os que devem atender a um padrão específico, definido por lei, para a criação do título (por exemplo, o cheque);
- **livres:** os títulos que não exigem um padrão obrigatório de emissão, bastando que constem os requisitos mínimos exigidos por lei (por exemplo, a letra de câmbio e a nota promissória).

Quanto à estrutura, podem ser:

- **ordem de pagamento**: por essa estrutura o saque cambial dá origem a três situações distintas – sacador ou emitente, que dá a ordem para que outra pessoa pague; sacado, que recebe a ordem e deve cumpri-la; e beneficiário, que recebe o valor descrito no título. Exemplo: letra de câmbio, cheque;
- **promessa de pagamento**: envolve apenas duas situações jurídicas: promitente, que deve, e beneficiário, o credor que receberá a dívida do promitente. Exemplo: nota promissória.

---

[23] RAMOS, 2012, p. 431.

[24] BRASIL. *Decreto n. 57.663, de 24 de janeiro de 1966*. Promulga as Convenções para adoção de uma lei uniforme em matéria de letras de câmbio e notas promissórias. Disponível em: http://www.planalto.gov.br/ccivil_03/decreto/Antigos/D57663.htm. Acesso em: 15 jul. 2019.

[25] BRASIL. *Decreto n. 2.044, de 31 de dezembro de 1908*. Define a letra de câmbio e a nota promissória e regula as Operações Cambiais. Disponível em: http://www.planalto.gov.br/ccivil_03/decreto/historicos/dpl/DPL2044-1908.htm. Acesso em: 15 jul. 2019.

Quanto à natureza, podem ser:

- **títulos causais:** aqueles que guardam vínculo com a causa que lhes deu origem, constando expressamente no título a obrigação pela qual o título foi assumido. Sendo assim, só poderão ser emitidos se ocorrer o fato que a lei elegeu como possível causa para ele. Podem circular por endosso. Exemplo: duplicata;
- **títulos abstratos:** são aqueles que não mencionam a relação que lhes deu origem, podendo ser criados por qualquer motivo. Exemplos: letra de câmbio, cheque.

CAPÍTULO 6

DIREITO PENAL

Just acordou com uma lista de mais de mil perguntas sobre o que seria o direito penal brasileiro. É que, na tarde de ontem, uma tragédia se aproximou do seu cotidiano: uma amiga de faculdade foi assassinada. Antes os crimes contra a vida eram vistos somente nas telas da TV, nos noticiários policiais, mas hoje a morte se avizinha. Desde que entrou na faculdade, inúmeros são os relatos de crimes contra o patrimônio que Just testemunhou. São furtos a repúblicas de estudantes e roubos de celulares, computadores, tênis e outros pertences pessoais que são levados quase que diariamente do entorno da faculdade. Além disso, crimes contra a honra e até casos de estupro são noticiados pelos corredores. Sem contar as ocorrências relacionadas ao uso de drogas ilícitas.

Para Just, hoje o dia está mais triste, e o tal direito penal, com suas teorias, culpabilidade e penas, se torna um imbróglio que precisa ser decifrado.

— Por que a justiça permite penas brandas para crimes hediondos?
— E por que somente parte da pena é cumprida em regime fechado?
— Como é determinado o regime de prisão de um condenado?

Os amigos de Just e outras pessoas de bem estão vivendo o mesmo sentimento de impotência e incompreensão diante desse tal direito penal. A violência está cada vez mais comum e presente em todos os lugares das cidades, afetando ricos e pobres, sem escolher raça, cor, gênero ou classe social.

Just também não se conforma com o fato de a imprensa só noticiar casos de crimes, como que exaltando os criminosos e fragilizando cada vez mais a sociedade, que se esconde atrás de altos muros, grades e cercas elétricas, enquanto os bandidos ficam livres pelas ruas, roubando, matando e estuprando...

Para ele, muitas perguntas não querem calar:

— O que é o direito penal?
— Por que há tanta impunidade?
— Por que a pena de prisão, que afasta o criminoso da sociedade,
não é capaz de recuperá-lo para sua reinserção nesta?
— Como criminosos que tiram o direito de viver de jovens, adultos e acabam com famílias inteiras podem permanecer tão pouco tempo presos?

Essas e outras tantas perguntas você, leitor, pode também estar fazendo. Por isso vamos falar um pouco sobre o que é o direito penal.

6.1 CONCEITO DE DIREITO PENAL

Direito penal é o ramo do direito público que define as infrações penais, estabelecendo as penas e as medidas de segurança. Direito penal objetivo é o conjunto das normas penais. Direito penal subjetivo é o direito de punir do Estado. Diz-se também direito criminal.

Para José Frederico Marques,[1] direito penal é o conjunto de normas que ligam ao crime, como fato, a pena, como consequência. Essas normas disciplinam também as relações jurídicas daí derivadas, para estabelecer a aplicabilidade das medidas de segurança e a tutela do direito de liberdade em face do poder de punir do Estado.

Lazarini Neto[2] destaca definições proferidas por outros ilustres penalistas:

- "É o conjunto de normas jurídicas mediantes as quais o Estado proíbe determinadas ações ou omissões, sob ameaça de característica sanção penal" (Heleno Fragoso).
- "Conjunto das prescrições emanadas do Estado que ligam ao crime, como fato, a pena como consequência" (Von Liszt).
- "Conjunto de normas jurídicas que regulam a atuação estatal no combate ao crime através de medidas aplicáveis aos criminosos" (Aníbal Bruno).
- "É o conjunto de regras jurídicas de Direito Público Interno enunciador: a) dos princípios gerais referentes à lei penal, ao delito, ao delinquente e à reação criminal; b) das infrações penais; c) das penas e medidas de segurança, com a finalidade de garantir as condições de vida da sociedade" (Mestieri).

Dessa relação de conceitos que emprestei da obra de Lazarini Neto, verificamos que, embora tenhamos a compreensão do conceito, o sentimento de injustiça e de indignação permanece.

Decerto que o direito penal abrange o estudo do crime, da pena e do delinquente. As infrações penais dividem-se em crimes ou delitos e contravenções. Aliás, não há diferença entre "crime" e "delito", que são sinônimos no direito

---

[1] FREDERICO MARQUES, J. *Tratado de direito penal*. Campinas: Bookseller, 1997. v. I. apud LAZARINI NETO, P. *Código penal comentado e leis especiais comentadas*. 4. ed. São Paulo: Primeira Impressão, 2010. p. 5.
[2] LAZARINI NETO, 2010, p. 5-11.

brasileiro. As contravenções constituem um elenco de infrações penais de menor porte, a critério do legislador; encontram-se principalmente na Lei das Contravenções Penais (Decreto-lei n. 3.688/1941).[3]

6.2 A NORMA PENAL

O direito penal possui características muito próprias. Para que determinada situação seja considerada crime, deve existir uma lei prévia que a contempla, além de nada proibir, pois nos artigos do Código Penal existem mandamentos com verbos no infinitivo que, se desrespeitados, sujeitam o infrator a uma sanção.

Por isso, de acordo com o princípio básico de direito penal não há crime, nem pena, sem lei anterior que o defina e a estabeleça, como vemos no art. 5º, XXXIX, da Constituição Federal de 1988[4] (CF/1988), preceito que se repete no art. 1º do Decreto-lei n. 2.848/1940, o Código Penal (CP):[5]

> Art. 1º
> Não há crime sem lei anterior que o defina. Não há pena sem prévia cominação legal.

A lei penal não se aplica a fatos anteriores a sua vigência, sendo, portanto, irretroativa. Contudo, a lei poderá retroagir se for mais benéfica para o réu.

A lei posterior, que de qualquer modo favorecer o agente, aplica-se aos fatos anteriores, ainda que decididos por sentença condenatória transitada em julgado (art. 2º, parágrafo único, do CP), e a lei penal não retroagirá salvo para beneficiar réu (art. 5º, XL, da CF/1988).

As características da norma penal são:

- *é exclusiva*, tendo em vista que somente ela define infrações e comina penas;
- *é autoritária*, no sentido de fazer incorrer na pena aquele que descumpre seu mandamento;
- *é geral*, atuando para todas as pessoas;
- *é abstrata e impessoal*, dirigindo-se a fatos futuros, pois não endereça seu mandamento proibitivo a um determinado indivíduo, mas à sociedade como um todo.

---

[3] BRASIL. *Decreto-lei n. 3.688, de 3 de outubro de 1941*. Lei das Contravenções Penais. Disponível em: http://www.planalto. gov.br/ccivil_03/decreto-lei/Del3688.htm. Acesso em: 15 jul. 2019.

[4] BRASIL. *Constituição da República Federativa do Brasil de 1988*. Disponível em: http://www.planalto.gov.br/ccivil_03/ constituicao/constituicaocompilado.htm. Acesso em: 15 jul. 2019

[5] BRASIL. *Decreto-lei n. 2.848, de 7 de dezembro de 1940*. Código Penal. Disponível em: http://www.planalto.gov.br/ ccivil_03/decreto-lei/del2848compilado.htm. Acesso em: 15 jul. 2019.

6.3 TEORIA GERAL DO CRIME

No tocante à teoria geral do crime, podemos destacar alguns aspectos.

- **Conceito material de crime:** delito é a ação ou omissão, imputável a uma pessoa, lesiva ou perigosa a interesse penalmente protegido, constituída de determinados elementos e eventualmente integrada por certas condições ou acompanhada de determinadas circunstâncias previstas em lei.
- **Conceito formal:** crime é um fato típico e antijurídico; a culpabilidade constitui pressuposto da pena.
- **Fato típico:** é o comportamento humano (positivo ou negativo) que provoca um resultado (em regra) e é previsto em lei penal como infração.
- **Antijuridicidade:** é a relação de contrariedade entre o fato típico e o ordenamento jurídico; a conduta descrita em norma penal incriminadora será ilícita ou antijurídica quando não for expressamente declarada lícita.
- **Culpabilidade:** é a reprovação da ordem jurídica em face de estar ligado o homem a um fato típico e antijurídico;
- **Punibilidade:** entendida como aplicabilidade da pena, é uma consequência jurídica do crime e não seu elemento constitutivo;
- **Sujeito ativo do crime:** é quem pratica o fato descrito na norma penal incriminadora; só o homem possui a capacidade para delinquir.
- **Capacidade penal:** é o conjunto das condições exigidas para que um sujeito possa tornar-se titular de direitos ou obrigações no campo do direito penal.
- **Incapacidade penal:** ocorre nos casos em que não há qualidade de pessoa humana (idade 18 anos) e quando a lei penal não se aplique a determinada classe de pessoas.
- **Sujeito passivo do crime:** é o titular do interesse cuja ofensa constitui a essência do crime.
- **Objeto do delito:** é aquilo contra o qual se dirige a conduta humana que o constitui.

Assim, no direito penal, temos que sujeito ativo ou agente é quem pratica o fato, e sujeito passivo é a pessoa ou entidade que sofre os efeitos do delito. Todavia, sempre que há um crime, juridicamente falando, a primeira vítima é a sociedade, por isso o Ministério Público tem na figura do promotor de justiça, o defensor da sociedade.

Vale afirmar que só o ser humano pode ser sujeito ativo de crime. Porém, os menores de 18 anos são considerados penalmente irresponsáveis, escapando à alçada penal. Quando um menor comete um crime, é instaurado um procedimento de apuração dos atos infracionais praticados por criança e adolescente, previsto no Estatuto da Criança e do Adolescente (ECA), a Lei n. 8.069/1990,[6] sendo levados a cumprir medida de internação provisória.

> O objeto jurídico tutelado é o bem ou interesse
> protegido pela norma penal.
> No homicídio, por exemplo, o objeto jurídico é a vida;
> no furto, é o patrimônio.

De forma que o crime é o fato típico e antijurídico. Para que ele exista, portanto, basta que haja um fato típico e antijurídico. Para a aplicação da pena, porém, é necessário que o fato, além de típico e antijurídico, seja também culpável, isto é, reprovável.

O fato típico é composto pela *conduta* (ação ou omissão), pelo *resultado* (inerente à maioria dos crimes), pela *relação de causa* e também pela *tipicidade*. Denomina-se *tipo* a descrição do fato criminoso, feita pela lei. O tipo é um esquema, ou uma fórmula, que serve de modelo para avaliar se determinada conduta está incriminada ou não. O que não se ajusta ao tipo não é crime.

A antijuricidade significa que o fato, para ser crime, além de típico, deve ser ilícito, contrário ao direito. *Ilicitude e antijuricidade* são palavras sinônimas. Tanto faz dizer "fato típico" e "antijurídico" como fato típico e ilícito. Em regra, o fato típico é antijurídico, já pela própria tipicidade. Mas, se existir uma causa que justifique o fato, embora típico, deixa ele de ser crime, por não ser antijurídico. Isso ocorre no caso de alguém praticar um fato típico em estado de necessidade ou em legítima defesa.

Na verdade, a antijuricidade se resume a um conceito negativo, ou seja, a verificar se ocorre ou não uma justificativa para o fato típico. Crime é o fato típico e antijurídico.

---

[6] BRASIL. *Lei n. 8.069, de 13 de julho de 1990.* Dispõe sobre o Estatuto da Criança e do Adolescente e dá outras providências. Disponível em: http://www.planalto.gov.br/ccivil_03/leis/l8069.htm. Acesso em: 15 jul. 2019.

6.4 CULPABILIDADE

Para que seja considerado culpável, ou seja, ao falarmos da culpabilidade, pressuposto para imposição da sanção, devemos nos ater à capacidade do agente para ser punido, daí a importância do conceito de imputabilidade.

Imputar é atribuir a alguém a responsabilidade por alguma coisa. Assim, *imputabilidade penal* é o conjunto de condições pessoais que dão ao agente capacidade para lhe ser juridicamente imputada a prática de um fato punível. Essas condições geram a responsabilidade penal, ou seja, a obrigação para alguém de arcar com as consequências jurídicas do crime, respondendo pelo ato criminoso cometido e sujeitando-se à pena.

Por sua vez, a pena é a sanção aflitiva imposta pelo Estado, mediante ação penal, ao autor de uma infração (penal), como retribuição a seu ato ilícito, consistente na perda da liberdade (em muitos casos). Seu fim é evitar novos delitos.

Entretanto, existem situações em que o agente não tem capacidade para entender o ato delituoso. Trata-se da *inimputabilidade*, que é a incapacidade para apreciar o caráter ilícito do fato ou de determinar-se de acordo com essa apreciação.

A imputabilidade é a regra; a inimputabilidade, a exceção.

De acordo com o Código Penal,[7] existem quatro causas de exclusão da imputabilidade:

1. doença mental;
2. desenvolvimento mental incompleto;
3. desenvolvimento mental retardado;
4. embriaguez completa, proveniente de caso fortuito ou força maior.

Vamos anotar também outras causas de exclusão da culpabilidade, previstas no CP:

- erro de proibição (art. 21, *caput*);
- coação moral irresistível (art. 22, 1ª parte);
- obediência hierárquica (art. 22, 2ª parte);
- inimputabilidade por doença mental ou desenvolvimento mental incompleto ou retardado, quando o agente, era, ao tempo da ação ou da omissão,

---

[7] BRASIL, 1940. As três primeiras causas encontram-se no art. 26, *caput*, e a quarta, no art. 28, § 1º, do CP.

inteiramente incapaz de entender o caráter ilícito do fato ou de determinar-se de acordo com esse entendimento (art. 26, caput);

- inimputabilidade por menoridade penal, ficando sujeito às normas estabelecidas na legislação especial (art. 27);
- inimputabilidade por embriaguez completa, proveniente de caso fortuito ou força maior, se o agente, era, ao tempo da ação ou da omissão, inteiramente incapaz de entender o caráter ilícito do fato ou de determinar-se de acordo com esse entendimento (art. 28, § 1º).

Ainda, nesta análise sucinta do direito penal, diz-se crime consumado quando nele se reúnem todos os elementos de sua definição legal. Segundo Pedro Lazarini Neto:

> Todo crime exaurido será consumado, entretanto, nem todo crime consumado será exaurido. Crime exaurido é aquele em que a conduta continua a produzir efeitos, mesmo superada a fase do *iter criminis* da consumação. Nos termos do artigo 59 do Código Penal, o exaurimento interfere na dosimetria das penas, inserido na expressão "consequências do crime". *Iter criminis* é a trajetória do fato delituoso e se compõe de quatro etapas. A primeira seria a cogitação. É a possibilidade, o planejamento que se passa no foro íntimo da pessoa. Não tem relevância criminal, portanto não é punida. Depois, viriam os atos preparatórios, que se situam fora da esfera de cogitação, porém não configuram o início da preparação, portanto não são puníveis. De acordo com Andreucci, existem dois critérios básicos para distinguir os atos preparatórios dos atos de execução, estes últimos representando a terceira etapa da trajetória delituosa; a) o ataque ao bem jurídico tutelado ou critério material, que se funda no perigo corrido pelo bem jurídico tutelado (se o ato não representar esse perigo, não será de execução); b) o início da realização do tipo ou critério formal, o qual sustenta que o ato executivo deve dirigir-se à realização do tipo, ou seja, deve ser o início de sua realização. Por fim, viriam a consumação e seu exaurimento; este é um *plus*: todo crime exaurido será consumado, porém nem todo crime consumado será um crime.[8]

Temos, ainda, situações que são analisadas quando do cometimento de um crime:

Tentativa (crime tentado): quando, iniciada a execução, não se consuma por circunstâncias alheias à vontade do agente.

---

[8] LAZARINI NETO, 2010, p. 66.

Desistência voluntária: quando o agente, voluntariamente, desiste de prosseguir na execução ou impede que o resultado se produza, só responde pelos atos já praticados.

Arrependimento posterior: nos crimes cometidos sem violência ou grave ameaça à pessoa, reparado o dano ou restituída a coisa, até o recebimento da denúncia ou da queixa, por ato voluntário do agente, a pena será reduzida de um a dois terços.

Crime impossível: não se pune a tentativa quando, por ineficiência absoluta do meio ou por absoluta impropriedade do objeto, é impossível consumar-se o crime.

Crime doloso: ocorre quando o agente quis o resultado ou assumiu o risco de produzi-lo.

Crime culposo: ocorre quando o agente deu causa ao resultado por meio de uma das modalidades de culpa: por imprudência, negligência ou imperícia.

O crime doloso é o crime praticado com a intenção (*animus*), vontade de concretizar a conduta.

- *Segundo a teoria da vontade, dolo é a vontade de realizar a conduta e produzir o resultado; essa é a teoria adotada pelo Código Penal brasileiro.*
- Para a teoria da representação, dolo é a vontade de realizar a conduta, existindo a previsão e a possibilidade de produção do resultado.
- E, de acordo com a teoria do assentimento, dolo significa a vontade de realizar a conduta, assumindo o risco da produção do resultado.

São elementos essenciais do dolo a consciência (conhecimento do fato que constitui a ação típica) e a vontade, elemento volitivo de realizar esse fato. As fases na conduta se dividem em fase interna, quando ocorre o pensamento do agente e segue mediante a escala do *iter criminis* (no crime culposo não há a intenção, não há *iter*), e fase externa, que é a exteriorização da conduta.

Porém, se o fato é cometido sob coação irresistível ou em estrita obediência a ordem, não manifestamente ilegal, de superior hierárquico, só é punível o autor da coação ou da ordem. A coação existe quando há o emprego de força física (*vis corporalis*) ou de grave ameaça para obrigar um agente a praticar ou não uma ação (ação ou omissão). Portanto, a coação pode ser moral, quando é atingido no intelecto da pessoa, ou física, quando impera a força ou grave ameaça corporal.

Exemplos:

- uma quadrilha invade a residência de um gerente de banco e, sob grave ameaça, obriga-o ir ao banco para subtrair uma grande quantia;
- o marido ameaça abandonar a esposa ou jogá-la na rua caso ela não pratique um aborto;
- um elemento aponta uma arma contra outra pessoa, para que esta pratique um ato ilícito (homicídio, furto etc.);
- uma pessoa amarra outra, impedindo-a de interromper um ato ilícito de outro terceiro (omissão involuntária);
- um indivíduo amarra explosivos ao corpo do familiar de um segurança do banco para que este não impeça um assalto.

6.5 EXCLUSÃO DA ILICITUDE

A *exclusão de ilicitude* ocorre quando não há crime, quando o agente pratica o fato em razão de circunstâncias prescritas na lei penal, como em estado de necessidade ou em legítima defesa, ou, ainda, em estrito cumprimento de dever legal ou no exercício regular de direito.

O *estado de necessidade* ocorre quando alguém pratica o fato para salvar de perigo atual, que não provocou por sua vontade nem podia de outro modo evitar, direito próprio ou alheio, cujo sacrifício, nas circunstâncias, não era razoável exigir-se.

A *legítima defesa* é declarada para quem, usando moderadamente dos meios necessários, repele injusta agressão, atual ou iminente, a direito seu ou de outrem.

Para Lazarini Neto,[9] a legítima defesa é um instituto do direito penal que se fundamenta no princípio geral de direito, segundo o qual ninguém é obrigado a se acovardar ou fugir de uma agressão. Trata-se, evidentemente, de direito natural que obedece às leis naturais de sobrevivência. É uma reação, como atitude voluntária, que deve permanecer enquanto durar a lesão ao bem jurídico. São considerados meios necessários aqueles que são eficazes para efetuar a repulsa à injusta agressão, ou seja, aquele meio que o agente tem a seu alcance, e que por vezes chega a ser desproporcional à agressão, desde que seja o único naquele momento.

---

[9] LAZARINI NETO, 2010, p. 104.

6.6 DAS PENAS

No tocante às *penas*, trata-se da sanção imposta pelo Estado, por meio da ação penal, ao criminoso, cuja finalidade é a retribuição ao delito perpetrado e a prevenção a novos crimes. O caráter preventivo da pena desdobra-se em dois aspectos, geral e especial, que se subdividem em outros dois. Temos quatro enfoques para o caráter preventivo da pena:

1. *geral negativo:* o poder intimidativo que a pena representa para toda a sociedade, destinatária da norma penal;
2. *geral positivo:* demonstra e reafirma a existência e eficiência do direito penal;
3. *especial negativo:* significa a intimidação ao autor do delito para que não torne a agir do mesmo modo, recolhendo-o ao cárcere, quando necessário, e evitando a prática de outras infrações penais;
4. *especial positivo:* consiste na proposta de ressocialização do condenado, para que volte ao convívio social, quando finalizada a pena ou quando, por benefícios, a liberdade seja antecipada.[10]

São três as espécies de penas privativas de liberdade – reclusão, detenção e prisão simples –, e todas elas poderiam ser unificadas sob uma única denominação: *pena de prisão.*

A pena de prisão simples é a mais branda dentre as três espécies, destinando-se somente às contravenções penais. Não pode ser cumprida em regime fechado, somente em regime semiaberto e aberto. As penas de reclusão e detenção podem ser cumpridas nos seguintes regimes:

- a *pena de reclusão* é cumprida inicialmente em regime fechado, semiaberto ou aberto, sendo vedado o pagamento de fiança caso para o crime seja prevista pena superior a dois anos, conforme elucida o art. 323, I, do CP;
- a *pena de detenção* terá seu cumprimento iniciado somente no regime aberto ou semiaberto.

Vale destacar que a pena de reclusão é prevista para os crimes mais graves, e a detenção, para os crimes mais leves. A determinação da pena serve para indicar à sociedade a gravidade do delito praticado.

Existem também as *penas restritivas de direitos,* que são sanções penais autônomas e substitutivas, conhecidas também como *penas alternativas,* para aqueles que cometem infrações penais de menor potencial ofensivo. As medidas previstas nas penas

---

[10] NUCCI, G. S. *Manual de direito penal.* 7. ed. São Paulo: RT, 2011. p. 391.

restritivas de direito visam recuperar o agente que praticou o crime por meio da restrição de alguns direitos.

O art. 43 do CP prevê cinco modalidades de penas restritivas de direitos:

1. prestação pecuniária;
2. perda de bens e valores;
3. prestação de serviços à comunidade ou a entidades públicas;
4. interdição temporária de direitos;
5. limitação de fim de semana.

6.7 RESPONDENDO A QUESTIONAMENTOS INICIAIS

Explicitado alguns tópicos de direito penal, quero agora responder às indignações e aos questionamentos de Just.

Ora Just e leitor, na verdade, a justiça não estabelece as penas, são previstas no Código Penal, e o judiciário, no caso concreto, de acordo com as circunstâncias do cometimento do crime, as provas e testemunhas permitem que o juiz aplique a pena prevista para o fato – observando as circunstâncias agravantes e atenuantes – estabelecendo um cômputo legal para seu cumprimento, que é conhecido como dosimetria da pena.

Para os chamados crimes hediondos, as penas são as mais severas pois trata-se de crimes mais graves e com maior violência, como crimes de tortura, tráfico de entorpecentes e drogas afins ou terrorismo. Nestes casos a pena se inicia com reclusão.

A questão relacionada à indignação porque somente parte de uma pena é cumprida em regime fechado, refere-se a uma previsão legal, denominada *progressão da pena*, que é a passagem do preso que cumpre pena privativa de liberdade de um regime mais rigoroso para outro de menor rigor, atendendo a uma das finalidades da pena consagrada pela Convenção Americana de Direitos Humanos:[11] a ressocialização do condenado.

> Art. 5º, § 6:
> As penas privativas de liberdade devem ter por finalidade essencial a reforma e a readaptação social dos condenados.

---

[11] BRASIL. Planalto. Decreto n. 678, de 6 de novembro de 1992. Promulga a Convenção Americana sobre Direitos Humanos (Pacto de São José da Costa Rica), de 22 de novembro de 1969. Disponível em: http://www.planalto.gov.br/ccivil_03/decreto/D0678.htm. Acesso em: 23 set. 2019.

A aplicação do instituto demonstra que a pena não tem finalidade vingativa ou puramente de retribuição, pois é função da execução recuperar aquele que infringiu a lei penal.

De acordo com Martinelli,[12] as regras do cumprimento da pena estão no Código Penal (CP) e na Lei n. 7.210/1984, Lei de Execução Penal (LEP).[13] O art. 33 do CP regulamenta o rigor da pena privativa de liberdade:

- o regime fechado deve ser cumprido em estabelecimento de segurança máxima ou média por condenados a penas superiores a oito anos;
- o regime semiaberto tem rigor intermediário, é cumprido em colônia agrícola, industrial ou similar e destina-se, inicialmente, aos condenados primários a penas privativas de liberdade superiores a quatro e inferiores a oito anos e aos condenados submetidos ao regime fechado pela regra da progressividade dos regimes;
- o regime aberto é o modo menos rigoroso de todos e deve ser cumprido em casa de albergado, destinando-se inicialmente aos condenados primários a penas iguais ou inferiores a quatro anos e aos condenados submetidos a outros regimes pela regra da progressividade.

A legislação brasileira adotou critério que exige dois requisitos para a progressão de regimes: o tempo de cumprimento e o comportamento do condenado. Não basta cumprir uma fração da pena para garantir o direito a progredir de regime, pois a lei determina, adicionalmente, a necessidade de bom comportamento comprovado pelo diretor do estabelecimento (art. 112 da LEP). [14] O regime aberto exige que o preso esteja trabalhando ou demonstre possibilidade de fazê-lo imediatamente, além de comprovar adequação à disciplina menos rigorosa (art. 114 da LEP).

Martinelli[15] ensina que a progressão de regimes se faz necessária por diversos motivos. Em primeiro lugar, se uma das funções da pena é a ressocialização e a volta do condenado ao convívio social, deve-se prepará-lo gradativamente mediante observação de seu comportamento durante o cumprimento da pena. Em segundo lugar, deixar um sujeito trancafiado por longo tempo demonstra-se ineficaz, sendo

---

[12] MARTINELLI, J. P. O. *Progressão de Regimes e Súmula 471 do STJ*. Disponível em: https://jpomartinelli.jusbrasil.com.br/artigos/121938071/progressao-de-regimes-e-a-sumula-471-do-stj. Acesso em: 15 jul. 2019.

[13] BRASIL. *Lei n. 7.210, de 11 de julho de 1984*. Institui a Lei de Execução Penal. Disponível em: http://www.planalto.gov.br/ccivil_03/LEIS/L7210.htm. Acesso em: 15 jul. 2019.

[14] BRASIL. 1984.

[15] MARTINELLI, 2012.

comum o efeito contrário, isto é, a prisão é capaz de transformar um sujeito em alguém ainda mais perigoso. As atividades para a recuperação como o trabalho no estabelecimento, direito garantido em lei, são escassas e, não raro, os condenados passam a maior parte do tempo na ociosidade.

 Just, espero ter conseguido responder às suas perguntas.
O certo é que o direito penal, de forma mais visível vem oferecer à sociedade, por meio da condenação do culpado e aplicação da pena, aquilo que denominamos justiça.

No **Capítulo 10** serão apresentados alguns exemplos práticos que permitirão consolidar esse novo conhecimento.

CAPÍTULO 7

DIREITO DO CONSUMIDOR

7.1 INTRODUÇÃO

Como vimos no art. 5º, XXXII, da Constituição Federal de 1988 (CF/1988),[1] a defesa do consumidor é um direito fundamental. O inciso XXXII foi regulamentado pela Lei n. 8.078, de 11 de setembro de 1990,[2] conhecida como Código de Defesa do Consumidor (CDC).

Reputo essa lei como um instrumento de grande conquista popular, uma lei cidadã que não faz diferença entre pobres e ricos, e que é a única lei totalmente brasileira, vista como produto de exportação, levando a diversos países seus elaboradores a ensinar sobre esse direito.

Antes de 1990, **não havia uma lei que dava voz ao consumidor**, que, como parte hipossuficiente em uma relação de consumo, arcava com os prejuízos em casos de defeitos e ou falhas em produtos e serviços; além disso, era bombardeado por publicidade enganosa que o levava a consumir e, ao final, percebia-se enganado e não tinha como ou a quem reclamar.

Just e você, leitor, acredito que talvez não saibam quão importante é esta lei, uma vez que já vivem a sua realidade.
Mas me lembro de que, quando criança, assisti a propaganda de uma boneca que andava! Uma menina apertava as mãozinhas da boneca e esta caminhava. E eu enlouqueci! Queria aquela boneca! Pedi tanto aos meus pais que, no Natal, felizmente, ganhei. Porém, quando abri a caixa, as pernas da boneca eram de espuma e, ao apertar suas mãozinhas, ela não andava como mostrou o comercial da TV. Chorei copiosamente, era um choro de dor e de decepção. Meus pais foram até a loja para reclamar, e o lojista disse: "O problema não é meu!". Então eles procuraram o fabricante que sequer fez a troca do produto. Essa é uma frustração que trago até os dias de hoje! Talvez esse também tenha sido um dos motivos que me levaram a estudar Direito.
Detalhe: não sou uma velhinha!

---

[1] BRASIL. *Constituição da República Federativa do Brasil de 1988*. Disponível em: http://www.planalto.gov.br/ccivil_03/constituicao/constituicaocompilado.htm. Acesso em: 15 jul. 2019.

[2] BRASIL. *Lei n. 8.078, de 11 de setembro de 1990*. Dispõe sobre a proteção do consumidor e dá outras providências. Disponível em: http://www.planalto.gov.br/ccivil_03/LEIS/L8078.htm. Acesso em: 15 jul. 2019.

Desde 1990 temos uma lei que impede a repetição de tais fatos para as gerações atuais e futuras, e certamente você não sofreu tamanha frustração, pois essa lei o protege.

O CDC criou a Política Nacional de Relações de Consumo, apresentou os direitos básicos do consumidor, conceituou as figuras do consumidor e do fornecedor, disciplinou a qualidade de produtos e serviços, a prevenção e reparação de danos, além de temas como práticas comerciais, proteção contratual, sanções administrativas, infrações penais e a defesa do consumidor em juízo. Por fim, criou o Sistema Nacional de Defesa do Consumidor e a convenção coletiva de consumo, como instrumentos da política.

Na abrangência de seus 119 artigos, a Política Nacional das Relações de Consumo tem por objetivo o atendimento das necessidades dos consumidores, o respeito a sua dignidade, saúde e segurança, a proteção de seus interesses econômicos, a melhoria da sua qualidade de vida, bem como a transparência e harmonia das relações de consumo, atendidos os seguintes princípios – alicerces da lei:

- reconhecimento da vulnerabilidade do consumidor no mercado de consumo;
- ação governamental no sentido de proteger efetivamente o consumidor:
  » por iniciativa direta;
  » por incentivos à criação e desenvolvimento de associações representativas;
  » pela presença do Estado no mercado de consumo;
  » pela garantia dos produtos e serviços com padrões adequados de qualidade, segurança, durabilidade e desempenho.
- harmonização dos interesses dos participantes das relações de consumo e compatibilização da proteção do consumidor com a necessidade de desenvolvimento econômico e tecnológico, de modo a viabilizar os princípios nos quais se funda a ordem econômica (art. 170 da CF/1988), sempre com base na boa-fé e no equilíbrio nas relações entre consumidores e fornecedores;
- educação e informação de fornecedores e consumidores, quanto a seus direitos e deveres, com vistas à melhoria do mercado de consumo;
- incentivo à criação, pelos fornecedores, de meios eficientes de controle de qualidade e segurança de produtos e serviços, assim como de mecanismos alternativos de solução de conflitos de consumo;
- coibição e repressão eficientes de todos os abusos praticados no mercado de consumo, inclusive a concorrência desleal e a utilização indevida de inventos

e criações industriais das marcas, nomes comerciais e signos distintivos, que possam causar prejuízos aos consumidores;

- racionalização e melhoria dos serviços públicos;
- estudo constante das modificações do mercado de consumo.

7.2 CONCEITOS: CONSUMIDOR, FORNECEDOR E PRODUTO

Consumidor é toda pessoa física ou jurídica que adquire ou utiliza produto ou serviço como destinatário final. Equipara-se a consumidor toda a coletividade de pessoas, ainda que indetermináveis, que haja intervindo nas relações de consumo.

Fornecedor, por sua vez, é toda pessoa física ou jurídica, pública ou privada, nacional ou estrangeira, bem como os entes despersonalizados, que desenvolvem atividades de produção, montagem, criação, construção, transformação, importação, exportação, distribuição ou comercialização de produtos ou prestação de serviços.

Produto é qualquer bem, móvel ou imóvel, material ou imaterial, e *serviço* é qualquer atividade fornecida no mercado de consumo, mediante remuneração, inclusive as de natureza bancária, financeira, de crédito e securitária, salvo as decorrentes das relações de caráter trabalhista.

O CDC estabelece obrigações e princípios que devem ser observados pelos governos e fornecedores na defesa do consumidor, podendo-se destacar os princípios da vulnerabilidade do consumidor e da ação governamental.

7.3 INSTRUMENTOS DA POLÍTICA NACIONAL DAS RELAÇÕES DE CONSUMO

De acordo com o CDC, foram criados diversos *instrumentos para execução da Política Nacional das Relações de Consumo*, facilitando que o consumidor busque soluções judiciais e extrajudiciais para resolver situações de desrespeito legal:

- assistência judiciária;
- promotoria de justiça;
- delegacias de polícia;
- Juizado especial cível;
- associações de defesa do consumidor.

O CDC prevê, inclusive, a utilização de tratados e convenções internacionais, desde que aprovados pelo Congresso Nacional.

7.4 DIREITOS DO CONSUMIDOR

De acordo com o CDC (art. 6º), foram estabelecidos uma série de direitos básicos do consumidor:

- a proteção da vida, da saúde e da segurança contra os riscos provocados por práticas no fornecimento de produtos e serviços considerados perigosos ou nocivos;
- a educação e divulgação sobre o consumo adequado dos produtos e serviços;
- a informação adequada e clara sobre os diferentes produtos e serviços, com especificação correta de quantidade, características, composição, qualidade, tributos incidentes e preço, bem como sobre os riscos que apresentem; inclusive, esta informação deve ser acessível a pessoa com deficiência;
- a proteção contra a publicidade enganosa e abusiva, métodos comerciais coercitivos ou desleais, bem como contra práticas e cláusulas abusivas ou impostas no fornecimento de produtos e serviços;
- a modificação das cláusulas contratuais que estabeleçam prestações desproporcionais ou sua revisão em razão de fatos supervenientes que as tornem excessivamente onerosas;
- a efetiva prevenção e reparação de danos patrimoniais e morais, individuais, coletivos e difusos;
- o acesso aos órgãos judiciários e administrativos com vistas à prevenção ou reparação de danos patrimoniais e morais, individuais, coletivos ou difusos, assegurada a proteção jurídica, administrativa e técnica aos necessitados;
- a facilitação da defesa de seus direitos, inclusive com a inversão do ônus da prova a seu favor no processo civil quando, a critério do juiz, for verossímil a alegação ou quando for ele hipossuficiente, segundo as regras ordinárias de experiências;
- a adequada e eficaz prestação dos serviços públicos em geral.

Assim, o consumidor, de posse desses direitos, poderá acionar os órgãos de defesa do consumidor ou o judiciário, caso não obtenha êxito diretamente com o fornecedor, como vimos no exemplo de Joy e a lata de pêssego, no Capítulo 1.

7.5 OBRIGAÇÕES DO FORNECEDOR

O CDC disciplina a segurança do produto ou serviço, as responsabilidades bem como determina as garantias dos produtos e serviços a cargo do fornecedor/fabricante.

Os produtos e serviços colocados no mercado de consumo não acarretarão riscos à saúde ou à segurança dos consumidores, exceto os considerados normais e previsíveis em decorrência de sua natureza e fruição, obrigando-se os fornecedores, em qualquer hipótese, a dar as informações necessárias e adequadas a seu respeito.

É de responsabilidade do fabricante, do produtor, do construtor, nacional ou estrangeiro, e do importador, independentemente da existência de culpa, a *reparação dos danos* causados aos consumidores por defeitos decorrentes de projeto, fabricação, construção, montagem, fórmulas, manipulação, apresentação ou acondicionamento de seus produtos, bem como por informações insuficientes ou inadequadas sobre sua utilização e riscos.

Quando se tratar de *vício de produto e serviço*, os fornecedores de produtos de consumo duráveis ou não duráveis respondem solidariamente pelos vícios de qualidade ou quantidade que os tornem impróprios ou inadequados ao consumo a que se destinam ou lhes diminuam o valor, assim como por aqueles decorrentes da disparidade, com indicações constantes do recipiente, da embalagem, rotulagem ou mensagem publicitária, respeitadas as variações decorrentes de sua natureza, podendo o consumidor exigir a substituição das partes viciadas.

O CDC garante o direito de reclamar pelos vícios aparentes ou de fácil constatação, que caduca em 30 dias, tratando-se de fornecimento de serviço e de produtos não duráveis, e, em 90 dias, tratando-se de fornecimento de serviço e de produtos duráveis. Tratando-se de vício oculto, o prazo decadencial inicia-se no momento em que ficar evidenciado o defeito.

A *garantia contratual* (art. 50 do CDC) é o complemento à garantia legal; é também facultativa, a critério do fornecedor, podendo ser acordada entre fornecedor e consumidor. A garantia legal é obrigatória e independe da vontade das partes. Deve ser registrada por escrito e soma-se aos prazos do art. 26 do CDC (de 30 e 90 dias).

Quanto a esses prazos, é interessante observar o termo de garantia oferecido pelo fabricante. Por exemplo, se em determinado produto constar prazo de garantia de 12 meses, você deve somar 90 dias, que é o prazo da garantia legal; desta forma você terá uma garantia de quase 15 meses. Ou seja, você deve sempre somar a garantia do fabricante ao prazo da garantia legal, mas se o fabricante informar "prazo legal de 90 dias", então este é o único prazo que você possui como garantia.

Entretanto, caso seja necessário ajuizar uma ação, o CDC disciplina que prescreve em cinco anos a pretensão à reparação pelos danos causados por fato do produto ou do serviço, iniciando-se a contagem do prazo a partir do conhecimento do dano

212 Instituições de Direito

e de sua autoria. Findo esse prazo, opera-se a prescrição, que é a extinção de direitos subjetivos que deixaram de ser constituídos pela inércia dos titulares, em determinado período de tempo.

7.6 DIREITO À INFORMAÇÃO

O CDC também esclarece que o consumidor passa a ter direito à informação sobre a nocividade ou periculosidade do que vai comprar, excluindo o comerciante da obrigação de informar sobre produto industrializado. Todavia, a responsabilidade pela informação sobre a periculosidade ou nocividade do produto ou serviço recai também sobre o comerciante, e não apenas sobre o fabricante.

O direito de informação também se evidencia no dever do fornecedor de retirar do mercado produto que possa trazer periculosidade ou nocividade ao consumidor, bem como de corrigir defeitos, avisar as autoridades e colocar avisos publicitários quando, após a colocação do produto no mercado, forem descobertos tais fatos (por exemplo, o *recall*).

No tocante às *práticas comerciais*, o CDC dispõe sobre:

- a oferta (arts. 30 a 35);
- a publicidade (arts. 36 a 38);
- as práticas abusivas (arts. 39 a 41);
- a cobrança de dívidas (art. 42);
- os bancos de dados e cadastros de consumidores (arts. 43 e 44).

Sobre a *oferta*, vale registrar:

- a necessidade do direito à informação;
- o fato de que a oferta vincula o fornecedor;
- que as ofertas, promoções e ou vantagens contidas em folhetos publicitários fazem parte integrante do contrato;
- que as informações devem ser claras, precisas, corretas, em língua portuguesa e de fácil compreensão.

Just e querido leitor, aqui há uma questão que deve ser observada no ato da compra!

Sabe quando você vê um folheto de uma grande rede anunciando, por exemplo, um computador com especificações que te interessam e com ótimo preço? Então, ao comprá-lo, exija a nota fiscal e grampeie na nota o panfleto em que constam as especificações do produto, pois, se um dia tiver problemas com seu computador e a assistência técnica não constatar a configuração anunciada, você poderá reclamar, independentemente do prazo de garantia legal.

Importa salientar que não pode haver *publicidade camuflada*; é proibida a publicidade enganosa (falsa, capaz de induzir o consumidor a erro)) ou abusiva (relacionada a valores da sociedade – arts. 39 a 41).

As *práticas abusivas* são as condições irregulares de negociação nas relações de consumo, que ferem a boa-fé, os bons costumes, a ordem pública e a ordem jurídica, excluindo a concorrência desleal, porque ocorrem entre fornecedor e fornecedor. O envio de produtos sem solicitação é considerado amostra grátis, assim como o orçamento prévio sem autorização do consumidor para execução do serviço, se executado pelo fornecedor, também é tido como amostra grátis (art. 39, parágrafo único).

De acordo com a lei, o *orçamento prévio* (art. 40) tem validade de dez dias, sendo necessária a autorização expressa do consumidor para execução do serviço, senão, se o serviço for realizado sem esta autorização expressa, este será considerado amostra grátis.

Do mesmo modo, o CDC consagra a *responsabilidade objetiva do fornecedor*, que se traduz no *dever de indenizar.*

7.7 COMPRA FORA DO ESTABELECIMENTO COMERCIAL

Outro ponto a ser enfatizado refere-se ao *prazo de arrependimento* (art. 47), que incide quando uma compra é efetuada fora do estabelecimento comercial, especialmente por telefone ou em domicílio (pela internet, aplicativos etc.). Também chamado de *prazo para reflexão*, este prazo é de sete dias, contado a partir da conclusão do contrato ou do ato do recebimento do produto ou serviço, se posterior ao contrato, excluindo o dia do início e incluindo o do final.

Assim, se você compra um produto pela internet, porque ficou empolgado(a) naquele momento e ao recebê-lo verifica que não precisa, que foi uma compra por impulso ou que não corresponde às suas expectativas, poderá efetuar a devolução em até sete dias após a entrega e receber de volta o valor pago. Isso não ocorre se você comprar o produto em uma loja física, podendo o fornecedor, a seu critério, efetuar a troca do produto por outro, mas não a devolução do valor pago.

7.8 CRIMES E SANÇÕES

O art. 56 enumera em seus 12 incisos as sanções administrativas a que estão sujeitos os fornecedores de produtos ou serviços, sem prejuízo das sanções de natureza civil, penal e das definidas em normas específicas; pode haver cumulatividade entre as sanções administrativas.

Constituem crimes contra as relações de consumo, previstos no CDC, sem prejuízo do disposto no Decreto-lei n. 2.848/1940, o Código Penal[3] e nas leis especiais que venham a ser criadas e tratem deste tema, as condutas tipificadas nos arts. 61 a 80. Segue uma transcrição sucinta desses tipos penais da lei:

- Omissão de informações, que devem constar de modo ostensivo, sobre a nocividade ou periculosidade de produtos nas embalagens, nos invólucros, nos recipientes ou na publicidade, bem como alertas, mediante recomendações escritas ostensivas, sobre a periculosidade do serviço a ser prestado (art. 63 do CDC).
- Deixar de comunicar à autoridade competente e aos consumidores a nocividade ou periculosidade de produtos cujo conhecimento seja posterior à sua colocação no mercado (art. 64 do CDC).
- Executar serviço de alto grau de periculosidade, contrariando determinação de autoridade competente (art. 65 do CDC).
- Fazer afirmação falsa ou enganosa, ou omitir informação relevante sobre a natureza, característica, qualidade, quantidade, segurança, desempenho, durabilidade, preço ou garantia de produtos ou serviços, bem como aquele que patrocinar a oferta destes produtos (art. 66 do CDC).
- Fazer ou promover publicidade que sabe ou deveria saber ser enganosa ou abusiva (art. 67 do CDC).
- Fazer ou promover publicidade que sabe ou deveria saber ser capaz de induzir o consumidor a se comportar de forma prejudicial ou perigosa a sua saúde ou segurança (art. 68 do CDC).
- Deixar de organizar dados fáticos, técnicos e científicos que dão base à publicidade (art. 69 do CDC).
- Empregar, na reparação de produtos, peça ou componentes de reposição usados, sem autorização do consumidor (art. 70 do CDC).

---

3 BRASIL. *Decreto-lei n. 2.848, de 7 de dezembro de 1940*. Código Penal. Disponível em: http://www.planalto.gov.br/ccivil_03/decreto-lei/del2848compilado.htm. Acesso em: 15 jul. 2019.

- Utilizar, na cobrança de dívidas, de ameaça, coação, constrangimento físico ou moral, afirmações falsas incorretas ou enganosas ou de qualquer outro procedimento que exponha o consumidor, injustificadamente, a ridículo ou interfira com seu trabalho, descanso ou lazer (art. 71 do CDC).
- Impedir ou dificultar o acesso do consumidor às informações que sobre ele constem em cadastros, banco de dados, fichas e registros (art. 72 do CDC).
- Deixar de corrigir imediatamente informação sobre consumidor constante de cadastro, banco de dados, fichas ou registros que sabe ou deveria saber ser inexata (art. 73 do CDC).
- Deixar de entregar ao consumidor o termo de garantia adequadamente preenchido e com especificação clara de seu conteúdo (art. 74 do CDC).

As sanções são todas de detenção e variam de três meses a dois anos de pena, e multa, a depender da ocorrência delituosa. Fica estabelecido ainda, como circunstâncias agravantes dos crimes tipificados no CDC, o fato do crime ser cometido em época de grave crise econômica ou por ocasião de calamidade; se ocasionar grave dano individual ou coletivo; se ocorrer a dissimulação da natureza ilícita do procedimento; se for praticado em operações que envolvam alimentos, medicamentos ou quaisquer outros produtos ou serviços essenciais; e, quando cometidos por:

- servidor público, ou por pessoa cuja condição econômico-social seja manifestamente superior à da vítima;
- em detrimento de operário ou rurícola;
- de menor de dezoito ou maior de sessenta anos ou de pessoas portadoras de deficiência mental interditadas ou não.

Incidirão, sobre quem concorrer para os crimes referidos no CDC, as penas a esses cominadas na medida de sua culpabilidade, bem como o diretor, administrador ou gerente da pessoa jurídica que promover, permitir ou por qualquer modo aprovar o fornecimento, oferta, exposição à venda ou manutenção em depósito de produtos ou a oferta e prestação de serviços nas condições por ele proibidas.

Just e leitor, lembram da minha boneca? Então, se houvesse essa lei, além de ter denunciado a propaganda enganosa, meus pais poderiam ter comprado a boneca pela internet e depois devolvido por não corresponder às minhas expectativas!
Diversos são os crimes. Convido você a fazer uma leitura do CDC! Aliás, tanto a Constituição Federal como o Código de Defesa do Consumidor deveriam ser ensinados desde o primeiro ano do Ensino Fundamental.

7.9 DA DEFESA DO CONSUMIDOR EM JUÍZO

A defesa dos interesses e direitos dos consumidores e das vítimas poderá ser exercida em juízo individualmente ou a título coletivo.

O art. 81 do CDC, I, conceitua os "interesses ou direitos difusos como os transindividuais, de natureza indivisível, de que sejam titulares pessoas indeterminadas e ligadas por circunstâncias de fato".

Por sua vez, o inciso II conceitua os "interesses ou direitos coletivos como os transindividuais de natureza indivisível, de que seja titular grupo, categoria ou classe de pessoas ligadas entre si ou com a parte contrária por uma relação jurídica-base".

O inciso III trata dos "interesses ou direitos individuais homogêneos, como os decorrentes de origem comum".

É importante ressaltar que a definição do art. 81, I, é utilizada nos demais ramos dos direitos difusos, entre eles o direito ambiental.

CAPÍTULO 8

DIREITO ADMINISTRATIVO

Just, agora que você chegou a este capítulo, deve estar se perguntando por que precisa saber direito administrativo. Com seu talento para empreender, você não tem interesse algum em ser funcionário público. Pois bem, surpreenda-se: o Estado é o maior comprador de bens e serviços do país. Ele não produz nada, administra os recursos provenientes dos impostos com o orçamento público e precisa de fornecedores de bens e prestadores de serviços. Percebeu agora a importância de entender a estrutura do Estado e até, quem sabe, tê-lo como cliente? Ah! As compras de bens e serviços pelo Estado ocorrem por meio de um processo legal de contratação chamado licitação.

Entretanto, vale anotar que o Estado só pode fazer o que está previsto na lei; para tudo ele precisa de uma lei autorizadora.

Costumo dizer que o Estado está contido em uma caixinha chamada LEI!

E se você, leitor, tiver uma MEI, ou ME ou EPP, saiba que há editais de licitação com oportunidades, com direito de preferência para estas empresas!

Vamos entender como isso funciona?

8.1 NOÇÕES BÁSICAS DE DIREITO ADMINISTRATIVO

No chamado direito administrativo tem-se o arcabouço legal para a ação governamental, na esfera do direito público. A base estrutural do direito administrativo deriva da Constituição Federal em vigor.

Direito administrativo é o ramo do direito público que tem por objeto o estudo das normas jurídicas relativas ao exercício da função administrativa do Estado. Ou seja, é o conjunto de regras que se impõem às pessoas jurídicas de direito público e às pessoas jurídicas de direito privado que exercem função administrativa, estas últimas como delegadas do Estado, realizando os fins desejados pela ordem jurídica e, idealmente, o bem comum. É o conjunto harmônico de princípios jurídicos que regem os órgãos, os agentes, as atividades públicas tendentes a realizar concreta, direta e imediatamente os fins desejados pelo Estado.

218   Instituições de Direito

8.2 PRINCÍPIOS DE DIREITO ADMINISTRATIVO

Os princípios são linhas gerais aplicadas a determinada área do direito, constituindo as bases e determinando as estruturas em que se assentam institutos e normas jurídicas. São de grande importância e aplicação no direito administrativo. Princípios de uma ciência são as proposições básicas, fundamentais, típicas que condicionam todas as estruturas subsequentes.

A Constituição Federal de 1988 (CF/1988),[1] no *caput* do art. 37, estabelece cinco princípios da Administração Pública (direta e indireta):

1. legalidade;
2. impessoalidade;
3. moralidade;
4. publicidade;
5. eficiência.

Exatamente por estarem textualmente previstos no Texto Constitucional, esses princípios são chamados de *princípios expressos*, em oposição a outros princípios que, por não estarem elencados de forma expressa na Constituição (embora por ela acolhidos), são chamados de *princípios reconhecidos* ou *princípios implícitos*.

Portanto, os princípios jurídicos são as ideias centrais do sistema, que norteiam toda a interpretação jurídica, conferindo a ele um sentido lógico e harmonioso. Os princípios estabelecem o alcance e sentido amplo das regras existentes no ordenamento jurídico.

De acordo com a Constituição Federal:[2]

> Art. 37. A administração pública direta e indireta de qualquer dos Poderes da União, dos Estados, do Distrito Federal e dos Municípios obedecerá aos **princípios de legalidade, impessoalidade, moralidade, publicidade e eficiência** [...]

8.2.1 Princípio da legalidade

No art. 5º, II, da CF/1988 o encontramos de forma genérica, e no art. 37, *caput*, especificamente para a Administração Pública, aplicado de forma mais rigorosa e

---

[1] BRASIL. *Constituição da República Federativa do Brasil de 1988*. Disponível em: http://www.planalto.gov.br/ccivil_03/constituicao/constituicaocompilado.htm. Acesso em: 15 jul. 2019.

[2] BRASIL, 1988.

especial, pois esta somente poderá fazer o que estiver expressamente autorizado em lei e nas demais espécies normativas em vigor. Não existe, assim a incidência de sua vontade subjetiva, pois à Administração Pública só é permitido fazer o que a lei autoriza, diferentemente da esfera particular, em que é permitida a realização de tudo o que a lei não proíba.

O administrador público é executor do direito, atua sem finalidade própria. Assim, o princípio da legalidade é fundamento do Estado Democrático de Direito, tendo por fim combater o poder arbitrário do Estado. Os conflitos devem ser resolvidos pela lei e não mais por meio da força.

Esclarece o mestre Hely Lopes Meirelles que

> a legalidade, como princípio de administração significa que o administrador público está, em toda sua atividade funcional, sujeito aos mandamentos da lei, e as exigências do bem comum, e deles não se pode afastar ou desviar, sob pena de praticar ato inválido e expor-se a responsabilidade disciplinar, civil e criminal, conforme o caso.[3]

Em decorrência do princípio da legalidade, é costumeira a afirmação de que a Administração Pública não pode agir contra a lei ou além da lei, só podendo agir nos estritos limites da lei.

O princípio da legalidade aparece simultaneamente como um limite e como uma garantia, à atuação do Poder Público.

A determinação de que o Estado só poderá atuar com base na lei, também é uma garantia a nós administrados, pois só deveremos cumprir as exigências do Estado se estiverem previstas na lei. Se as exigências não estiverem de acordo com a lei, serão inválidas, portanto estarão sujeitas ao controle do Poder Judiciário.

No direito público a atividade administrativa deve estar baseada na subordinação da lei, enquanto no direito privado a atividade desenvolvida pelos particulares deve se pautar na não contradição com a lei.

---

[3] MEIRELLES, H. L. *Direito administrativo brasileiro*. 30. ed. São Paulo: Malheiros, 2005. p. 92.

8.2.2 Princípio da impessoalidade

A Administração deve manter-se em posição de neutralidade em relação aos administrados, ficando proibida de estabelecer discriminações gratuitas. Só pode fazer discriminações que se justifiquem em razão do interesse coletivo, caso contrário caracterizarão abuso de poder e desvio de finalidade, que são espécies do gênero ilegalidade.

A impessoalidade estabelece que a Administração Pública não deve conter a marca pessoal do administrador, ou seja, os atos públicos não são praticados pelo servidor, e sim pela Administração a que ele pertence.

Segundo Celso Antônio Bandeira de Mello,[4] a impessoalidade funda-se no postulado da isonomia e tem desdobramentos explícitos em variados dispositivos constitucionais, como o art. 37, II, que exige concurso público para ingresso em cargo ou emprego público, ou o art. 37, XXI, que exige que as licitações públicas assegurem igualdade de condições a todos os concorrentes.

De acordo com Hely Lopes Meirelles,[5] este nada mais é do que o clássico princípio da finalidade, que impõe ao administrador público que só pratique o ato para o seu fim legal. E o fim legal é unicamente aquele que a norma de direito indica expressa ou virtualmente e com o objetivo do ato, de forma impessoal.

A impossibilidade pode se dar de diversas formas, por exemplo:

* impessoalidade para ingressar na Administração Pública: o administrador não pode contratar quem quiser, mas somente quem passar no concurso público, respeitando a ordem de classificação. O concurso pode trazer discriminações somente se estiverem relacionadas à natureza do cargo;
* impessoalidade na contratação de serviços ou aquisição de bens: o administrador só poderá contratar mediante licitação. O edital de licitação pode trazer discriminações, desde que com amparo legal;
* impessoalidade na liquidação de seus débitos: a Administração deve respeitar a ordem cronológica de apresentação dos precatórios para evitar privilégios. Se for quebrada a ordem, pode gerar sequestro de verbas públicas, crime de responsabilidade e intervenção federal. À exceção dos créditos de natureza alimentar, os pagamentos devidos pela Fazenda Federal, Estadual ou Muni-

---

[4] BANDEIRA DE MELLO, C. A. *Conteúdo jurídico do princípio da igualdade.* 3. ed. São Paulo: Malheiros, 1999. BANDEIRA DE MELLO, C. A. *Curso de direito administrativo.* 11. ed. São Paulo: Malheiros, 1998. BANDEIRA DE MELLO, C. A. *Teoria geral do direito.* São Paulo: Saraiva, 1975.

[5] MEIRELLES, H. L. *Direito administrativo brasileiro.* São Paulo: Malheiros, 1998.

cipal em virtude de sentença judiciária serão feitos exclusivamente na ordem cronológica de apresentação dos precatórios e à conta dos créditos respectivos, proibida a designação de casos ou pessoas nas dotações orçamentárias e nos créditos adicionais abertos para esse fim (art. 100 da CF/1988).

Nesse princípio, evidencia-se a chamada "teoria do órgão", que atribui a responsabilidade pelos danos causados a terceiros em vista de atos administrativos não ao agente que os praticou, mas à pessoa jurídica por eles representada.

Dispõe a CF/1988: "As pessoas jurídicas de direito público e as de direito privado prestadoras de serviço público responderão pelos danos que seus agentes, nessa qualidade, causarem a terceiros, assegurado o direito de regresso contra o responsável nos casos de dolo ou culpa" (art. 37, § 6º).

A CF/1988 também dispõe sobre a publicidade nos meios de comunicação de atos do governo: "A publicidade dos atos, programas, obras, serviços e campanhas dos órgãos públicos deverá ter caráter educativo, informativo, ou de orientação social, dela não podendo constar nomes, símbolos ou imagens que caracterizem promoção pessoal de autoridade ou servidores públicos" (art. 37, § 1º).

A publicidade dos atos de governo deve ser impessoal em razão dos interesses que o Poder Público representa quando atua. Tal publicidade é uma obrigação imposta ao administrador, não tendo qualquer relação com a propaganda eleitoral gratuita.

8.2.3 Princípio da moralidade

Pelo princípio da moralidade administrativa, não bastará ao administrador público o estrito cumprimento da legalidade, devendo ele, no exercício de sua função pública, respeitar os princípios éticos da razoabilidade e justiça, pois a moralidade constitui, a partir da CF/1988, pressuposto de validade de todo ato da Administração Pública. Esse princípio está diretamente ligado à ideia da probidade, dever inerente do administrador público.

A moralidade administrativa como princípio, segundo Hely Lopes Meirelles,[6] "constitui hoje pressuposto de validade de todo ato da Administração Pública".

O administrador público deve agir em conformidade com a lei e ter a honestidade como virtude permanente no exercício de seu cargo.

A conduta do administrador público em desrespeito ao princípio da moralidade administrativa enquadra-se nos denominados atos de improbidade, previstos

---

6 MEIRELLES, H. L. *Direito administrativo brasileiro*. 35. ed. São Paulo: Malheiros, 2002. p. 90.

no art. 37, § 4º, da CF/1988, e sancionados com a suspensão dos direitos políticos, a perda da função pública, a indisponibilidade dos bens e o ressarcimento ao erário (cofres públicos), na forma e gradação previstas em lei, sem prejuízo da ação penal cabível. O Ministério Público pode propor ação civil pública por ato de improbidade, com base na Lei n. 8.429/1992,[7] a fim de que o Poder Judiciário exerça o controle jurisdicional sobre lesão ou ameaça de lesão ao patrimônio público (ver art. 85, V, e art. 5º, LXXIII, da CF/1988).

8.2.3.1 Instrumentos para combater a imoralidade dos atos administrativos

Dois instrumentos legais são aptos ao combate da imoralidade nos atos administrativos:

1. **ação civil pública:** art. 129, III, da CF/1988 + Lei n. 7.347/1985.[8] Só pode ser promovida por pessoa jurídica, por exemplo, Ministério Público, Associação de Classe etc.

2. **ação popular:** art. 5º, LXXIII, da CF/1988 + Lei n. 4.717/1965.[9] Só pode ser promovida por pessoa física que esteja em pleno exercício dos direitos políticos.

> Qualquer cidadão é parte legítima para propor ação popular que vise a anular ato lesivo ao patrimônio público ou entidade de que o Estado participe, à moralidade administrativa, ao meio ambiente e ao patrimônio histórico e cultural, ficando o autor, salvo comprovada má fé, isento de custas judiciais e ônus de sucumbência.[10]

Assim determina o art. 5º da CF/1988. Tendo em vista que só se anula o que é ilegal, confirma-se a ideia de que ato imoral é ato ilegal.

Determina a Súmula 365 do Supremo Tribunal Federal (STF):[11]

---

[7] BRASIL. *Lei n. 8.429, de 2 de junho de 1992.* Dispõe sobre as sanções aplicáveis aos agentes públicos nos casos de enriquecimento ilícito no exercício de mandato, cargo, emprego ou função na administração pública direta, indireta ou fundacional e dá outras providências. Disponível em: http://www.planalto.gov.br/ccivil_03/leis/l8429.htm. Acesso em: 15 jul. 2019.

[8] BRASIL. *Lei n. 7.347, de 24 de julho de 1985.* Disciplina a ação civil pública de responsabilidade por danos causados ao meio-ambiente, ao consumidor, a bens e direitos de valor artístico, estético, histórico, turístico e paisagístico (VETADO) e dá outras providências. Disponível em: http://www.planalto.gov.br/ccivil_03/leis/l7347orig.htm. Acesso em: 15 jul. 2019.

[9] BRASIL. *Lei n. 4.717, de 29 de junho de 1965.* Regula a ação popular. Disponível em: http://www.planalto.gov.br/ccivil_03/LEIS/L4717.htm. Acesso em: 15 jul. 2019.

[10] BRASIL, 1988.

[11] BRASIL. STF. *Súmula 365.* Disponível em: http://www.stf.jus.br/portal/jurisprudencia/menuSumarioSumulas.asp?sumula=2667. Acesso em: 15 jul. 2019.

> Pessoa jurídica não tem legitimidade para propor ação popular.

O prazo prescricional para propositura da ação de improbidade administrativa é de cinco anos, a contar do término do exercício do mandato, cargo em comissão ou função de confiança (art. 23, I, da Lei n. 8.429/1992).[12]

8.2.3.2 Hipóteses exemplificativas de imoralidade administrativa

São exemplos de atos praticados com imoralidade administrativa:

* atos de improbidade administrativa que importem enriquecimento ilícito (art. 9º da Lei n. 8.429/1992). Exemplo: utilização em obra ou serviço particular de veículos, materiais ou equipamentos públicos;
* atos de improbidade administrativa que importem prejuízo ao erário (art. 10 da Lei n. 8.429/1992). Exemplo: aquisição, permuta ou locação de bem ou serviço por preço superior ao do mercado;
* atos de improbidade administrativa que atentem contra os princípios da Administração (art. 11 da Lei n. 8.429/1992). Exemplo: fraude à licitude de concurso público.

É crime de responsabilidade o ato do presidente da República que atente contra a Constituição Federal, especialmente contra a probidade administrativa (art. 85, V, da CF/1988).

8.2.3.3 Sanções aos agentes públicos que pratiquem atos imorais

Dispõe o art. 37, § 4º, da CF/1988:[13]

> Os atos de improbidade administrativa importarão na suspensão dos direitos políticos, a perda da função pública, a indisponibilidade dos bens e ressarcimento ao erário (cofres públicos), na forma e gradação previstas em lei, sem prejuízo da ação penal cabível.

Essas sanções podem ser aplicadas simultaneamente, precedendo de instrumentos que apurem as irregularidades praticadas pelo servidor, ou seja, de processo administrativo disciplinar ou sindicância, garantindo o contraditório e a ampla

---

[12] BRASIL, 1992.

[13] BRASIL, 1988.

224 Instituições de Direito

defesa. Cabe ao legislador infraconstitucional estabelecer a forma e a gradação dessas sanções.

Na hipótese dos atos de improbidade administrativa que importem enriquecimento ilícito (art. 12, I, da Lei n. 8.429/1992), as sanções podem ser:

- perda dos bens ou valores acrescidos ilicitamente ao patrimônio;
- ressarcimento integral do dano, quando houver;
- perda da função pública;
- suspensão dos direitos políticos de 8 a 10 anos;
- pagamento de multa de até três vezes o valor do acréscimo patrimonial;
- proibição de contratar com o Poder Público, receber benefícios, incentivos fiscais ou creditícios, direta ou indiretamente, ainda que por intermédio de pessoa jurídica da qual seja sócio majoritário, pelo prazo de dez anos.

Na hipótese dos atos de improbidade administrativa que causem prejuízo ao erário (art. 12, II, da Lei n. 8.429/1992), as sanções podem ser:

- ressarcimento integral do dano;
- perda dos bens ou valores acrescidos ilicitamente ao patrimônio, se concorrer essa circunstância;
- perda da função pública;
- suspensão dos direitos políticos de cinco a oito anos;
- pagamento de multa civil de até duas vezes o valor do dano;
- proibição de contratar com o Poder Público, receber benefícios, incentivos fiscais ou creditícios, direta ou indiretamente, ainda que por intermédio de pessoa jurídica da qual seja sócio majoritário, pelo prazo de cinco anos;

Na hipótese dos atos de improbidade administrativa que atentem contra os princípios da Administração Pública (art. 12, III, da Lei n. 8.429/1992), as sanções podem ser:

- ressarcimento integral do dano, se houver;
- perda da função pública;
- suspensão dos direitos políticos de três a cinco anos;
- pagamento de multa civil de até 100 vezes o valor da remuneração percebida pelo agente;
- proibição de contratar com o Poder Público, receber benefícios, incentivos fiscais ou creditícios, direta ou indiretamente, ainda que por intermédio de pessoa jurídica da qual seja sócio majoritário, pelo prazo de três anos.

CAPÍTULO 8 | DIREITO ADMINISTRATIVO 225

8.2.4 Princípio da publicidade[14]

Segundo esse princípio, a Administração Pública deve dar ampla divulgação de seus atos, ressalvada a hipótese de sigilo. A regra é a divulgação. O sigilo é hipótese excepcionalíssima.

Pode ser conceituado como o dever da Administração de manter plena transparência de todos os seus comportamentos, inclusive de oferecer informações que estejam armazenadas em seus bancos de dados, quando sejam solicitadas, em razão dos interesses que ela representa quando atua.

Todos têm direito a receber dos órgãos públicos informações de seu interesse particular, ou de interesse coletivo ou geral, que serão prestadas no prazo da lei, sob pena de responsabilidade, ressalvadas aquelas cujo sigilo seja imprescindível à segurança da sociedade e do Estado (art. 5º, XXXIII, da CF/1988). O prazo para que as informações sejam prestadas é de 15 dias (Lei n. 9.051/1995).[15]

A lei disciplinará as formas de participação dos usuários na Administração direta e indireta, regulando especialmente o acesso destes a registros administrativos e a informações sobre atos de governo, observado o disposto no art. 5º, X e XXXIII (veja o art. 37, § 3º, II, da CF/1988).

Tal princípio prega que a publicação em órgão oficial é requisito de eficácia dos atos administrativos que devam produzir efeitos externos ou que impliquem oneração do patrimônio público. Ou seja, enquanto não for publicado, levado a conhecimento de todos, o ato administrativo não produzirá efeitos.

8.2.4.1 Exceções ao princípio da publicidade

Tendo em vista que algumas informações deverão permanecer em sigilo, podemos concluir que o princípio da publicidade não é absoluto. Ele não pode obrigar a Administração a divulgar informações que comprometam o direito à intimidade das pessoas (art. 37, § 3º, II, da CF/1988): "São invioláveis a intimidade, a vida privada, a honra e a imagem das pessoas, assegurado o direito a indenização pelo dano material ou moral decorrente de sua violação" (art. 5º, X).[16] O mesmo vale para informações de interesse particular ou coletivo quando imprescindíveis para a segurança da sociedade ou do Estado (art. 5º, XXXIII, da CF/1988).

---

[14] Arts. 37, *caput* e § 1º, 5º, XXXII, da CF/1988.

[15] BRASIL. *Lei n. 9.051, de 18 de maio de 1995*. Dispõe sobre a expedição de certidões para a defesa de direitos e esclarecimentos de situações. Disponível em: http://www.planalto.gov.br/ccivil_03/leis/l9051.htm. Acesso em: 15 jul. 2019.

[16] BRASIL, 1988.

226 Instituições de Direito

8.2.4.2 Garantias contra a negativa injustificada de oferecimento pelo Poder Público

São duas:

1. **Habeas data:** tem cabimento quando a informação negada injustificadamente é personalíssima (a respeito do requerente). Toda informação a meu respeito é de meu interesse particular, mas nem toda informação de meu interesse particular é a meu respeito;

2. **Mandado de segurança:** tem cabimento quando a informação negada injustificadamente é de meu interesse privado, de interesse coletivo ou geral. Cabe mandado de segurança, pois tenho direito líquido e certo a obter informações de meu interesse privado ou coletivo e geral. Exemplo: informação sobre o número em que está o precatório; sobre um parente que desapareceu; sobre plano de desapropriação em determinado imóvel; sobre a transferência de um preso para outra penitenciária. A negativa de publicidade aos atos oficiais caracteriza improbidade administrativa, atentando contra os princípios da Administração Pública (art. 11, IV, da Lei n. 8.429/1992). O não oferecimento de certidões de atos ou contratos municipais dentro do prazo estabelecido em lei gera, como consequência, a caracterização de crime de responsabilidade do prefeito (art. 1º, XV, do Decreto-lei n. 201/1967).[17]

8.2.5 Princípio da eficiência

A Administração Pública deve buscar o aperfeiçoamento na prestação dos serviços públicos, mantendo ou melhorando a qualidade destes, com economia de despesas.

Binômio: qualidade nos serviços + racionalidade de gastos.

É relevante lembrar que, mesmo antes da inclusão desse princípio na Constituição, por meio da Emenda Constitucional n. 19/1998,[18] a Administração já

---

[17] BRASIL. *Decreto-lei n. 201, de 27 de fevereiro de 1967.* Dispõe sobre a responsabilidade dos Prefeitos e Vereadores, e dá outras providências. Disponível em: http://www.planalto.gov.br/ccivil_03/Decreto-Lei/Del0201.htm. Acesso em: 15 jul. 2019.

[18] BRASIL. *Emenda Constitucional n. 19, de 4 de junho de 1998.* Modifica o regime e dispõe sobre princípios e normas da Administração Pública, servidores e agentes políticos, controle de despesas e finanças públicas e custeio de atividades a cargo do Distrito Federal, e dá outras providências. Disponível em: http://www.planalto.gov.br/ccivil_03/Constituicao/Emendas/Emc/emc19.htm. Acesso em: 15 jul. 2019.

tinha a obrigação de ser eficiente na prestação de serviços, por exigência das Leis n. 8.078/1990[19] e 8.987/1995,[20] por exemplo.

Na verdade, esse princípio já existia no art. 74, II, da CF/1988, somente no sistema interno dos Poderes Legislativo, Executivo e Judiciário. A eficiência está ligada ao resultado, ao cumprimento de metas. Para a Administração Pública, o resultado a ser obtido, sua meta, necessariamente é a busca da satisfação do interesse público.

A investidura em cargo ou emprego público depende de aprovação prévia em concurso público de provas ou provas e títulos, de acordo com a natureza e a complexidade do cargo ou emprego, na forma prevista em lei, ressalvadas as nomeações para cargo em comissão declarado em lei de livre nomeação e exoneração (art. 37, II, da CF/1988). Também está presente no princípio da impessoalidade.

A União, os Estados, e o Distrito Federal manterão escolas de governo para formação e aperfeiçoamento dos servidores públicos, constituindo a participação nos cursos um dos requisitos para a promoção na carreira, facultada, para tanto, a celebração de convênios ou contratos entre os entes federados (art. 39, § 2º, da CF/1988).

O administrador público precisa ser eficiente, ou seja, deve ser aquele que produz o efeito desejado, que dá bom resultado, exercendo suas atividades sob o manto da igualdade de todos perante a lei, velando pela objetividade e imparcialidade.

O servidor nomeado para cargo de provimento efetivo em virtude de concurso público submete-se a um estágio probatório de três anos, em que o administrador irá apurar sua eficiência na prática (art. 41 da CF/1988). O administrador verificará, por exemplo, a frequência, o rendimento do trabalho, o cumprimento de ordens emitidas pelo superior.

Como condição à aquisição de estabilidade, o servidor está submetido à avaliação de desempenho por uma comissão constituída para essa finalidade (art. 41, § 4º, da CF/1988). Trata-se de norma de eficácia limitada, pois está na inteira dependência de uma lei que dirá quem vai integrar a comissão, quais serão os critérios, quais matérias serão avaliadas etc.

---

[19] BRASIL. *Lei n. 8.078, de 11 de setembro de 1990*. Dispõe sobre a proteção do consumidor e dá outras providências. Disponível em: http://www.planalto.gov.br/ccivil_03/LEIS/L8078.htm. Acesso em: 15 jul. 2019.

[20] BRASIL. *Lei n. 8.987, de 13 de fevereiro de 1995*. Dispõe sobre o regime de concessão e permissão da prestação de serviços públicos previsto no art. 175 da Constituição Federal, e dá outras providências. Disponível em: http://www.planalto. gov.br/ccivil_03/LEIS/L8987cons.htm. Acesso em: 15 jul. 2019.

O servidor público estável poderá perder o cargo em razão de insuficiência de desempenho, mediante procedimento de avaliação periódica deste, na forma da lei complementar, assegurada a ampla defesa e o contraditório (art. 41, III, da CF/1988). Trata-se de norma de eficácia limitada, pois está na inteira dependência da lei.

A despesa com pessoal ativo e inativo da União, dos Estados, do Distrito Federal e dos Municípios não poderá exceder os limites estabelecidos em lei complementar (art. 169 da CF/1988).

A Lei Complementar n. 101/2000[21] estabeleceu que a União não pode gastar com seu pessoal mais de 50% do que arrecada. Já os Municípios e os Estados não podem gastar mais de 60% do que arrecadam. Para o cumprimento desses limites, o Poder Público pode adotar algumas medidas (art. 169, § 3º, CF/1988):

- redução de pelo menos 20% das despesas com servidores que titularizem cargo em comissão e função de confiança (art. 169, § 3º, I, da CF/1988);
- exoneração dos servidores não estáveis (art. 169, § 3º, II, da CF/1988).

Se essas medidas não forem suficientes, dispensar-se-ão servidores estáveis, desde que o ato normativo especifique a atividade funcional, o órgão ou unidade administrativa objeto de redução de pessoal (art. 169, § 4º, da CF/1988). O Poder Público deve demonstrar por que a escolha recaiu em determinado servidor, tendo em vista que os critérios não são livres, isto é, deve ser considerado o tempo de serviço, a remuneração percebida, o número de dependentes, a idade do servidor etc.

Assim, o servidor público pode perder o cargo por excesso de quadro ou despesa, quando o Poder Público estiver gastando mais do que lhe for permitido, sendo-lhe assegurado o contraditório e a ampla defesa.

A autonomia gerencial, orçamentária e financeira dos órgãos e entidades da Administração direta e indireta poderá ser ampliada mediante contrato, a ser firmado entre seus administradores e o poder público, que tenha por objeto a fixação de metas de desempenho para órgão ou entidade, cabendo à lei dispor sobre:

- o prazo de duração do contrato;
- os controles e critérios de avaliação de desempenho, direitos, obrigações e responsabilidade dos dirigentes;
- a remuneração do pessoal (art. 37, § 8º, I, II e III, da CF/1988).

---

[21] BRASIL. *Lei Complementar n. 101, de 4 de maio de 2000.* Estabelece normas de finanças públicas voltadas para a responsabilidade na gestão fiscal e dá outras providências. Disponível em: http://www.planalto.gov.br/ccivil_03/leis/lcp/lcp101.htm. Acesso em: 15 jul. 2019.

Trata-se do contrato de gestão por meio do qual se oferece maior autonomia às autarquias e fundações em troca do atingimento, durante prazo certo e determinado, de novas metas de desempenho (agências executivas).

Por fim, lei da União, dos Estados, do Distrito Federal e dos Municípios disciplinará a aplicação de recursos orçamentários provenientes da economia com despesas decorrentes de cada órgão, autarquia e fundação, para aplicação no desenvolvimento de programas de qualidade e produtividade, treinamento e desenvolvimento, modernização, reaparelhamento e racionalização do serviço público, inclusive sob a forma de adicional ou prêmio de produtividade (art. 39, § 7º, da CF/1988).

– Nossa! Quanta informação, quantos princípios que alicerçam a Administração Pública! – exclama Just. – Mesmo com tanto rigor, por que há tanta corrupção na Administração Pública? – questiona Just.

Just e querido leitor, a resposta é simples, porque esses princípios não são respeitados, a moralidade está fazendo falta, por isso chamei a honestidade de virtude!

8.3 DA ADMINISTRAÇÃO PÚBLICA

Vistos os princípios, o conceito de Administração Pública pode ser compreendido em dois sentidos, objetivo e subjetivo, segundo aponta Maria Sylvia Zanella Di Pietro:[22]

- **objetivo:** a administração pública é a atividade concreta e imediata que o Estado desenvolve sob regime jurídico de direito público para a consecução dos interesses coletivos;
- **subjetivo:** se é típico do Executivo exercer a função administrativa, ao Legislativo e ao Judiciário cabe administrar também, em um domínio muito menor, para atingir seu fim.

A Administração Pública direta ou centralizada revela-se no exercício da atividade administrativa pelos seus próprios órgãos. Órgão é uma unidade de atribuição. Cada divisão administrativa é um órgão, até o agente público (o prefeito e qualquer

---

[22] DI PIETRO, M. S. Z. *Direito administrativo*. 26. ed. São Paulo: Atlas, 2013. p. 50.

230 Instituições de Direito

dos servidores). O órgão não tem personalidade jurídica; ele é parte da pessoa política, portanto, não contrata pela pessoa.

A Administração Pública indireta ou descentralizada é exercida por outra pessoa (é tirada da pessoa política e delegada para outra). A pessoa legislou e criou outra pessoa, e atribuiu a ela, por meio de lei, a prestação de um serviço público ou exploração de uma atividade administrativa. Assim, a Administração Pública indireta é exercida por meio de autarquia (pessoa jurídica de direito público, criada por lei para prestar serviço público). É a que mais se assemelha à pessoa política, a *longa manus* do Estado, da Administração direta.

A empresa pública é a pessoa jurídica de direito privado, cuja criação é autorizada por lei, que pode nascer para prestar serviço público ou exploração econômica. E a sociedade de economia mista também é uma empresa de direito privado, cuja criação é autorizada por lei, por ter como propósito a prestação de serviço público ou a exploração econômica. Quem manda é o Estado, pois detém o controle acionário. A diferença entre sociedade de economia mista e empresa pública reside no fato de que *na sociedade de economia mista* o capital público é aliado ao da iniciativa privada. O modelo societário somente pode ser uma sociedade anônima, enquanto *na empresa pública* o capital é integralmente público, e o modelo societário pode ser qualquer tipo de empresa (S/A, Ltda. etc.).

8.4 LICITAÇÃO[23]

Não se pode esquecer que a Administração Pública tem sempre que estar pautada em lei, ou seja, só pode fazer o que a lei determina.

Se a lei não diz nada, nada pode fazer.

A licitação consiste no fato de que essas contratações ficam sujeitas, como regra, ao procedimento da relação de propostas mais vantajosas para a Administração Pública.

---

[23] MAZZA, A. *Manual de direito administrativo*. São Paulo: Saraiva, 2013. p. 353-404; DI PIETRO, 2013, p. 371-469.

A licitação é regida pela Lei n. 8.666/1993,[24] Lei de Licitações, que regulamentou o art. 37, XXI, da CF/1988.[25]

> Art. 37 [...]
>
> XXI - ressalvados os casos especificados na legislação, **as obras, serviços, compras e alienações serão contratados mediante processo de licitação pública** que assegure igualdade de condições a todos os concorrentes, com cláusulas que estabeleçam obrigações de pagamento, mantidas as condições efetivas da proposta, nos termos da lei, o qual somente permitirá as exigências de qualificação técnica e econômica indispensáveis à garantia do cumprimento das obrigações.

O *objeto da licitação* é aquilo que a Administração pretende contratar, podendo ser:

- o fornecimento de bens,
- a prestação de serviços,
- a locação de móveis ou imóveis privados,
- a locação ou a venda de imóveis públicos,
- a premiação de trabalho artístico ou
- a alienação de determinado bem.

A Administração Pública é a maior compradora de bens e serviços do país, e suas "compras" se dão por meio da licitação, procedimento obrigatório que antecede a celebração de contratos pela Administração Pública. O Poder Público não pode escolher livremente um fornecedor qualquer, como fazem as empresas privadas.

De acordo com Alexandre Mazza, podemos conceituar licitação como um "Procedimento administrativo pelo qual entidades governamentais convocam interessados em fornecer bens ou serviços, assim como locar ou adquirir bens públicos, estabelecendo uma competição a fim de celebrar contrato com quem, oferecer a melhor proposta".[26]

Dessa forma, os princípios da isonomia, impessoalidade e indisponibilidade do interesse público obrigam à realização de processo público para seleção imparcial da melhor proposta, garantindo iguais condições a todos que desejem concorrer para a celebração do contrato.

---

[24] BRASIL. *Lei n. 8.666, de 21 de junho de 1993*. Regulamenta o art. 37, inciso XXI, da Constituição Federal, institui normas para licitações e contratos da Administração Pública e dá outras providências. Disponível em: http://www.planalto.gov.br/ccivil_03/LEIS/L8666cons.htm. Acesso em: 15 jul. 2019.

[25] BRASIL, 1988. Grifo da autora.

[26] MAZZA, 2013, p. 354.

232 Instituições de Direito

Dispõe a Lei de Licitações:[27]

> Art. 3º A licitação destina-se a garantir a observância do princípio constitucional da isonomia, a seleção da proposta mais vantajosa para a administração e a promoção do desenvolvimento nacional sustentável e será processada e julgada em estrita conformidade com os princípios básicos da legalidade, da impessoalidade, da moralidade, da igualdade, da publicidade, da probidade administrativa, da vinculação ao instrumento convocatório, do julgamento objetivo e dos que lhes são correlatos.

Assim, podemos destacar a necessidade de buscar a melhor proposta estimulando a competitividade, de oferecer iguais condições a todos os que desejem contratar com a Administração Pública, promovendo, em nome da isonomia, a participação de quaisquer interessados que preencham as condições previamente fixadas no instrumento convocatório, e o desenvolvimento nacional sustentável, conforme a Lei n. 12.349/2010.[28]

A extensão pessoal do dever de licitar é bastante ampla, de acordo com o art. 1º da Lei n. 8.666/1993.[29]

> Art. 1º Esta Lei estabelece normas gerais sobre licitações e contratos administrativos pertinentes a obras, serviços, inclusive de publicidade, compras, alienações e locações no âmbito dos Poderes da União, dos Estados, do Distrito Federal e dos Municípios.
> Parágrafo único. Subordinam-se ao regime desta Lei, além dos órgãos da administração direta, os fundos especiais, as autarquias, as fundações públicas, as empresas públicas, as sociedades de economia mista e demais entidades controladas direta ou indiretamente pela União, Estados, Distrito Federal e Municípios.

O *dever de licitar* alcança:

- o Poder Legislativo;
- o Poder Judiciário;
- o Ministério Público;

---

[27] BRASIL, 1993.

[28] BRASIL. *Lei n. 12.349, de 15 de dezembro de 2010*. Altera as Leis n. 8.666, de 21 de junho de 1993, 8.958, de 20 de dezembro de 1994, e 10.973, de 2 de dezembro de 2004; e revoga o § 1º do art. 2º da Lei n. 11.273, de 6 de fevereiro de 2006. Disponível em: http://www.planalto.gov.br/ccivil_03/_Ato2007-2010/2010/Lei/L12349.htm. Acesso em: 15 jul. 2019.

[29] BRASIL, 1993.

- os Tribunais de Contas;
- os órgãos da Administração Pública direta;
- as autarquias e fundações públicas;
- as agências reguladoras e as agências executivas;
- as associações públicas.

Outrossim, *não se sujeitam ao dever de licitar*:

- as empresas privadas;
- as concessionárias de serviço público;
- as permissionárias de serviço público;
- as organizações sociais, exceto para contratações com utilização direta de verbas provenientes de repasses voluntários da União;
- as organizações da sociedade civil de interesse público (Oscips), exceto para contratações com utilização direta e verbas provenientes de repasses voluntários da União;
- a OAB.

Conforme já estudado, os princípios são pilares estruturantes de qualquer ramo do direito e, no que tange à *licitação*, os seguintes *princípios específicos* devem ser considerados:

- da isonomia;
- da competitividade;
- da vinculação ao instrumento convocatório;
- do julgamento objetivo;
- da indistinção;
- do sigilo das propostas;
- da vedação à oferta de vantagens;
- da obrigatoriedade (dever do Estado);
- do formalismo procedimental;
- da adjudicação compulsória (obriga a Administração a atribuir o objeto da licitação ao vencedor do certame)

Todos esses princípios específicos devem ser somados aos princípios gerais do direito administrativo, presentes no art. 37, *caput*, da CF/1988.

Diversas são as *normas complementares à Lei de Licitação:*

234 Instituições de Direito

- **Lei n. 9.472/1997:**[30] estabeleceu novas modalidades licitatórias exclusivas para o âmbito da Anatel: o pregão e a consulta;
- **Lei n. 9.648/1998:**[31] definiu como dispensável a licitação para a celebração de contratos de prestação de serviços com as organizações sociais, qualificadas no âmbito das respectivas esferas de governo, para atividades contempladas no contrato de gestão;
- **Lei n. 11.107/2005:**[32] dobrou o limite de valor para contratação direta por dispensa de licitação em compras, obras e serviços contratados por consórcios públicos;
- **Lei Complementar n. 123/2006:**[33] definiu como critério de desempate nas licitações a preferência de contratação para as microempresas e empresas de pequeno porte;
- **Lei n. 12.232/2010:**[34] estabelece normas gerais sobre licitações e contratações de serviços de publicidade prestados necessariamente por meio de agências de propaganda;
- **Lei n. 12.349/2010:**[35] acrescentou a promoção do desenvolvimento nacional sustentável;
- **Lei n. 12.462/2011:**[36] estabeleceu o Regime Diferenciado de Contratação (RDC) para obras de infraestrutura vinculadas à Copa do Mundo de 2014 e aos Jogos Olímpicos de 2016.

---

[30] BRASIL. *Lei n. 9.472, de 16 de julho de 1997.* Dispõe sobre a organização dos serviços de telecomunicações, a criação e funcionamento de um órgão regulador e outros aspectos institucionais, nos termos da Emenda Constitucional n. 8, de 1995. Disponível em: http://www.planalto.gov.br/ccivil_03/LEIS/L9472.htm. Acesso em: 15 jul. 2019.

[31] BRASIL. *Lei n. 9.648, de 27 de maio de 1998.* Altera dispositivos das Leis n. 3.890-A, de 25 de abril de 1961, n. 8.666, de 21 de junho de 1993, n. 8.987, de 13 de fevereiro de 1995, n. 9.074, de 7 de julho de 1995, n. 9.427, de 26 de dezembro de 1996, e autoriza o Poder Executivo a promover a reestruturação da Centrais Elétricas Brasileiras – Eletrobrás e de suas subsidiárias e dá outras providências. Disponível em: http://www.planalto.gov.br/ccivil_03/leis/L9648cons.htm. Acesso em: 15 jul. 2019.

[32] BRASIL. *Lei n. 11.107, de 6 de abril de 2005.* Dispõe sobre normas gerais de contratação de consórcios públicos e dá outras providências. Disponível em: http://www.planalto.gov.br/ccivil_03/_Ato2004-2006/2005/Lei/L11107.htm. Acesso em: 15 jul. 2019.

[33] BRASIL. *Lei Complementar n. 123, de 14 de dezembro de 2006.* Institui o Estatuto Nacional da Microempresa e da Empresa de Pequeno Porte; altera dispositivos das Leis n. 8.212 e 8.213, ambas de 24 de julho de 1991, da Consolidação das Leis do Trabalho – CLT, aprovada pelo Decreto-Lei n. 5.452, de 1º de maio de 1943, da Lei n. 10.189, de 14 de fevereiro de 2001, da Lei Complementar n. 63, de 11 de janeiro de 1990; e revoga as Leis n. 9.317, de 5 de dezembro de 1996, e 9.841, de 5 de outubro de 1999. Disponível em: http://www.planalto.gov.br/ccivil_03/leis/lcp/lcp123.htm. Acesso em: 15 jul. 2019.

[34] BRASIL. *Lei n. 12.232, de 29 de abril de 2010.* Dispõe sobre as normas gerais para licitação e contratação pela administração pública de serviços de publicidade prestados por intermédio de agências de propaganda e dá outras providências. Disponível em: http://www.planalto.gov.br/ccivil_03/_ato2007-2010/2010/lei/l12232.htm . Acesso em: 15 jul. 2010.

[35] BRASIL. *Lei n. 12.349, de 15 de dezembro de 2010.* Altera as Leis n. 8.666, de 21 de junho de 1993, 8.958, de 20 de dezembro de 1994, e 10.973, de 2 de dezembro de 2004; e revoga o § 1º do art. 2º da Lei n. 11.273, de 6 de fevereiro de 2006. Disponível em: http://www.planalto.gov.br/ccivil_03/_Ato2007-2010/2010/Lei/L12349.htm. Acesso em: 15 jul. 2019.

[36] BRASIL. *Lei n. 12.462, de 4 de agosto de 2011.* Institui o Regime Diferenciado de Contratações Públicas – RDC; [...]. Disponível em: http://www.planalto.gov.br/ccivil_03/_Ato2011-2014/2011/Lei/L12462.htm. Acesso em: 15 jul. 2019.

- **Decreto n. 3.555/2000:**[37] regulamentou o pregão federal;
- **Lei n. 10.520/2002:**[38] estendeu a todas as esferas administrativas a modalidade licitatória denominada pregão, utilizada para compra de bens e serviços comuns;
- **Decreto n. 5.450/2005:**[39] definiu o procedimento a ser adotado no pregão eletrônico.

Os tipos de licitação e os diferentes critérios para julgamento das propostas estão previstos no art. 45 da Lei de Licitação, de forma que este será objetivo. Deve, a comissão de licitação ou o responsável pelo convite, realizá-lo em conformidade com os tipos de licitação, os critérios previamente estabelecidos no ato convocatório e de acordo com os fatores exclusivamente nele referidos, de maneira a possibilitar sua aferição pelos licitantes e pelos órgãos de controle.

São quatro os *tipos de licitações*:

1. **de menor preço:** quando o critério de seleção da proposta mais vantajosa para a Administração determinar que será vencedor o licitante que apresentar a proposta de acordo com as especificações do edital ou convite e ofertar o menor preço;

2. **de melhor técnica:** tipo de licitação utilizado exclusivamente para serviços de natureza predominantemente intelectual (art. 46, § 1º, da Lei de Licitação);

3. **de técnica e preço:** utilizado exclusivamente para serviços de natureza predominantemente intelectual (art. 46, § 2º, da Lei de Licitação);

4. **de maior lance ou oferta:** critério utilizado exclusivamente para a modalidade leilão.

As *modalidades licitatórias* são os diferentes ritos previstos na legislação para o processamento da licitação. O art. 22 da Lei de Licitação prevê cinco modalidades:

1. concorrência;
2. tomada de preços;
3. convite;

---

[37] BRASIL. *Decreto n. 3.555, de 8 de agosto de 2000.* Aprova o Regulamento para a modalidade de licitação denominada pregão, para aquisição de bens e serviços comuns. Disponível em: http://www.planalto.gov.br/ccivil_03/decreto/D3555.htm. Acesso em: 15 jul. 2019.

[38] BRASIL. *Lei n. 10.520, de 17 de julho de 2002.* Institui, no âmbito da União, Estados, Distrito Federal e Municípios, nos termos do art. 37, inciso XXI, da Constituição Federal, modalidade de licitação denominada pregão, para aquisição de bens e serviços comuns, e dá outras providências. Disponível em: http://www.planalto.gov.br/ccivil_03/leis/2002/l10520.htm. Acesso em: 15 jul. 2019.

[39] BRASIL. *Decreto n. 5.450, de 31 de maio de 2005.* Regulamenta o pregão, na forma eletrônica, para aquisição de bens e serviços comuns, e dá outras providências. Disponível em: http://www.planalto.gov.br/ccivil_03/_Ato2004-2006/2005/Decreto/D5450.htm. Acesso em: 15 jul. 2019.

4. concurso;

5. leilão.

Além desses, a Lei n. 9.472/1997 prevê a consulta, e a Lei n. 10.520/2002 prevê o pregão. A seguir temos um resumo de cada modalidade licitatória:

- *Concorrência* é a modalidade de licitação entre quaisquer interessados que, na fase inicial de habilitação preliminar, comprovem possuir os requisitos mínimos de qualificação exigidos no edital para execução de seu objeto.

- *Tomada de preços* é a modalidade de licitação entre interessados devidamente cadastrados ou que atenderem a todas as condições exigidas para cadastramento até o terceiro dia anterior à data do recebimento das propostas, observada a necessária qualificação.

- *Convite* é a modalidade de licitação entre interessados do ramo pertinente ao seu objeto, cadastrados ou não, escolhidos e convidados em número mínimo de três pela unidade administrativa, a qual afixará, em local apropriado, cópia do instrumento convocatório e o estenderá aos demais cadastrados na correspondente especialidade que manifestarem seu interesse com antecedência de até 24 horas da apresentação das propostas.

- *Concurso* é a modalidade de licitação entre quaisquer interessados para escolha de trabalho técnico, científico ou artístico, mediante a instituição de prêmios ou remuneração aos vencedores, conforme critérios constantes de edital publicado na imprensa oficial com antecedência mínima de 45 dias.

- *Leilão* é a modalidade de licitação entre quaisquer interessados para a venda de bens móveis inservíveis para a Administração ou de produtos legalmente apreendidos ou penhorados, a quem oferecer o maior lance, igual ou superior ao da avaliação.

- *Consulta* é a modalidade de licitação exclusiva da Agência Nacional de Telecomunicações (Anatel).

- *Pregão* é a modalidade de licitação utilizada para aquisição de bens e serviços comuns.

Atualmente são utilizadas as sete modalidades licitatórias descritas anteriormente. As três primeiras modalidades diferenciam-se basicamente em função do valor do objeto.[40]

---

[40] Valores atualizados pelo Decreto n. 9.412, /2018. BRASIL. Decreto n. 9412, de 18 de junho de 2018. Atualiza os valores das modalidades de licitação de que trata o art. 23 da Lei nº 8.666, de 21 de junho de 1993. Disponível em: http://www.planalto.gov.br/ccivil_03/_Ato2015-2018/2018/Decreto/D9412.htm. Acesso em 7 set. 2019.

- Para as obras e serviços de engenharia:
  - » convite: até R$ 330.000,00 (trezentos e trinta mil reais);
  - » tomada de preços: até R$ 3.300.000,00 (três milhões e trezentos mil reais);
  - » concorrência: acima de R$ 3.300.000,00 (três milhões e trezentos mil reais).
- Para compras e serviços que não sejam de engenharia:
  - » convite: até R$ 176.000,00 (cento e setenta e seis mil reais);
  - » tomada de preços: até R$ 1.430.000,00 (um milhão, quatrocentos e trinta mil reais);
  - » concorrência: acima de R$ 1.430.000,00 (um milhão quatrocentos e trinta mil reais).

Vale anotar que há casos estabelecidos na Lei de Licitação[41] em que ocorre dispensa de licitação. De acordo com o Decreto 9.412/2018,[42] as contratações com os valores de até R$ 33.000,00 (trinta e três mil reais) para obras e serviços de engenharia, e de até R$ 17.600,00 (dezessete mil e seiscentos reais) para compras e serviços, dispensam o processo licitatório. As dispensas previstas nos §§ 2º e 4º do art. 17 e no inciso III e seguintes do art. 24, e as situações de inexigibilidade referidas no art. 25 da Lei de Licitação, deverão ser necessariamente justificadas.

Vale a leitura da Lei de Licitação.

– Realmente, essa parte do direito eu achei mais difícil, até entender...
– retruca Just. Descobri que aquela Lei Complementar n. 123/2006 privilegia as ME e EPP em processos licitatórios.

Sim, Just, e se for MEI poderá participar de licitações. A administração deverá exigir do MEI, para fins de habilitação em processo de contratação pública, os documentos previstos entre os arts. 27 a 31 da Lei de Licitação – no que couber. Além disso, também pode se cadastrar do portal Comprasnet, no qual se encontram todos os editais de licitação.
Valeu a dica?

---

[41] BRASIL, 1993.
[42] BRASIL., 2018.

CAPÍTULO 9

DIREITO AMBIENTAL

 Sei que você, leitor, e também o meu amigo Just, podem estar pensando: por que falar de meio ambiente se esse tema não compõe o conteúdo clássico de instituições de direito? Afinal, para a grande maioria das pessoas meio ambiente se refere tão somente a árvores, abelhas, passarinhos, bichinhos, água e ar... Mas agora vocês vão descobrir a grandeza do conceito de meio ambiente trazido pela Constituição Federal de 1988, CF/1988,[1] bem como sua importância na construção de uma cidadania plena e a necessidade de sua observância no empreender. Sem um olhar para o meio que nos cerca, não podemos falar em sustentabilidade.

Aliás, Just, se você vai mesmo empreender, deve ficar atento aos 17 Objetivos de Desenvolvimento Sustentável (ODS) da Organização das Nações Unidas (ONU), que representam uma grande janela de oportunidades. Irei apresentá-los a você.

9.1 INTRODUÇÃO

Milaré[2] ensina que "viver de forma sustentável implica aceitar a imprescindível busca de harmonia com as outras pessoas e com a natureza, no contexto do direito natural e do direito positivo".

E, acrescenta o autor:

> A construção de uma sociedade sustentável deve assentar-se numa clara estratégia mundial que pode, resumidamente, ser exposta por meio dos seguintes princípios:
>
> 1. respeitar e cuidar da comunidade dos seres vivos;
>
> 2. melhorar a qualidade da vida humana;
>
> 3. conservar a vitalidade e a diversidade do planeta Terra;
>
> 4. minimizar o esgotamento de recursos não renováveis;
>
> 5. permanecer nos limites da capacidade do planeta Terra;
>
> 6. modificar atitudes e práticas pessoais;
>
> 7. permitir que as comunidades cuidem de seu próprio meio ambiente;

---

[1] BRASIL. *Constituição da República Federativa do Brasil de 1988*. Disponível em http://www.planalto.gov.br/ccivil_03/constituicao/constituicaocompilado.htm. Acesso em: 15 jul. 2019.

[2] MILARÉ, E. *Direito do ambiente*. São Paulo: Revista dos Tribunais, 2018.

8. gerar uma estrutura nacional para a integração do desenvolvimento e conservação;

9. constituir uma aliança global;

Estes princípios, que estão longe de ser novos, estão inter-relacionados e se apoiam mutuamente. Refletem, em última análise, declarações a respeito de uma equidade mundial do desenvolvimento sustentável e de conservação da natureza, como um direito dela própria e como fator essencial para a sustentação da vida humana.[3]

Nesta esteira de raciocínio, convém atentarmos para o fato de que ao homem foi dado o poder sobre todas as coisas da natureza, mas ele tem falhado em sua tão sublime missão de administrador desses bens. A história nos conta que, desde os tempos da Revolução Industrial, avassaladoramente, o ser humano vem ocasionando destruição, devastação e poluição ao meio ambiente como um todo.

Assim, urge que busquemos o conhecimento e que promovamos mudanças de paradigma no uso dos bens ambientais como única forma de conferir a dignidade à pessoa humana.

Não consigo entender como podemos viver neste planeta e não cuidar dos bens que nos promovem a vida!

Você já parou para pensar sobre isso?

Como cuida da água – fonte da vida? O que faz com seu lixo?

O porquê de consumirmos tanto e descartarmos tantos alimentos e produtos que podem se tornar matéria prima para novos produtos? Por que tanto desperdício?

9.2 NOÇÕES BÁSICAS DE DIREITO AMBIENTAL

O homem e o meio ambiente que o cerca devem formar um conjunto harmônico, e para que isso ocorra há a necessidade precípua de uma política efetiva de preservação ambiental que promova a educação ambiental, conscientizando as autoridades políticas e a população. Sem ela não haverá a possibilidade de conjugar o binômio homem e meio ambiente.

Nunca foi tão importante a prevenção ambiental, pois a humanidade como um todo vive, atualmente, um momento crítico de sua existência – o de reparar os erros do passado, compensando ou buscando mitigar os efeitos negativos da ação do ser humano sobre a natureza, bem como prevenindo futuras ocorrências danosas que poderiam até culminar com o fim de sua existência sobre a Terra.

---

[3] MILARÉ, 2018.

Ao homem foi dado o livre-arbítrio. Diversamente dos outros animais, a ele foi dada a racionalidade, externada por sua inteligência ímpar, porém não é ele capaz de respeitar seus semelhantes, os outros animais, tampouco a natureza que o circunda e da qual depende. Polui, destrói, mata, desequilibra a fauna e a flora. Sente-se um ser superior, mas é tão inferior em seu amor próprio!

Ao homem, repita-se, tudo foi dado, mas tudo pode lhe ser tirado se ele não aprender a respeitar e buscar formas de prevenir ações danosas que venham a incidir no meio ambiente. E não é a "natureza que se vinga", trata-se da lei de causa e efeito, tão somente.

O ser humano deve conscientizar-se de que, para continuar existindo sobre a face da Terra – perpetuando sua espécie –, deve precipuamente preservar o todo à sua volta, sob pena de nada restar para as gerações futuras. É uma questão de sobrevivência. Não se trata de um pensamento trágico, mas de uma triste constatação da realidade. Questiona-se: estaríamos vivendo uma evolução ou involução da raça humana? É só parar e pensar!

 Leitor, em pleno século XXI estamos cortando nossas florestas, sofrendo os impactos das mudanças climáticas – calor e frio excessivos no planeta –, envenenando nossas águas, solo e alimentos, e a nós mesmos, via reflexa.
Você sabia disso?

9.2.1 Conceito de meio ambiente

Inicialmente, precisamos conhecer, saber e sentir o que vem a ser meio ambiente. O que seria meio ambiente? Você já parou para pensar?

Convém lembrar o importante ensinamento de José Afonso da Silva,[4] asseverando que a palavra *ambiente* indica esfera, o círculo, o âmbito que nos cerca, em que vivemos. Em certo sentido, portanto, nela já se contém o sentido da palavra *meio*. Por isso, até se pode reconhecer que na expressão *meio ambiente* se denota certa redundância, ou, em linguagem técnica, pleonasmo, mas a ideia do legislador é a de reforçar o sentido da expressão.

---

[4] SILVA, J. A. *Direito ambiental constitucional.* São Paulo: Saraiva, 1999. p. 1.

A expressão *meio ambiente* é um pleonasmo consagrado pelo uso. De acordo com Aurélio Buarque de Holanda Ferreira:[5] *"Ambiente [do lat. Ambiente] Adj. 2g. 1. Que cerca ou envolve os seres vivos ou as coisas, por todos os lados; envolvente: meio ambiente [...]."*

Não obstante, a forma pleonástica foi adotada pela Constituição Federal de 1988 (CF/1988)[6] nos arts. 5º, LXXIII; 23, VI e VII; 24, VI e VIII; 129, III; 170, VI; 174, § 3º; 186, II; 200, VII; 216, V; e 225.

Ainda, no art. 2º, I, da Lei n. 6.938/1981[7] – Lei da Política Nacional do Meio Ambiente (PNMA), o meio ambiente é considerado "um patrimônio público a ser necessariamente assegurado e protegido, tendo em vista o uso coletivo".

Das lições do mestre José Afonso da Silva, convém destacar:

> O conceito de meio ambiente, há de ser, pois, globalizante, abrangente de toda a natureza original e artificial, bem como os bens culturais correlatos, compreendendo, portanto, o solo, a água, o ar, a flora, as belezas naturais, o patrimônio histórico, artístico, turístico, paisagístico e arqueológico. O meio ambiente é, assim, a interação do conjunto de elementos naturais, artificiais e culturais que propiciem o desenvolvimento equilibrado da vida em todas as suas formas.[8]

A Constituição Federal consagrou e elevou o meio ambiente a cláusula pétrea, como extensão ao direito a vida conclamado no art. 5º da CF/1988, reconhecendo, assim, a existência do direito ambiental.

O direito ao meio ambiente vem como projeção do direito à vida, direito fundamental da pessoa humana. Na verdade, temos o estudo do direito à vida dentro do capitalismo, que traz limitações à própria iniciativa privada e ao direito à propriedade.

Não que antes da CF/1988 não se tutelasse o meio ambiente, mas, somente a partir do Texto Constitucional essa proteção se consolidou, uma vez que a Constituição recepcionou a PNMA e ampliou seu conceito e abrangência.

---

[5] FERREIRA, Aurélio B. H. *Novo Aurélio Século XXI*: o dicionário da língua portuguesa. 3 ed. Rio de Janeiro: Nova Fronteira, 1999. p. 117.

[6] BRASIL, 1988.

[7] BRASIL. *Lei n. 6.938, de 31 de agosto de 1981*. Dispõe sobre a Política Nacional do Meio Ambiente, seus fins e mecanismos de formulação e aplicação, e dá outras providências. Disponível em: http://www.planalto.gov.br/ccivil_03/Leis/L6938.htm. Acesso em: 15 jul. 2019.

[8] SILVA, 1999, p. 1.

9.2.2 Primórdios do art. 225 – a Lei da Política Nacional do Meio Ambiente

Antes que o Texto Constitucional inaugurasse um capítulo sobre o meio ambiente, visando proteger e o assegurar o seu futuro, a lei precursora foi a PNMA, que trouxe os fundamentos do direito ambiental.

A PNMA visa à preservação, melhoria e recuperação da qualidade ambiental propícia à vida, de modo a compatibilizar o desenvolvimento socioeconômico com os interesses da segurança nacional e com a proteção da dignidade da vida humana, é um dos fundamentos de nossa República, previsto no art. 1º, III, da CF/1988. Esse artigo deverá sempre ser analisado de modo sistemático com o respectivo art. 5º, *caput*, que garante a todos os brasileiros e aos estrangeiros residentes no país a inviolabilidade do direito à vida que, por sua vez, deverá ser sadia, nos termos dos arts. 6º e 225, *caput*, da CF/1988.

A PNMA enumera seus princípios no art. 2º, destacando-se:

- ação governamental na manutenção do equilíbrio ecológico, considerando o meio ambiente como patrimônio público a ser necessariamente assegurado e protegido, tendo em vista o uso coletivo;
- racionalização do uso do solo, do subsolo, da água e do ar;
- planejamento e fiscalização do uso dos recursos ambientais;
- proteção dos ecossistemas, com a preservação das áreas representativas.

Os princípios acima devem reger todas as ações do Poder Público relativas à preservação, melhoria e recuperação da qualidade ambiental e do equilíbrio ecológico.

Importante destacarmos que há princípios que são extraídos de outros artigos da PNMA, também recepcionados pela CF/1988, a exemplo do *princípio da informação ambiental* (art. 6º, § 3º) e do *princípio da responsabilidade objetiva da pessoa física e jurídica nas condutas e atividades lesivas ao meio ambiente* (art. 14, §1º).[9]

O art. 5º da lei prevê que as *diretrizes* da PNMA serão formuladas em normas e planos destinados a orientar a ação dos governos da União, dos Estados, do

---

[9] É importante frisar que o § 1º do art. 14º da PNMA determina que, em se tratando de reparação de danos causados ao meio ambiente e a terceiros, a responsabilidade do agente causador do dano será sempre objetiva, ou seja, independerá da existência de culpa. A CF/1988, em seu art. 225, recepcionou o art. 14 da PNMA ao assegurar o regime da responsabilidade civil objetiva, uma vez que, em sede de meio ambiente, o bem maior tutelado é a vida com qualidade. Assim, basta a existência do dano ambiental e do respectivo nexo de causalidade, para que se verifique o dever de reparar por parte do agressor. Quanto à reparação, poderá ser feita de dois modos: em primeiro lugar, a reparação natural; caso esta se torne impossível, a indenização em dinheiro.

Distrito Federal e dos Municípios no que se relaciona à preservação da qualidade ambiental e à manutenção do equilíbrio ecológico, observados os princípios estabelecidos no art. 2º, diretrizes às quais as atividades empresariais públicas e privadas estarão submetidas.

Em seu art. 4º, a lei relaciona uma ampla lista de *objetivos* a serem alcançados pela PNMA, quais sejam:

- a compatibilização do desenvolvimento econômico-social com a preservação da qualidade do meio ambiente e do equilíbrio ecológico;

- a definição de áreas prioritárias de ação governamental relativa à qualidade e ao equilíbrio ecológico, atendendo aos interesses da União, dos Estados, do Distrito Federal, dos Territórios e dos Municípios;

- o estabelecimento de critérios e padrões de qualidade ambiental e de normas relativas ao uso e manejo de recursos ambientais;

- o desenvolvimento de pesquisas e de tecnologias nacionais orientadas para o uso racional de recursos ambientais;

- a difusão de tecnologias de manejo do meio ambiente, a divulgação de dados e informações ambientais e a formação de uma consciência pública sobre a necessidade de preservação da qualidade ambiental e do equilíbrio ecológico;

- a preservação e restauração dos recursos ambientais com vistas a sua utilização racional e disponibilidade permanente, concorrendo para a manutenção do equilíbrio ecológico propício à vida;

- a imposição, ao poluidor e ao predador, da obrigação de recuperar e/ou indenizar os danos causados e, ao usuário, da contribuição pela utilização de recursos ambientais com fins econômicos.

Os instrumentos da PNMA estão enumerados de forma esmiuçada no art. 9º da desta lei,[10] cuja finalidade é viabilizar a consecução dos objetivos instituídos no art. 4º, sendo certo que, desde 1988, tais instrumentos encontram sua base constitucional também no art. 225 da CF/1988, especialmente no § 1º e seu incisos.

---

[10] BRASIL, 1981.

> Art. 9º São instrumentos da Política Nacional do Meio Ambiente:
>
> I – o estabelecimento de padrões de qualidade ambiental;
>
> II – o zoneamento ambiental;[11]
>
> III – a avaliação de impactos ambientais;
>
> IV – o licenciamento e a revisão de atividades efetiva ou potencialmente poluidoras;
>
> V – os incentivos à produção e instalação de equipamentos e a criação ou absorção de tecnológica, voltados para a melhoria da qualidade ambiental;
>
> VI – a criação de espaços territoriais especialmente protegidos pelo Poder Público federal e municipal, tais como áreas de proteção ambiental, de relevante interesse ecológico e reservas extrativistas;
>
> VII – o sistema nacional de informações sobre o meio ambiente;
>
> VIII – o Cadastro Técnico Federal de Atividades e Instrumento de Defesa Ambiental;
>
> IX – as penalidades disciplinares ou compensatórias no cumprimento das medidas necessárias à preservação ou correção da degradação ambiental;
>
> X – a instituição do Relatório de Qualidade do Meio Ambiente, a ser divulgado pelo Instituto Brasileiro do Meio Ambiente e Recursos Naturais Renováveis – Ibama;
>
> XI – a garantia da prestação de informações relativas ao Meio Ambiente, obrigando-se o Poder Público a produzi-las, quando inexistentes;
>
> XII – o Cadastro Técnico Federal de atividades potencialmente poluidoras e/ou utilizadoras dos recursos ambientais.

Destacamos que os *instrumentos* da PNMA, como afirma José Afonso da Silva,[12] possuem natureza variada e podem ser agrupados em instrumentos de intervenção ambiental, instrumentos de controle ambiental e instrumentos de controle repressivo.

---

[11] O Decreto n. 4.297, de 10 de julho de 2002, regulamentou esse inciso, estabelecendo critérios para o Zoneamento Ecológico-Econômico do Brasil (ZEE). BRASIL. *Decreto n. 4.297, de 10 de julho de 2002.* Regulamenta o art. 9º, inciso II, da Lei n. 6.938, de 31 de agosto de 1981, estabelecendo critérios para o Zoneamento Ecológico-Econômico do Brasil (ZEE), e dá outras providências. Disponível em: http://www.planalto.gov.br/ccivil_03/decreto/2002/D4297.htm. Acesso em: 15 jul. 2019).

[12] SILVA, J. A. *Curso de direito constitucional positivo.* São Paulo: Malheiros, 2006. p. 149.

9.3 ANALISANDO A ESTRUTURA DO ART. 225 DA CF/1988

Dispõe o Texto Constitucional:[13]

> Art. 225. Todos têm direito ao meio ambiente ecologicamente equilibrado, bem de uso comum do povo e essencial à sadia qualidade de vida, impondo-se ao poder público e à coletividade o dever de defendê-lo e preservá-lo para as presentes e futuras gerações.

Apresentado o *caput* do art. 225, vamos dissecá-lo, iniciando pelas duas perguntas propostas no **Capítulo 3**. Para identificar o destinatário, vamos voltar ao exercício realizado no art. 5º da CF/1988. No tocante ao direito ou dever, como há a presença de ambos, discutiremos primeiro o direito e depois o dever.

Ao analisar um artigo de lei, duas perguntas devem ser feitas, você lembra, Just e leitor? São elas:
1. A quem se destina esta lei?
2. Esta lei oferece um direito ou um dever?
Respondidas essas questões, teremos elementos para o entendimento da lei!

Dizer que o meio ambiente é direito de *todos* significa que é assim que esse bem jurídico deve ser tratado. A CF/1988 elevou o meio ambiente à condição de direito de todos. Esse destinatário indeterminado – *todos* – refere-se aos que têm direito de usufruir do meio ambiente. Se o art. 225 está na Constituição significa dizer que em algum artigo anterior foi identificado o sujeito indeterminado *todos*.

Lembra-se do art. 5º que estudamos? Que fala dos direitos e garantias fundamentais. Pois é, voltando 220 artigos encontraremos o destinatário do art. 225.

Conclui-se que a CF/1988 identifica todos no art. 5º, *caput*, ao determinar que *todos são iguais, sejam brasileiros ou estrangeiros residentes no país*, para fins do exercício dos direitos fundamentais ali estabelecidos, direito à vida, à igualdade, à propriedade etc.

---
[13] BRASIL, 1988.

Então, os brasileiros e estrangeiros residentes no país são os titulares do direito a um meio ambiente ecologicamente equilibrado, repousando, assim no conceito de população, repita-se.

Ao se falar de *meio ambiente*, apesar da redundância da expressão, uma vez que meio e ambiente significam o que nos evolve, nos cerca, para melhor compreensão a CF/1988 o apresenta em quatro aspectos, embora uno:

- **meio ambiente artificial:** compreendido pelo espaço urbano construído, está diretamente relacionado ao conceito de cidade. Encontramos sua tutela mediata no art. 225 da CF/1988, e a imediata nos arts. 182 e 183 – Da Política Urbana, com a regulamentação dessa política por meio do Estatuto da Cidade – Lei n. 10.257/2001,[14] que estabelece normas de ordem pública e interesse social que regulam o uso da propriedade urbana em prol do bem coletivo, da segurança e do bem-estar dos cidadãos, bem como do equilíbrio ambiental;
- **meio ambiente cultural:** também encontramos sua tutela mediata no art. 225 da CF/1988, e a imediata no art. 216, que traduz a história de nosso povo, sua formação, sua cultura, o patrimônio material e imaterial e, portanto, os próprios elementos identificadores de sua cidadania;
- **meio ambiente do trabalho:** constitui o local onde as pessoas desempenham suas atividades laborais, remuneradas ou não, cujo equilíbrio está baseado na salubridade do meio e na ausência de agentes que comprometam a incolumidade física-psíquica dos trabalhadores. Está tutelado mediatamente pelo art. 225 da CF/1988, e imediatamente pelos arts. 200, VII, e 7º, XXXIII;
- **meio ambiente natural:** constituído por solo, água, ar atmosférico, flora e fauna, encontra guarida mediata no art. 225 da CF/1988, e imediata no art. 225, § 1º, I e VII, e em inúmeras leis esparsas.

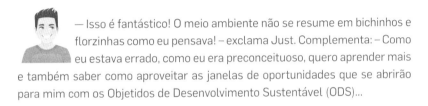

— Isso é fantástico! O meio ambiente não se resume em bichinhos e florzinhas como eu pensava! – exclama Just. Complementa: – Como eu estava errado, como eu era preconceituoso, quero aprender mais e também saber como aproveitar as janelas de oportunidades que se abrirão para mim com os Objetidos de Desenvolvimento Sustentável (ODS)...

---

[14] BRASIL. *Lei n. 10.257, de 10 de julho de 2001.* Regulamenta os arts. 182 e 183 da Constituição Federal, estabelece diretrizes gerais da política urbana e dá outras providências. Disponível em: http://www.planalto.gov.br/ccivil_03/leis/leis_2001/l10257.htm. Acesso em: 15 jul. 2019.

É, Just, eu também não sabia dessa grandeza e agora divulgar esse conhecimento tem sido minha missão.

O meio ambiente é VIDA, sendo visto e tutelado em todos os seus aspectos, quer buscando uma forma de viver bem nas cidades, utilizando-se de instrumentos para cuidar dos espaços construídos e de sua urbanização, dotando-as de equipamentos públicos que as tornem mais saudáveis; quer buscando salubridade nos ambientes de trabalho, para que se possa trabalhar e levar o pão de cada dia para casa sem o risco de adoecer, adquirir doença profissional que o impeça de levar uma vida saudável; ou, ainda, preservando a história de seu povo, sua cultura; bem como protegendo as matas, o solo, o ar e água, elementos vitais para existência do ser humano e demais seres na face da Terra. Afinal, a natureza possui interdependência entre seus recursos naturais.

Quando falamos em *ecologicamente equilibrado*, sabemos que, em razão da interdependência existente entre os diversos aspectos do meio ambiente, é necessário que haja sempre um equilíbrio em seus ecossistemas, uma vez que não se tutela o meio ambiente pelo meio ambiente, mas visando à sadia qualidade de vida.

Já sabemos que o meio ambiente é um direito de todos – brasileiros e estrangeiros residentes no país – relacionado ao conceito de população para gozo e fruição desse bem, mas, ao ser chamado de *bem de uso comum do povo*, remete-nos a uma nova modalidade de bem: somente conhecíamos o bem que, *se não era meu ou de outra pessoa, era, então, do Estado*, o que significa que o meio ambiente é ao mesmo tempo de cada um e de todo o povo. O conceito ultrapassa a esfera do indivíduo para repousar sobre a coletividade. Estabelece-se assim *a titularidade desse bem, que é dada ao povo brasileiro*. Não confunda, o direito é da população, mas os bens ambientais são somente do povo brasileiro –, em razão de sua *natureza jurídica de bem difuso*. É a primeira vez que se fala sobre um bem sem relacioná-lo a propriedade. *Relaciona-se o homem ao bem, sem propriedade.*

Não bastou ao legislador constituinte simplesmente trazer à tona o bem ambiental como bem difuso; ele fez mais, dispôs que esse bem deveria ser também *essencial à sadia qualidade de vida*, associando, dessa forma, o bem ambiental diretamente à pessoa humana. Deixou claro, assim, ser esta a destinatária final do direito ambiental, que sua tutela é a vida, e primordialmente, a vida do homem.

Trata-se da chamada visão antropocêntrica do direito ambiental, criticada por muitos que não entendem que o homem está no centro das relações jurídicas, que o destinatário da norma constitucional é a pessoa humana, aquela que tem direitos e garantais fundamentais, direitos humanos, e é a Constituição que garante isso à pessoa humana. Cabe a ela proteger e preservar as águas, o ar, o solo, a fauna e a flora.

O objeto do direito ambiental é tutelar o meio ambiente para que o ser humano possa viver com dignidade, a dignidade insculpida no art. 1º, III da CF/1988, que é um dos fundamentos da República Federativa do Brasil. Viver com dignidade é ter ao menos o direito aos direitos sociais elencados no art. 6º da Constituição, denominado *piso vital mínimo*, pois são os valores essenciais que preenchem o homem, a dignidade da pessoa humana.

São eles: a educação, a saúde, a alimentação, o trabalho, a moradia, o transporte, o lazer, a segurança, a previdência social, a proteção à maternidade e à infância, a assistência aos desamparados.

Sem isso não se pode falar em dignidade da pessoa humana, pois o próprio legislador constituinte não mencionou simplesmente a qualidade de vida: ele acrescentou um *plus* ao falar em "sadia", com saúde, saudável, e gozar de saúde não é simplesmente a ausência de doenças; trata-se do equilíbrio físico e mental.

9.4 PRINCIPIOLOGIA E INSTRUMENTOS DE PROTEÇÃO AMBIENTAL

Entre os princípios do direito ambiental estão:

- princípio do desenvolvimento sustentável (arts. 225, *caput*, parte final, e 170, VI, da CF/1988);
- princípio da prevenção e precaução (art. 225, *caput*);
- educação ambiental (art. 225, *caput* e § 1º, VI);
- informação e notificação ambiental (art. 225, § 1º, VI);
- estudo prévio de impacto ambiental (art. 225, § 1º, IV);
- princípio do poluidor pagador e do usuário pagador (art. 225, § 3º, da CF/1988; art. 3º, IV, da PMNA; art. 19 da Lei n. 9.433/1997,[15] referente à cobrança uso da água);
- responsabilidade objetiva e solidária (art. 225, § 3º, da CF/1988; e art. 942, *caput*, do Código Civil):[16]

---

[15] BRASIL. *Lei n. 9.433, de 8 de janeiro de 1997*. Institui a Política Nacional de Recursos Hídricos, cria o Sistema Nacional de Gerenciamento de Recursos Hídricos, regulamenta o inciso XIX do art. 21 da Constituição Federal, e altera o art. 1º da Lei nº 8.001, de 13 de março de 1990, que modificou a Lei nº 7.990, de 28 de dezembro de 1989.

[16] BRASIL. *Lei n. 10.406, de 10 de janeiro de 2002*. Institui o Código Civil. Disponível em: http://www.planalto.gov.br/ccivil_03/leis/2002/l10406.htm. Acesso em: 15 jul. 2019.

» cumulação das responsabilidades civil, administrativa e penal das pessoas físicas e jurídicas (art. 225, § 3º);

- princípio da obrigatoriedade da intervenção estatal: competência concorrente e comum nas três esferas de poder (art. 225, *caput* e § 1º; arts. 23, VI e VII; art. 24, V, VI e VII);
- princípio da participação da coletividade (art. 225, *caput*).

Dessa forma, retornamos ao art. 225 da CF/1988 para examinar os princípios e instrumentos de proteção ambiental existentes. O primeiro a ser destacado é o *princípio do desenvolvimento sustentável*, que orienta toda a proteção ambiental, dispondo sobre "preservá-lo para as presentes e futuras gerações". Nesse comando, o legislador procurou evidenciar que o desenvolvimento sustentável é um princípio norteador.

Vivemos em um mundo capitalista, no qual tudo tem preço, há o lucro, e no art. 170, VI, da CF/1988, que dispõe sobre a ordem econômica e financeira, encontramos a defesa do meio ambiente como um princípio balizador dessa ordem econômica, com o fim de assegurar a todos uma existência digna. Então, há a necessidade precípua de coexistência do capitalismo *versus* a defesa ambiental, ou seja, da livre-iniciativa *versus* a vida digna, ou o lucro *versus* a felicidade. *Deverá existir equilíbrio nessa equação.*

A preservação ambiental e o desenvolvimento econômico devem coexistir, de tal modo que a ordem econômica não inviabilize um meio ambiente ecologicamente equilibrado e sem que este obste o desenvolvimento econômico.

Na sequência podemos destacar os princípios da prevenção e da precaução, que vêm de forma explícita no *caput* do art. 225 da CF/1988. O dever de preservar e defender o meio ambiente é um princípio de vital importância, uma vez que a prevenção é a melhor maneira de garantir um meio ambiente ecologicamente equilibrado, passível de vida com dignidade. Afinal, na maioria das vezes o dano ambiental é irreparável. Aqui vale o ditado "é melhor prevenir do que remediar". O meio ambiente degradado raramente consegue voltar ao seu *status quo ante*.

Dentro do princípio da prevenção, podemos destacar a educação e a informação ambiental, inserida no art. 225, VI, da CF/1988, que pode ser uma das formas mais baratas de prevenir os danos ambientais. Isso porque desde a infância a criança precisa aprender a respeitar o meio ambiente. Entender que somos parte da natureza, como um membro o é do corpo.

A expressão *precaução* é utilizada quando não existe certeza científica dos danos decorrentes de certas atividades ou impactos ao meio ambiente.

Segundo estabelece a CF/1988:[17]

Art. 225 [...]

§ 1º Para assegurar a efetividade desse direito, incumbe ao Poder Público:

I – preservar e restaurar os processos ecológicos essenciais e prover o manejo ecológico das espécies e ecossistemas; (Regulamento)

II – preservar a diversidade e a integridade do patrimônio genético do País e fiscalizar as entidades dedicadas à pesquisa e manipulação de material genético; (Regulamento)

III – definir, em todas as unidades da Federação, espaços territoriais e seus componentes a serem especialmente protegidos, sendo a alteração e a supressão permitidas somente através de lei, vedada qualquer utilização que comprometa a integridade dos atributos que justifiquem sua proteção; (Regulamento)

IV – exigir, na forma da lei, para instalação de obra ou atividade potencialmente causadora de significativa degradação do meio ambiente, estudo prévio de impacto ambiental, a que se dará publicidade; (Regulamento)

V – controlar a produção, a comercialização e o emprego de técnicas, métodos e substâncias que comportem risco para a vida, a qualidade de vida e o meio ambiente; (Regulamento)

VI – promover a educação ambiental em todos os níveis de ensino e a conscientização pública para a preservação do meio ambiente;

VII – proteger a fauna e a flora, vedadas, na forma da lei, as práticas que coloquem em risco sua função ecológica, provoquem a extinção de espécies ou submetam os animais a crueldade. (Regulamento)

§ 2º Aquele que explorar recursos minerais fica obrigado a recuperar o meio ambiente degradado, de acordo com solução técnica exigida pelo órgão público competente, na forma da lei.

§ 3º As condutas e atividades consideradas lesivas ao meio ambiente sujeitarão os infratores, pessoas físicas ou jurídicas, a sanções penais e administrativas, independentemente da obrigação de reparar os danos causados.

§ 4º A Floresta Amazônica brasileira, a Mata Atlântica, a Serra do Mar, o Pantanal Mato-Grossense e a Zona Costeira são patrimônio nacional, e sua utilização far-se-á, na forma da lei, dentro de condições que assegurem a

---

[17] BRASIL, 1988.

> preservação do meio ambiente, inclusive quanto ao uso dos recursos naturais.
>
> § 5º São indisponíveis as terras devolutas ou arrecadadas pelos Estados, por ações discriminatórias, necessárias à proteção dos ecossistemas naturais.
>
> § 6º As usinas que operem com reator nuclear deverão ter sua localização definida em lei federal, sem o que não poderão ser instaladas.
>
> § 7º Para fins do disposto na parte final do inciso VII do § 1º deste artigo, não se consideram cruéis as práticas desportivas que utilizem animais, desde que sejam manifestações culturais, conforme o § 1º do art. 215 desta Constituição Federal, registradas como bem de natureza imaterial integrante do patrimônio cultural brasileiro, devendo ser regulamentadas por lei específica que assegure o bem-estar dos animais envolvidos.

Um importante instrumento de prevenção aos danos ambientais é o chamado *estudo prévio de impacto ambiental* (Epia ou EIA). Previsto no art. 225, IV, da CF/1988, de acordo com a PNMA e com as resoluções Conama que disciplinam sua forma, o EIA é sempre exigido para instalação de obra ou atividade potencialmente causadora de significativa degradação ambiental do meio ambiente. É um importante instrumento porque por meio dele são feitos diversos estudos com relação aos impactos negativos da obra por intermédio de equipe de profissionais de diversas áreas, que apontam os impactos e elencam as medidas mitigadoras a esses impactos.

No § 3º do art. 225 da CF/1988 encontramos a figura do poluidor-pagador,[18] o que não significa que pagando se pode poluir. Nada disso. Há nesse princípio duas órbitas de alcance:

1. *busca evitar a ocorrência dos danos ambientais (caráter preventivo);*
2. *ocorrido o dano, visa à reparação (caráter repressivo).*

O § 3º do art. 225 da CF/1988 determina que a responsabilidade será objetiva (art. 14 da PNMA), ou seja, o poluidor responderá pelo dano independentemente de aferição de culpa nas esferas civil e administrativa, e essa responsabilidade é solidária. Estabelece, ainda, que a responsabilidade constitucional ambiental se dará

---

[18] Junto a essa figura podemos destacar o usuário pagador, no art. 19 da Lei da Política Nacional de Recursos Hídricos (Lei n. 6.938/1981), que consiste na cobrança pelo uso da água. É preciso esclarecer que hoje só pagamos pela entrada e o afastamento da água das nossas casas. A cobrança pelo uso é uma forma de desenvolvimento sustentável, pois hoje sabemos também que a água já não é mais um bem infinito; constatou-se sua finitude, tanto que há previsões de que, por volta do ano 2025, dois terços da população mundial sofrerão com a falta d'água. As regiões chamadas de áreas de mananciais, pelo fato de possuírem água, sofrem com uma legislação de uso do solo muito restritiva, e com isso seu desenvolvimento econômico fica prejudicado. Com a cobrança do uso da água, acreditamos que teremos uma forma de gestão adequada desse bem. A cobrança também propiciará que os recursos financeiros obtidos com essa cobrança tenham aplicação prioritária na bacia hidrográfica de origem, colaborando diretamente para a melhoria ambiental dos Municípios da região e lhes propiciando um desenvolvimento sustentável.

nas esferas penal (subjetiva – apurando-se a culpa ou dolo do infrator), administrativa e civil concomitantemente, quer seja o poluidor pessoa física ou jurídica.

Voltando ao *caput* do art. 225, o Texto impõe ao Poder Público o dever de defender e preservar o meio ambiente. Extraímos daí o princípio da obrigatoriedade da intervenção estatal, que não pode ficar omisso diante de ameaça ou lesão de bens ambientais.

Ainda, a CF/1988 estabelece competência legislativa concorrente sobre assuntos do meio ambiente à União, Estados e ao Distrito Federal, estando limitado à União estabelecer normas gerais. Aos Estados e ao Distrito Federal caberá a suplementação dessas normas gerais. Aos Municípios, a suplementação da legislação federal e a estadual, no que couber. Quanto à competência material, esta é comum a todos os entes da Federação.

Da mesma forma, a imposição legal de defender e preservar o meio ambiente se dá também sobre a coletividade, surgindo daí o princípio da participação, que faz de todos partícipes nesse dever constitucional. Afinal, o art. 225 da CF/1988 nos impõe esse dever de participação.

Já em 1977, afirmava Ramón Martin Mateo: "O homem de hoje usa e abusa da natureza com se fosse o último inquilino deste planeta, como se adiante não se anunciasse um futuro".[19]

9.5 OBJETIVOS DO DESENVOLVIMENTO SUSTENTÁVEL (ODS)

 Conforme prometido, vou apresentar os 17 ODS.

Na sede da ONU, em 2015, foi adotada uma decisão histórica sobre um conjunto de objetivos e metas universais e transformadoras, abrangentes, de longo alcance e centrado nas pessoas. Com o compromisso dos Estados-membros de trabalhar incansavelmente para a plena implementação desta Agenda em 2030. Nesse ato, reconheceram que a erradicação da pobreza em todas as suas formas e dimensões, incluindo a pobreza extrema, é o maior desafio global e um requisito indispensável para o desenvolvimento sustentável, declarando estar empenhados em alcançar o desenvolvimento sustentável nas suas três dimensões – econômica, social e ambiental – de forma

---
[19] MATEO, R. M. *Derecho ambiental*. Madrid: Instituto de Estudios de Administracion Local, 1977. p. 21.

equilibrada e integrada, bem como dar continuidade às conquistas dos Objetivos de Desenvolvimento do Milênio e buscar atingir suas metas inacabadas.

Assim, listaram 17 objetivos a ser alcançados até 2030.

1. Acabar com a pobreza em todas as suas formas, em todos os lugares.
2. Acabar com a fome, alcançar a segurança alimentar e melhoria da nutrição e promover a agricultura sustentável.
3. Assegurar uma vida saudável e promover o bem-estar para todos, em todas as idades.
4. Assegurar a educação inclusiva, equitativa e de qualidade, e promover oportunidades de aprendizagem ao longo da vida para todos.
5. Alcançar a igualdade de gênero e empoderar todas as mulheres e meninas.
6. Assegurar a disponibilidade e gestão sustentável da água e saneamento para todos.
7. Assegurar o acesso confiável, sustentável, moderno e a preço acessível à energia para todos.
8. Promover o crescimento econômico sustentado, inclusivo e sustentável, emprego pleno e produtivo e trabalho decente para todos.
9. Construir infraestruturas resilientes, promover a industrialização inclusiva e sustentável e fomentar a inovação.
10. Reduzir a desigualdade dentro dos países e entre eles.
11. Tornar as cidades e os assentamentos humanos inclusivos, seguros, resilientes e sustentáveis.
12. Assegurar padrões de produção e de consumo sustentáveis.
13. Tomar medidas urgentes para combater a mudança do clima e seus impactos.
14. Conservação e uso sustentável dos oceanos, dos mares e dos recursos marinhos para o desenvolvimento sustentável.
15. Proteger, recuperar e promover o uso sustentável dos ecossistemas terrestres, gerir de forma sustentável as florestas, combater a desertificação, deter e reverter a degradação da terra e deter a perda de biodiversidade.
16. Promover sociedades pacíficas e inclusivas para o desenvolvimento sustentável, proporcionar o acesso à justiça para todos e construir instituições eficazes, responsáveis e inclusivas em todos os níveis.
17. Fortalecer os meios de implementação e revitalizar a parceria global para o desenvolvimento sustentável.

Verificando os objetivos listados, identificamos que todos se referem questões do cotidiano. Não existe nenhum objetivo inalcançável, basta união de todos em torno desses objetivos. Por isso falarmos em janela de oportunidades àquele que empreende ou pretende empreender, pois oportuniza criar produtos e serviços que atendam a um ou mais objetivos, promovendo sustentabilidade social, econômica e ambiental.

 Vamos mudar nossa forma de viver e começar a cuidar da nossa Casa Planetária?

CAPÍTULO 10

DIREITO APLICADO – CASOS COTIDIANOS

 Neste capítulo vamos acompanhar a uma série de acontecimentos do cotidiano para exercitar o conhecimento adquirido, sobretudo o olhar quanto ao sistema jurídico. Afinal, um acontecimento tem reflexos em várias áreas do direito.

Está pronto para conhecer as aventuras e desventuras de Just e sua turma no mundo do direito?

Tenho certeza de que você vai se enxergar em algum ou alguns dos casos debatidos a seguir.

10.1 CARRO: PAIXÃO NACIONAL

Como todo brasileiro, além do futebol, Just sempre teve paixão por carros. Desde menino cuidava do carro de seu pai, fazendo questão de deixá-lo sempre limpo e brilhante. Quando foi aprovado no vestibular, para recompensá-lo, seu pai o presenteou com um automóvel Gol, ano 2004. O "Possante", que o acompanhou durante toda a graduação, era o carro mais limpo e bem cuidado de todo o *campus*. Pilotando o Possante, Just viveu muitas aventuras mas, depois de algum tempo, resolveu vender o veículo ao seu primo *Rodinho*, para adquirir um carro mais novo. Assinou o documento de transferência de veículo para efetivar a venda, recebeu o valor, que juntou a algumas economias, e comprou à vista um automóvel Gol, ano 2010, cor preta, que apelidou de "Urubu". Esse seria seu novo companheiro.

Como Just era muito cuidadoso, para se proteger de infortúnios, adquiriu um seguro para o veículo antes mesmo de sair da concessionária, efetuando o pagamento do prêmio[1] à vista.

Após se formar na faculdade, Just conseguiu emprego em uma grande empresa multinacional na capital. Durante todo o período em que cursou a graduação, morou em uma república com amigos, depois voltou para a sua cidade, e por lá ficou trabalhando com o pai durante algumas semanas até ser chamado para esse emprego.

Quando voltou à na capital, estava feliz com o novo emprego – afinal, tinha um ótimo salário e vivia com os antigos colegas da república, que também trabalhavam na zona sul da cidade. Sempre saía com os amigos e, numa noite,

---

[1] Prêmio é o valor que o segurado paga à seguradora pelo seguro para transferir a ela o risco previsto nas condições contratuais. Pagar o prêmio é uma das principais obrigações do segurado.

após um *happy hour*, não encontrou o seu veículo no local estacionado. O Urubu havia desaparecido. Just procurou a delegacia mais próxima e solicitou a lavratura de um boletim de ocorrência (BO) pelo furto de seu veículo e, de posse do BO, acionou a seguradora para comunicar a ocorrência do sinistro.[2]

No entanto, para sua surpresa, embora estivesse adimplente com o pagamento do prêmio, tendo transcorrido apenas seis meses da contratação do seguro pelo prazo de um ano, foi-lhe negado o pagamento da indenização[3] em razão de quebra contratual. Indignado, Just solicitou esclarecimentos. Foi informado, então, que a negativa era devida porque ele não tinha comunicado à seguradora a alteração de endereço, configurando desrespeito ao princípio da boa-fé já que os riscos contratuais normalmente são maiores na capital, com consequente acréscimo do valor do prêmio. Just se defendeu esclarecendo que não comunicou a alteração porque não sabia que devia fazê-lo. Tinha celebrado o contrato de seguro às vésperas de se mudar para capital, justamente por temer esse infortúnio e, em nenhum momento, foi orientado sobre isso pelo corretor. De forma alguma estava agindo de má-fé, e acreditava que o fato não tinha contribuído para o furto. *Como podiam pensar isso dele?*, murmurava *Just*.

Sobre o assunto, o Código Civil (Lei n. 10.406/2002)[4] determina que o segurado tem a obrigação legal de comunicar qualquer alteração que influa no contrato originalmente estabelecido entre as partes, no caso segurado e seguradora, conforme dispõe o art. 766:

> Art. 766. Se o segurado, por si ou por seu representante, fizer declarações inexatas ou omitir circunstâncias que possam influir na aceitação da proposta ou na taxa do prêmio, perderá o direito à garantia, além de ficar obrigado ao prêmio vencido.
>
> Parágrafo único. Se a inexatidão ou omissão nas declarações não resultar de má-fé do segurado, o segurador terá direito a resolver o contrato, ou a cobrar, mesmo após o sinistro, a diferença do prêmio.

Em razão desse ocorrido, pela primeira vez Just contratou os serviços de um advogado para pleitear seus direitos perante a Justiça, valendo-se de seu direito

---

[2] Sinistro refere-se a qualquer evento em que o bem segurado sofre um acidente ou prejuízo material. Representa a materialização do risco, causadora de perdas financeiras para a seguradora. No mercado automotivo um sinistro pode ser parcial ou integral.

[3] Indenização é o valor pago ao segurado quando seu veículo sofre perda total ou não é recuperado após um roubo ou furto de acordo como o contratado. Equivale ao valor do capital segurado da apólice, que é o valor máximo que o segurado pode receber no caso de um sinistro com cobertura.

[4] BRASIL. *Lei n. 10.406, de 10 de janeiro de 2002*. Institui o Código Civil. Disponível em: http://www.planalto.gov.br/ccivil_03/leis/2002/l10406.htm. Acesso em: 15 jul. 2019.

CAPÍTULO 10 | DIREITO APLICADO – CASOS COTIDIANOS   259

subjetivo. Felizmente, diversas e recentes são as decisões dos Tribunais[5] que refutam a má-fé do segurado pela não comunicação de alteração de endereço e que afastam o agravamento de risco pela ausência dessa informação. Just tinha grande chance de vencer o processo e receber o valor referente à indenização previsto na apólice. Ele pleiteou danos morais em virtude da acusação de má-fé que lhe fora imputada, além dos danos materiais pelo período que ficou sem carro.

Sem ter um veículo para se locomover na capital enquanto a ação judicial se desenrolava, Just resolveu financiar um veículo Ford Fiesta, cor branca, modelo *hatch*, ano 2011, que apelidou de "Flash", pois o Urubu não tinha lhe dado sorte.

> Vale ressaltar neste ponto que as seguradoras alertam para o fato de o contratante que não comunicar à seguradora a mudança de dados contratuais como endereço, local de estacionamento e troca de veículo pode até perder a cobertura. Tais informações influem no valor do prêmio, uma vez que modificações dos dados contratuais podem aumentar ou até reduzir os preços das apólices. O cálculo é feito de acordo com o perfil do segurado. Nesse sentido o Procon recomenda ao consumidor avisar sobre qualquer alteração por escrito. *"Qualquer mudança cadastral ou contratual deve sempre ser informada por escrito e protocolada"*.

---

[5] Assim têm decidido os tribunais em diversos Estados. Anotamos dois exemplos que demonstram que a simples não comunicação de alteração de endereço não pode caracterizar má-fé ou agravamento de risco. A primeira decisão é do Tribunal de Minas Gerais e a segunda do Tribunal de São Paulo, com as sínteses abaixo transcritas, podendo ser útil para você, leitor.
a) TJ-MG, Apelação Cível AC 10024096396007001 MG; data de publicação: 21.03.2014.
Ementa: COBRANÇA – SEGURO – ALTERAÇÃO DO ENDEREÇO DO SEGURADO – AUSÊNCIA DE COMUNICAÇÃO – AUSÊNCIA DE PROVA DO AGRAVAMENTO DO RISCO – AUSÊNCIA DE PROVA DA MÁ-FÉ – SEGURO DEVIDO. – A simples ausência da comunicação da alteração do endereço do segurado durante a vigência do contrato de seguro, por si só, não justifica o impedimento ao pagamento da indenização securitária em caso de sinistro, salvo se comprovado o agravamento do risco de forma a contaminar substancialmente o contrato ou se comprovada a má-fé do segurado. V.v. AÇÃO DE COBRANÇA. SEGURO DE VEÍCULO. INDENIZAÇÃO NEGADA. ALEGAÇÃO DE INFORMAÇÕES INVERÍDICAS. AUSÊNCIA DE BOA-FÉ AO CONTRATAR. CONSTATAÇÃO. SENTENÇA MANTIDA. Comprovado que o segurado alterou a verdade dos fatos, impossibilitando a seguradora analisar as reais condições da contratação, é indevida a indenização securitária.
b) TJSP, inteiro teor, Apelação: APL 634524520108260224 SP 0063452-45.2010.8.26.0224; data de publicação: 18.09.2014
Decisão: LACERDA, j. em 11.05.2012. "SEGURO FACULTATIVO DE VEÍCULO – INDENIZAÇÃO — Alteração de endereço... -fé da segurada, ao informar seu endereço, o que afasta por completo a possibilidade de a seguradora se recusar... dos endereços da segurada, mas em via pública. Conforme decidiu a r. sentença: "[...] em que pese a autora..." Para concluirmos, anotamos ainda: Nesse sentido também o posicionamento do C. STJ, no que interessa: "[...] 2. As declarações inexatas ou omissões no questionário de risco em contrato de seguro de veículo automotor não autorizam, automaticamente, a perda da indenização securitária. É preciso que tais inexatidões ou omissões tenham acarretado concretamente o agravamento do risco contratado e decorram de ato intencional do segurado. Interpretação sistemática dos arts. 766, 768 e 769 do CC/02. 3. 'No contrato de seguro, o juiz deve proceder com equilíbrio, atentando às circunstâncias reais, e não a probabilidades infundadas, quanto à agravação dos riscos' (Enunciado n. 374 da IV Jornada de Direito Civil do STJ). [...] 7. Recurso especial não provido" (REsp 1210205-RS, rel. Min. Luis Felipe Salomão, Quarta Turma, j. 01.09.2011).

> **Então, não esqueça:** *comunique sempre a seguradora sobre toda e qualquer alteração* contratual para, no futuro, não ter dor de cabeça!

Este financiamento realizado nada mais é do que um contrato de direito civil estabelecido entre o banco/financeira e Just, e regulado pela lei de alienação fiduciária, que confere ao banco o direito de solicitar ao Judiciário uma liminar de busca e apreensão imediata no caso de inadimplência.

 Então Just, por favor, não atrase as prestações do Flash.

Apesar desse trauma, Just não foi poupado de outro dissabor: soube pelo pai que seu primo, aquele que comprou o Possante, atropelou e feriu gravemente uma pessoa na avenida de sua cidade natal. No dia do sinistro, seu primo estava bêbado, voltando de uma festa e, para piorar, não tinha efetuado a transferência do veículo para o seu nome. Impressionado com o ocorrido, no final de semana Just foi para casa dar um apoio ao seu primo, saber o que realmente tinha acontecido. Foi quando descobriu que o fato de seu primo não ter efetuado a transferência do veículo poderia lhe acarretar graves problemas judiciais, uma vez que a vítima poderia escolher processar o proprietário do veículo ou o motorista que a atropelou. Conversando com o advogado da família, aprendeu tardiamente que o vendedor do veículo tem o prazo de 30 dias previsto no Código de Trânsito Brasileiro – Lei n. 9.503/1997[6] para comunicar a venda ao Departamento Estadual de Trânsito (Detran). Se não o fizer, continua figurando como responsável legal pelo veículo.

> Art. 134. **No caso de transferência de propriedade, o proprietário antigo deverá encaminhar ao órgão executivo de trânsito do Estado dentro de um prazo de trinta dias**, cópia autenticada do comprovante de transferência de propriedade, devidamente assinado e datado, sob pena de ter que se responsabilizar solidariamente pelas penalidades impostas e suas reincidências até a data da comunicação.
>
> Parágrafo único. O comprovante de transferência de propriedade de que trata o caput poderá ser substituído por documento eletrônico, na forma regulamentada pelo Contran.

---

[6] BRASIL. *Lei n. 9.503, de 23 de setembro de 1997*. Institui o Código de Trânsito Brasileiro. Disponível em: http://www.planalto.gov.br/ccivil_03/leis/l9503.htm. Acesso em: 15 jul. 2019.

CAPÍTULO 10 | DIREITO APLICADO – CASOS COTIDIANOS   261

O que Just sabia e a maioria das pessoas sabe é que o vendedor tem o prazo de 30 dias para efetuar a transferência do veículo, de acordo com o previsto no Código Brasileiro de Trânsito,[7] e que ele também teria a obrigação legal de comunicar a venda ao órgão executivo de trânsito.

Art. 123. Será obrigatória a expedição de novo Certificado de Registro de Veículo quando:

I – for transferida a propriedade;

II – o proprietário mudar o Município de domicílio ou residência;

III – for alterada qualquer característica do veículo;

IV – houver mudança de categoria.

§ 1º **No caso de transferência de propriedade, o prazo para o proprietário adotar as providências necessárias à efetivação da expedição do novo Certificado de Registro de Veículo é de trinta dias, sendo que nos demais casos as providências deverão ser imediatas.**

§ 2º No caso de transferência de domicílio ou residência no mesmo Município, o proprietário comunicará o novo endereço num prazo de trinta dias e aguardará o novo licenciamento para alterar o Certificado de Licenciamento Anual.

§ 3º A expedição do novo certificado será comunicada ao órgão executivo de trânsito que expediu o anterior e ao Renavam.

Art. 233. **Deixar de efetuar o registro de veículo no prazo de trinta dias,** junto ao órgão executivo de trânsito, ocorridas as hipóteses previstas no art. 123:

Infração – grave;

Penalidade – multa;

Medida administrativa – retenção do veículo para regularização

No entanto, a não transferência do veículo por parte do comprador e a não informação ao Departamento de Trânsito por parte do vendedor fazem surgir a *responsabilidade civil* pelos atos ilícitos cometidos com o veículo, ou seja, os atos ilícitos que causarem danos a outras pessoas deverão ser reparados, conforme previsão dos arts. 186 e 927 do Código Civil.[8]

Art. 186. Aquele que, **por ação ou omissão** voluntária, negligência ou imprudência, violar direito e **causar dano a outrem**, ainda que exclusivamente moral, **comete ato ilícito**.

---

[7] BRASIL, 1997.

[8] BRASIL, 2002.

> Art. 927. Aquele que, por ato ilícito (arts. 186 e 187), causar dano a outrem, **fica obrigado a repará-lo.**
>
> Parágrafo único. Haverá obrigação de reparar o dano, independentemente de culpa, nos casos especificados em lei, ou quando a atividade normalmente desenvolvida pelo autor do dano implicar, por sua natureza, risco para os direitos de outrem.

O primo de Just, Rodinho, infringiu normas de trânsito, de direito penal e ele ainda está sujeito às obrigações do direito civil.

É de conhecimento de todos que beber e dirigir são verbos que não combinam, e que a chamada "Lei Seca" alterou o CTB, criminalizando com mais severidade esta conduta, além de sujeitar o infrator a se submeter ao bafômetro e, se este se negar e os sinais de embriaguez foram evidentes, esta será constatada pelo agente de trânsito.

Assim, Rodinho, estará sujeito a várias penalidades.

- Da embriaguez resultam penalidades do CTB: pontos na Carteira Nacional de Habilitação (CNH), multa e perda da habitação provisória ou definitivamente, a depender da ocorrência, além da penalidade de multa e apreensão do veículo por não efetuar a transferência para o seu nome.
- Da lesão corporal grave resulta a penalidade do Decreto-lei n. 2.848/1940, o Código Penal,[9] e como ele estava embriagado a conduta será considerada dolosa, a pena será mais grave, podendo variar de 1 a 8 anos de reclusão, a depender dos resultados para a vítima (art. 129, §§ 1º e 2º do CP).
- Dos danos causados à vítima, caberá aplicação dos citados artigos (arts. 186 e 927) do Código Civil, que serão verificados de acordo com o resultado produzido na vítima, além das despesas hospitalares, danos morais etc.

 Espero que este exemplo, com seus desdobramentos, tenha auxiliado você no entendimento do direito como sistema, pois um fato pode acarretar consequências em diversos subsistemas concomitantemente.

Agora nosso amigo Just está ansioso sobre os desdobramentos do seu processo contra a seguradora, e que a vítima de Rodinho saia logo do hospital.

10.2 O AMOR ESTÁ NO AR

Dust já está no 4º ano da faculdade. Ele era o cara mais popular, amigo de todos, presidente do centro acadêmico, coordenador de uma Organização não Governamental (ONG) ambiental, praticava esportes, além de ser

---

[9] BRASIL. *Decreto-lei n. 2.848, de 7 de dezembro de 1940.* Código Penal. Disponível em: http://www.planalto.gov.br/ccivil_03/decreto-lei/Del2848compilado.htm. Acesso em: 15 jul. 2019.

excelente aluno. No início deste ano Dust conheceu a caloura Maybe, menina do interior, meiga e doce, supersimpática, que se engajou na ONG. Maybe tinha apenas 18 anos e se mostrava muito madura profissionalmente, porém, na vida pessoal e amorosa, era bastante indecisa. Dust sentia que ela tinha interesse por ele mas, quando se aproximava, ela sempre fugia, até que no Baile da Espuma eles começaram a namorar e algumas semanas depois, apesar da indecisão dela, tiveram sua primeira noite de amor. Foi mágico! Ele foi doce e gentil e ela sentiu-se muito especial.

Ao amanhecer do sábado, ele a deixou na sua república e disse que iria para São Paulo ver sua mãe, assinar documentos referentes aos negócios de seu pai, que era falecido e, sobretudo, contar a grande novidade para a mãe. Ele queria revelar que encontrara a mulher da sua vida! Despediram-se carinhosamente e Maybe entrou na república eufórica, falando para suas amigas sobre a emoção da sua primeira noite de amor com o príncipe dos príncipes, já contando os minutos para revê-lo. Ele havia prometido retornar no domingo à tarde.

A noite de domingo chegou e Dust não deu sinal de vida. Maybe ligou e o celular estava na caixa postal. Ela ficou aflita. As amigas a acalmavam dizendo que ele deveria estar no trânsito. Porém, com a volta dos alunos de São Paulo, chegou a notícia: Dust sofrera um acidente na manhã de sábado e morrera no local, tendo sido enterrado no domingo à tarde.

O desespero tomou conta de Maybe, que correu para a faculdade, onde o choro invadiu os corredores, os amigos todos só falando sobre isso... Semanas se passaram até que a jovem descobriu que estava grávida. Do desespero à alegria, do desalento ao medo, ela foi tomada por uma explosão de sentimentos. Depois de conversar com as amigas, decidiu procurar a mãe de Dust e contar sobre a gravidez. Afinal, ele era filho único e a mãe, com certeza ficaria feliz com a novidade. Chegando ao endereço, Maybe e as amigas depararam-se com uma mansão no bairro dos Jardins, em São Paulo. Foram atendidas por um mordomo e, depois de muito insistir, conseguiram ser recebidas pela mãe de Dust. Uma mulher muito elegante caminhou em direção às meninas que a cumprimentaram e expressaram seus sentimentos. Quando Maybe contou que era sua namorada, aquela elegante mulher a contestou dizendo que seu filho não tinha namorada. Maybe docemente disse que ele iria contar a ela naquele final de semana e emendou dizendo que estava grávida. Sem deixar que Maybe continuasse, a mulher bradou:

— Vagabunda! Saia da minha casa! Saiam todas! Você sabia que meu filho era rico e veio dar o golpe da barriga!

Maybe tentou explicar, mas foi expulsa da casa. Desesperadas, as amigas voltaram para a cidade onde estudavam. Nenhuma delas podia imaginar que aquele menino maravilhoso tivesse uma mãe tão horrível. Como ele podia ser tão simples e humilde sendo tão rico?

Com o apoio dos amigos, Maybe seguiu com a gravidez. Algum tempo depois, lembrando-se das aulas de direito que teve na disciplina Instituições de Direito,

264   Instituições de Direito

ela decidiu lutar pelos direitos de seu filho, afinal, ele seria herdeiro de Dust e o Código Civil põe a salvo os direitos do nascituro desde a concepção, bastando que nasça com vida para adquirir personalidade jurídica. Ficando provado que Dust era o pai do bebê, seu filho teria direito ao nome e aos bens da família. Chegou o dia do parto e nasceu um lindo menino, que respirou forte e recebeu o nome de Dust Júnior. Ajuizada a ação de investigação de paternidade Maybe comprovou a paternidade de Dust, permitindo ao bebê receber, além da filiação paterna, o uso do nome da família e o direito aos bens pertencentes a Dust – herdados quando da morte de seu pai —, que passaram exclusivamente para Dust Junior, seu único herdeiro. Afinal, na linha sucessória, os descendentes excluem os ascendentes.

Com essa constatação, adveio o direito de visita da avó do bebê, e Maybe ficou feliz por isso. Seu filho precisava conhecer suas origens paternas.

Se não fosse o direito, ela não teria como dar uma filiação a seu filho. Os bens materiais não importavam para Maybe que, na condição de representante legal de seu filho, passou a gerir seu patrimônio até que ele atinja a maioridade e, com capacidade plena, possa administrar seus bens.

10.3 A MORTE CHEGA PARA TODOS

Just está muito triste. Soube hoje da morte súbita de seu avô, Ton, que deixou, além de sua mãe, Joy, sua avó, Grisalda, seus tios But e Bup, ambos casados, e sua tia Owna, que é solteira, além de um filho tido fora do casamento, Bast, e um total de nove netos. Apesar da dor pela morte do Sr. Ton, os parentes só falavam da repartição da herança. O homem possuía uma fazenda no interior de Goiás, três casas de aluguel na cidade, uma empresa de consultoria agrícola, além da casa em que residia a família.

O vovô Ton era casado havia 50 anos no regime de comunhão universal de bens. Por isso, metade de todos os bens deixados ficou para a vovó Grisalda, que, conforme a lei, sempre foi sua meeira. Sua herança, na verdade, é metade do patrimônio total adquirido pelo casal.

O falecido deixou cinco filhos – Joy, But, Bup, Owna e Bast – como herdeiros de seu patrimônio, o que significa dizer que, da metade pertencente a ele, cada filho receberá uma quinta parte dos bens. Nesse caso, os netos não são seus herdeiros, nem a viúva, por ser casada em comunhão universal de bens, que permanece com o direito a habitação, ou seja, apesar de ½ da casa pertencer aos filhos, ela tem o direito legal de continuar vivendo na casa do casal. A herança foi distribuída da seguinte forma:

- **fazenda em Goiás:** metade para a viúva (meeira); metade para os 5 filhos, sendo 1/5 para cada um;
- **três casas de aluguel:** metade para a viúva (meeira); metade para 5 filhos, sendo 1/5 para cada um;

- **empresa de consultoria agrícola:** metade para a viúva (meeira); metade para os 5 filhos, sendo 1/5 para cada um;
- **casa de moradia:** direito de moradia para a viúva, que detém metade do direito (meeira); metade para os 5 filhos, sendo 1/5 para cada um.

 Em toda família o momento da morte é sempre muito triste, mas depois, durante o processo de partilha de bens, muitas famílias se desintegram, começam as brigas e muitas vezes, vendem a casa com a viúva dentro, para que cada um tenha a sua parte!

10.4 UMA REPÚBLICA DE AMIGAS

Only, Nina e Spring se conheceram na faculdade e decidiram morar juntas em uma república próxima. O pai de Spring figura como locatário e o pai de Nina como fiador. Todos os meses as meninas vão à imobiliária e efetuam regularmente o pagamento. Entretanto, em razão dos horários de estágio, somente Only, tem se responsabilizado por efetuar os pagamentos, por isso recentemente o pai de Nina recebeu uma citação referente a um processo de despejo. Procurou a filha, que descobriu que a amiga Only não pagava o aluguel fazia muitos meses. Elas foram despejadas, além do pai de Nina quase perder a única casa que possuía, na qual vive sua família.

Essa história nos faz discutir algumas questões muito importantes, além da ética e moral de nossos amigos. A figura do fiador é de extrema relevância no direito. É ele que se responsabiliza pelo pagamento do contratante e, ao assumir essa responsabilidade, abre mão do direito de proteger a casa onde mora sua família, seu bem de família, podendo responder pela dívida não paga pelo contratante.

Felizmente, nessa história, foi possível pagar a dívida e não comprometer o bem de família de Nina, embora as três amigas tenham sofrido o despejo (art. 59 da Lei n. 8.245/1991),[10] e amizade desfeita.

Segundo a Lei n. 8.009/1990,[11]

> Art. 3º A impenhorabilidade é oponível em qualquer processo de execução civil, fiscal, previdenciária, trabalhista ou de outra natureza, salvo se movido:
> [...]
> VII – por obrigação decorrente de fiança concedida em contrato de locação.

---

[10] BRASIL. *Lei n. 8.245, de 18 de outubro de 1991*. Dispõe sobre as locações dos imóveis urbanos e os procedimentos a elas pertinentes. Disponível em: http://www.planalto.gov.br/ccivil_03/leis/l8245.htm. Acesso em: 15 jul. 2019.

[11] BRASIL. *Lei n. 8.009, de 29 de março de 1990*. Dispõe sobre a impenhorabilidade do bem de família. Disponível em: http://www.planalto.gov.br/ccivil_03/leis/L8009.htm. Acesso em: 15 jul. 2019.

Então fiquem espertos!

10.5 FESTA NA REPÚBLICA

Feriado prolongado e a mais famosa república do pedaço, a Casa X resolve fazer a maior festança na véspera. Toda a turma frequenta a casa e os amigos dividiram as despesas para comprar cerveja, cachaça, pão e um pouco de carne, porque churrasco de república feito por meninos só tem bebida. Jef, que é o locatário e o "chefe" da casa, ligou o som e a festa correu solta a noite toda, avançando pela madrugada. Era muito rock, sertanejo e funk. Os vizinhos não gostaram, chamaram a polícia e foi lavrado um boletim de ocorrência em razão do barulho. Na data agendada, Jef compareceu ao fórum e, por ser reincidente (afinal, já tinha comparecido em juízo duas outras vezes pelo mesmo motivo), foi condenado a prestar serviços à comunidade. Hoje ele varre semanalmente o parque municipal da cidade.

Como vimos anteriormente, o barulho de uma festa de república pode ser enquadrado como contravenção penal ou crime ambiental, e o infrator receberá sanção.

Então, respeite a lei e, principalmente, os vizinhos!

10.6 UM PAR DE TÊNIS PARA AS AULAS

Rodinaldo comprou um par de tênis novo no início do semestre e o usava diariamente. Um dia, na aula de Instituições, quando a professora falava dos direitos do consumidor, ele comentou havia pago R$ 570,00, em fevereiro, pelos tênis e que, apesar de tão caros, eles estavam "abrindo o bico". Todos riram e a professora perguntou:

— Você lembra a data? Dependendo do dia, você tem direito de reclamar na loja, já que os bens duráveis têm 90 dias de garantia pelo Código de Defesa do Consumidor (CDC).[12]

Na aula seguinte, Rodinaldo procurou a professora com a nota fiscal em mãos. Ele havia comprado os tênis em 26 de fevereiro. Como estavam em 20 de maio, não haviam passado os 90 dias, e realmente o solado dos tênis estava descolando.

Vejamos o que estabelece o CDC:[13]

---

[12] BRASIL. *Lei n. 8.078, de 11 de setembro de 1990*. Dispõe sobre a proteção do consumidor e dá outras providências. Disponível em: http://www.planalto.gov.br/ccivil_03/LEIS/L8078.htm. Acesso em: 15 jul. 2019.
[13] BRASIL, 1990.

> Art. 26. O direito de reclamar pelos vícios aparentes ou de fácil constatação caduca em:
>
> I – trinta dias, tratando-se de fornecimento de serviço e de produtos não duráveis;
>
> II – noventa dias, tratando-se de fornecimento de serviço e de produtos duráveis.

De posse da nota fiscal, e levando em uma sacola o par de tênis que havia usado diariamente até então, Rodinaldo procurou a loja e solicitou o conserto do produto defeituoso, uma vez que fizera uso dos tênis da forma como espera a lei. Nesse momento demonstrou que estava dentro do prazo de garantia legal. Caso não fosse possível o conserto, que fosse feita sua substituição; se nada disso lhe interessasse, ele pediria o dinheiro de volta.

Nesse caso, a loja irá receber o par de tênis e se não puder efetuar a troca, encaminhará ao fabricante para substituição do produto. Quando Rodinaldo receber o novo par de tênis, se outra vez abrir o solado, poderá novamente reclamar e assim sucessivamente até que receba um produto de qualidade ou tenha seu dinheiro de volta.

Novamente recorremos ao CDC:[14]

> Art. 12. O fabricante, o produtor, o construtor, nacional ou estrangeiro, e o importador respondem, independentemente da existência de culpa, pela reparação dos danos causados aos consumidores por defeitos decorrentes de projeto, fabricação, construção, montagem, fórmulas, manipulação, apresentação ou acondicionamento de seus produtos, bem como por informações insuficientes ou inadequadas sobre sua utilização e riscos.
>
> § 1° O produto é defeituoso quando não oferece a segurança que dele legitimamente se espera, levando-se em consideração as circunstâncias relevantes, entre as quais:
>
> I – sua apresentação;
>
> II – **o uso e os riscos que razoavelmente dele se esperam;**

 Sim, ele tem direito, sim! Mesmo sujo e com chulé!

O CDC determina os prazos para reclamação referentes à garantia legal do produto (art. 26), a responsabilidade pelo vício do produto (art. 12) e, caso o vício não seja sanado, existem as escolhas do consumidor para não ficar no prejuízo (art. 18).[15]

---

[14] BRASIL, 1990.
[15] BRASIL, 1990.

> Art. 18. Os fornecedores de produtos de consumo duráveis ou não duráveis respondem solidariamente pelos vícios de qualidade ou quantidade que os tornem impróprios ou inadequados ao consumo a que se destinam ou lhes diminuam o valor, assim como por aqueles decorrentes da disparidade, com as indicações constantes do recipiente, da embalagem, rotulagem ou mensagem publicitária, respeitadas as variações decorrentes de sua natureza, podendo o consumidor exigir a substituição das partes viciadas.
>
> § 1° Não sendo o vício sanado no prazo máximo de trinta dias, pode o consumidor exigir, alternativamente e à sua escolha:
>
> I – a substituição do produto por outro da mesma espécie, em perfeitas condições de uso;
>
> II – a restituição imediata da quantia paga, monetariamente atualizada, sem prejuízo de eventuais perdas e danos;
>
> **III – o abatimento proporcional do preço.**

Você sabia desse direito?

Sabia que um par de tênis com chulé, uma calça usada que ficou com a costura torta na primeira lavada e tantas outras situações lhe dão o direito de reclamar e ter a troca do produto?

O CDC é nosso! Tome posse dessa lei!

Vista-se de cidadania!

Exercite seus direitos!

10.7 NAS REDES SOCIAIS

Aurora é amiga de Joy, que namora But. Elas sempre saem juntas, curtem tudo o que uma e outra postam no Facebook, compartilham quase tudo, exceto But. Alguns amigos alertam Joy para o fato de Aurora não ser sincera, não ser uma amiga de verdade sentir inveja dela, mas Joy, com seu jeito alto astral, acha tudo isso um absurdo. Até que, certo dia, desaparece uma máquina fotográfica no laboratório onde só estavam as duas, e Aurora acusa Joy pelo furto, para o professor, dentro do processo de sindicância, sem que ela saiba. Dias depois, no Facebook de Joy é postado um vídeo íntimo dela e But. Ela se desespera e procura a delegacia para registrar um boletim de ocorrência. Afinal, ninguém tinha sua senha. Realizadas as investigações, verifica-se que Aurora realmente não era sincera, como diz a canção de Carnaval: sempre tivera inveja de Joy e, além de caluniá-la pelo furto da máquina, que foi encontrada em suas coisas, Aurora também a difamara e a injuriara nas redes sociais. Pelo IP, identificou-se que ela tinha usado a senha da amiga, invadindo seu Facebook e vazando o conteúdo íntimo, ferindo a honra de Joy.

CAPÍTULO 10 | DIREITO APLICADO – CASOS COTIDIANOS   269

Aurora cometeu os crimes dos arts. 138, 139 e 140 do Código Penal.[16]

Calúnia

Art. 138. Caluniar alguém, imputando-lhe falsamente fato definido como crime:

Pena – detenção, de seis meses a dois anos, e multa.

§ 1º Na mesma pena incorre quem, sabendo falsa a imputação, a propala ou divulga.

§ 2º É punível a calúnia contra os mortos.

Difamação

Art. 139. Difamar alguém, imputando-lhe fato ofensivo à sua reputação:

Pena – detenção, de três meses a um ano, e multa.

Injúria

Art. 140. Injuriar alguém, ofendendo-lhe a dignidade ou o decoro:

Pena – detenção, de um a seis meses, ou multa.

§ 1º O juiz pode deixar de aplicar a pena:

I – quando o ofendido, de forma reprovável, provocou diretamente a injúria;

II – no caso de retorsão imediata, que consista em outra injúria.

§ 2º Se a injúria consiste em violência ou vias de fato, que, por sua natureza ou pelo meio empregado, se considerem aviltantes:

Pena – detenção, de três meses a um ano, e multa, além da pena correspondente à violência.

§ 3º Se a injúria consiste na utilização de elementos referentes a raça, cor, etnia, religião, origem ou a condição de pessoa idosa ou portadora de deficiência: (Redação dada pela Lei n. 10.741, de 2003)

Pena – reclusão de um a três anos e multa.

A diferença entre cada um dos crimes contra a honra está no conceito de honra de quem sofre a acusação. A calúnia ofende a honra enquanto a pessoa é acusada de um crime; a difamação ataca a honra objetiva, que é a reputação; e a injúria ofende a honra subjetiva, que trata das qualidades do sujeito.

---

[16] BRASIL, 1940.

Nesse caso, de acordo com o art. 5º, X, da CF/1988 e o Código Civil, cabe indenização por danos morais e à imagem de Joy, além de retratação pública, e Joy tem o direito de entrar com ação contra Aurora. No direito penal, deve-se lavrar um boletim de ocorrência para que, por meio do judiciário, possa ser aplicada a pena corresponde ao crime cometido.

Na verdade, nesse exemplo não seria necessário todo esse enredo. O que o Código Penal prevê é que não se deve falar mal dos outros, que fofoca é crime!

Fique esperto com o que fala ou posta nas redes sociais!

10.8 MUDANDO MINHA CIDADE

Desde que estudou os direitos políticos na disciplina de Instituições de Direito, Just sente o desejo de mudar sua cidade. Ele mora em um pequeno município onde os políticos são sempre reeleitos, falta asfaltamento, escola e iluminação pública na periferia, o povo pobre sofre e os ricos ficam sempre mais ricos. Este ano ele completa 19 anos e viu que, pela Constituição Federal, já pode se candidatar a vereador, desde que se filie a um partido político, para fazer leis que beneficiem a todos indistintamente. Caso não venha a ser eleito, ele pode elaborar um projeto de lei municipal de iniciativa popular que, com o apoio de 5% dos eleitores, será discutido na Câmara dos Vereadores. Nesse dia deverão comparecer todos os que apoiaram o projeto para fazer pressão e ter aprovada a lei necessária à cidade. Além disso, Just descobriu também que deve sempre assistir às sessões da Câmara dos Vereadores, participar dos conselhos e associações, pois *é na cidade que a vida acontece!*

Bora participar!
Queridos Just e leitor, muitos e muitos outros exemplos poderiam ser formulados para que vocês pudessem entender o direito, mas ficamos por aqui!

INDÍCE REMISSIVO

A

Aborto, 77-79, 201

Abstratividade, como característica das normas jurídicas, 41

Ação civil pública, instrumento para combater a imoralidade dos atos administrativos, 222

Ação popular, instrumento para combater a imoralidade dos atos administrativos, 222

Administração Pública, conceito
objetivo, 229
subjetivo, 229

Administradores públicos, 49

Advogado(s), 49, 83, 112, 117-118, 122, 147, 187, 258, 260

Agnome, como elemento de distinção, 130

Alistabilidade, 97, 100-101

Antijuricidade, 197

Assembleia Nacional Constituinte, 53

Ato jurídico, 47, 87, 134-136
perfeito, 47

Autonomia da vontade, 141-142, 146

Autoridades consulares, 49

B

Bem comum, como finalidade social, 3

Bens jurídicos, 59, 69
coletivos, 137
consumíveis, 137
divisíveis, 137
fungíveis, 137
indivisíveis, 137
infungíveis, 137
não consumíveis, 137
singulares, 137

Bilateralidade, como característica das normas jurídicas, 41

Bioética, 69

Boa-fé, princípio da, 142

Boletim de ocorrência (BO), 258, 266, 268, 270

C

Câmara dos Deputados Federais, 108, 113

Câmara dos Vereadores, 270

Capacidade de direito, 126-127

Capacidade jurídica, 124
de direito, 126
de fato, 126

Capacidade penal, como aspecto da teoria geral do crime, 195

Cartório,
de Registro Civil, 4
de registro de imóveis, 166
de registro público, 133
de títulos e protesto, 24

Casamento, 17-18, 30, 47, 49, 129, 133, 141, 144, 146-159, 162-163, 171, 173-174
causas suspensivas da celebração do, 152

Caso julgado, 47

Cláusula pétrea, 67, 242

Coação moral irresistível, como causa de exclusão da culpabilidade, 198

Código Civil (CC), 4-5, 28-29, 35, 43, 79, 123, 159, 163, 166, 181, 184, 188, 190, 249, 258, 261-262
parte especial, 123-124
parte geral, 47, 123-124

Código de Defesa do Consumidor (CDC), 5, 29, 35, 87, 207, 215, 266

Código de Trânsito Brasileiro (CTB), 5, 260

Código Penal, 5, 12-15, 18-19, 34, 79, 135, 195, 198-200, 204, 214, 262, 269-270

Código Tributário Nacional, 5, 20, 33

Coercibilidade, como característica das normas jurídicas, 41

Coibição, 208

Coisa julgada, 47, 73, 87

Conceito formal de crime, 196

Conceito material de crime, 196

Consciência pública, formação de, 244

272   Instituições de Direito

Conselho da República, 110

Conselho de Defesa Nacional, 110-111

Consensualismo, princípio do, 143

Constituição Federal de 1988, 5, 31, 117, 144, 195, 207, 218, 239, 242

Constituição federal, definição, 21-22

Consumidor

definição de, 209

Contrato(s), 2, 5-6, 30, 32, 69, 94, 123, 128, 134, 141-143, 146-147, 158, 179, 185, 212-213, 226, 228, 229, 231, 234, 258, 260

Contravenções, 14, 34, 177, 194-195, 202

Controle de qualidade, 208

Convenções internacionais, 77, 88, 209

Crescimento econômico sustentado, 254

Crime

culposo, 13-14, 16, 151, 177, 200

doloso, 14, 16, 73, 86, 200

impossível, 200

sujeito ativo do, 196

sujeito passivo do, 196

tentado, 199

Crimes contra as relações de consumo, 214

Crimes de responsabilidade, 111-112, 117, 120

Culpabilidade, 196

Curatela, 128, 144-145, 152, 167-170

D

Declaração/decretação de ausência, 129

Defensoria Pública, 108, 117, 120, 122

Departamento Nacional de Registro de Comércio (DNRC), 183

Desenvolvimento econômico-social, 244

Desenvolvimento sustentável, como princípio do direito ambiental, 149

Deserdação, 172, 175-176

Desincompatibilização, 102

Despejo, 265

Diário Oficial, 45

Direito

origem do, 4

sentido do termo, 6-7

sinônimos de, 6-7

Direito à informação, 212-213

Direito à vida, 70-71, 77-80, 91, 144, 242-243, 246

Direito administrativo, princípios

da eficiência, 226-229

da impessoalidade, 220-221

da legalidade, 218-219

da moralidade, 221-224

da publicidade, 225-226

Direito adquirido, 47, 73, 87

Direito ambiental, noções básicas, 240-245

Direito civil, 5, 18, 32, 35, 47, 123-177, 179, 260, 262

Direito comercial, 35, 37, 50, 179-180

Direito constitucional, 51-122

alocação do, 36-37

origem do, 51

terminologia do, 51-52

Direito contratual, 141-143

Direito das sucessões, 48, 123-124, 130, 141, 146, 170-176

Direito de família, 18, 47, 123-124, 141, 144-170

Direito de vizinhança, 176-177

Direito(s) difuso(s), 31, 35, 41

características dos, 35-36

externo, 36

interno, 35-36

Direito empresarial, 32, 35, 179-192

Direito fundamental, 77, 207, 242

Direito natural, filosofia do, 22, 201, 239

Direito objetivo, 7, 25-31

Direito Penal, 9, 16-19, 32, 34, 87, 146, 193-205, 262, 270

Direito positivo, 7, 39, 42, 54, 67, 239

Direito privado, 31, 41, 123, 126, 144, 180-181, 217, 219, 221, 230

características do, 35

Direito público, 31-32, 36, 41, 83, 92, 97, 100, 104, 146, 194, 217, 219, 221, 229-230

características do, 33-35

Direito subjetivo, 7, 25-31

Direitos

de primeira geração, 69

de quarta geração, 69

de quinta geração, 69

de segunda geração, 69

de terceira geração, 69

emergentes, 68

Direitos fundamentais, 67-68, 79, 85, 89, 246
  à igualdade, 83-85
  à liberdade, 80-83
  à propriedade, 85
  à segurança, 86
  à vida, 77-80
Direitos políticos, 34, 64, 68-69, 95-103, 109-111, 113, 222, 224, 270
  negativos, 100, 102
Direitos sociais, 58, 62, 66, 68-69, 89-95, 249
Distrito Federal, 54, 62, 64, 90, 96, 103, 107-108, 113, 119, 121, 172, 218, 227-229, 232, 244, 253
Divórcio, 17, 47-49, 123, 133, 156-158, 164-165, 171
Dolo, 200, 221, 253

E

Ecossistemas terrestres, uso sustentável dos, 254
Educação ambiental, como princípio do direito ambiental, 249
Educação, como direito social, 5
Efetividade, como característica das normas jurídicas, 41
Eficácia, como característica das normas jurídicas, 41
Emancipação, 128, 133, 164, 168
  legal, 128
  judicial, 128
  voluntária, 128
Empresa, definição, 181-182
Empresário(s), 35, 41, 92, 179-185, 188-190
Equilíbrio ecológico
  manutenção do, 243-244
Ereptícios, bens, 175
Erro de proibição, como causa de exclusão da culpabilidade, 198
Escritura pública, 49, 147, 166, 174
Estado de necessidade, 197, 201
Estados-membros, 56, 105, 107, 253
Estatuto da Criança e do Adolescente (ECA), 5, 132, 197
Estudo prévio de impacto ambiental (Epia ou EIA), 251-252
  como princípio do direito ambiental, 249

Ética, 6, 17-19, 122, 265
Eutanásia, 78-79
Exclusão de ilicitude, 201
Exequatur, 48

F

Faculdade de Direito de Paris, 52
Fato típico, como aspecto da teoria geral do crime, 196
Fatos jurídicos, 124, 134
  humanos, 134
  naturais, 134
Fenômeno jurídico, 23, 40
Fiador, 265
Filiação paterna, 264
Fiscalização, 73, 189, 243
Fontes do direito, 37, 39-40
  formais, 39
  históricas, 39
  materiais, 39
Fornecedor
  definição de, 209
  obrigações do, 210-212
  responsabilidade objetiva do, 213

G

Garantia contratual, 211
Garantia legal, prazo de, 211, 213, 267
Garantias fundamentais, 56, 64, 66-68, 77, 88, 246
Generalidade, como característica das normas jurídicas, 41
Geração de direitos, 68-69
Gestão da coisa pública, 49
Gestão sustentável da água, 254

H

Habeas data, 76, 87-88, 120, 226
Herança, 73, 123, 134, 148, 155, 160, 170, 172-175, 264
Herdeiros, 72, 149, 152, 154, 171-173, 175, 264
Hierarquia de normas jurídicas, 20
Honra, 69, 71, 80, 155, 225, 268, 269
  crimes contra a, 193, 269

274 Instituições de Direito

I

Ilicitude, 197

    exclusão da, 201

Imoralidade administrativa, 223

Impeachment, 111-112, 115

Impedimento(s), 47, 102, 149, 151-152, 154, 158, 163, 168

Imperatividade, como característica das normas jurídicas, 41

Imputabilidade, 198-199

Inadimplência, 260

Incapacidade de direito, 126

Incapacidade de fato ou de exercício, 127

    absoluta, 127

    relativa, 127

Indignidade, 172, 175

Industrialização inclusiva e sustentável, 254

Inelegibilidade, 102

Informação e notificação ambiental, como princípio do direito ambiental, 249

Infrações penais, 120, 194-195, 202, 208

Infraestruturas resilientes, 254

Inimputabilidade, 198

    por doença mental ou desenvolvimento mental incompleto ou retardado, 198

    por embriaguez completa, proveniente de caso fortuito ou força maior, 198

    por menoridade penal, 199

Interdição, 74, 133, 155, 169, 203

Investigação de paternidade, 264

J

Junta Comercial, 187

L

Legítima defesa, 11, 14-15, 78-79, 197, 201

Legitimidade, como característica das normas jurídicas, 41

Lei da causalidade, 11

Lei da natureza, 12

Lei da Política Nacional do Meio Ambiente (PNMA), 242-245

Lei das Contravenções Penais, 14, 34, 177, 195

Lei de Alienação Fiduciária, 260

Lei de Introdução ao Código Civil (LICC), 43

Lei de Introdução às Normas do Direito Brasileiro (LINDB), 43-50

Lei de Registro Público de Empresas Mercantis, 183

Lei dos Crimes Ambientais, 176-177

Liberdade sindical, 94

Liberdades positivas, 89

Licitação, 217, 220, 230-237

    objeto da, 231

    tipos de, 235

Liminar de busca e apreensão, 260

Linguagem jurídica, 125

Linha sucessória, 264

Livre-arbítrio, 80, 241

Longa manus do Estado, 230

M

Maioridade, 99, 131-132, 134, 150, 152, 164, 167-168, 264

Mandado de segurança, 76, 87-88, 120, 226

Manejo de recursos ambientais, 244

Meação, 149, 157, 171

Meio ambiente, 35, 69, 76, 90-91, 95, 137, 181, 222, 239, 240-241, 243-247

    artificial, 247

    conceito de, 241-242

    cultural, 247

    do trabalho, 247

    natural, 247

Ministério Público, 108, 111, 117-119, 121, 131-132, 156, 164, 170, 175, 222-223

Modalidades licitatórias, 235-236

Moral, 6, 10, 15, 17-19, 22, 28, 71, 74, 80, 86, 99, 125, 161, 165, 176, 198, 200, 215, 225, 261

Municípios, 54, 62, 64, 90, 93, 96, 103, 106-108, 218, 232, 244, 253

N

Nacionalidade, 68, 76, 97-103, 110, 184, 185

    adquirida, 98

    originária, 98

Natureza jurídica de bem difuso, 248

Negócio jurídico, 134, 137, 141, 146, 170

    definição, 135

    elementos acidentais do, 136

    elementos essenciais do, 136

ÍNDICE REMISSIVO 275

elementos naturais do, 136

in abstrato, 136

in concreto, 136

Nome, como elemento individualizador, 130

inalterabilidade do, 131

Nome da família, 264

Nome de solteiro, retomada do, 49

Nome fantasia, 183

Norma penal, 195

características da, 195

Normas constitucionais, 53-54, 58, 60-61

aplicabilidade, 60-62

Normas do Direito Brasileiro, 43

Normas jurídicas, 7, 8-19, 20, 22-23, 25, 32, 35, 39-41, 43, 45-46, 51-52, 194, 217-218

Normas jurídico-positivas, 40

Núcleo constitucional intangível, 67

O

Obediência hierárquica, como causa de exclusão da culpabilidade, 198

Objetivos de Desenvolvimento do Milênio, 254

Objeto do delito, 196

Obrigatoriedade da intervenção estatal, como princípio do direito ambiental, 250, 253

P

Parentes, 102, 150, 153

em linha reta, 162

em linha colateral ou transversal, 150, 162

Participação da coletividade, como princípio do direito ambiental, 250

Partilha dos bens, 49

Patrimônio, 69, 74, 76, 128, 137, 148-149, 166, 168-169, 171, 188, 193, 222, 224-225, 242-243, 247, 251, 264

Patrimônio público, 76, 222, 225, 242-243

Pátrio poder, 163

Paz social, 8, 23, 40

Penas alternativas, 202

Penas privativas de liberdade, 202

detenção, 202

prisão simples, 202

reclusão, 202

Penas restritivas de direitos, 202, 203

Pensão alimentícia, 49

Personalidade jurídica, 125-126, 230, 264

extinção da, 129

Petição, 49, 73, 131

Poder constituinte, 51, 53-57

derivado, 54

originário, 54

Poder Judiciário, 33, 73, 103, 107-108, 116-120, 222, 232

Poder Legislativo, 9, 86, 107, 111, 113-116, 232

Política Nacional de Relações de Consumo, 208

Poluidor pagador e do usuário pagador, como princípio do direito ambiental, 249

Prazo de arrependimento, 213

Prazo para reflexão, 213

Prevenção ambiental, 240

Prevenção e precaução, como princípio do direito ambiental, 249

Princípio da legalidade, 58, 86-89, 218-219

Princípio da perpetuidade da propriedade, 170

Princípios jurídico-constitucionais, 57-58

Princípios político-constitucionais, 57

Processo de despejo, 265

Procon, 29, 259

Produto

definição de, 209

Progressão da pena, 203

Publicidade camuflada, 213

Punibilidade, 196

Q

Qualidade ambiental, 243-245

Qualidade do meio ambiente, preservação da, 244

Quebra contratual, 258

R

Rebus sic stantibus, 143

Recursos ambientais, 243, 244

contribuição pela utilização com fins econômicos, 244

obrigação de recuperar e/ou indenizar os danos causados a, 244

utilização racional, 244

Regime de bens, 47, 146-147, 154, 157, 171, 173-174, 184-185, 189

Regime de falência, 182

Regime Especial Unificado de Arrecadação de Tributos e Contribuições – Simples Nacional, 189

Registro Público de Empresas Mercantis, 182-183, 185, 187

Registro Público de Empresas Sociedade Simples, 187

Regras sociais, 1, 4

Relações de consumo, 29, 35, 208-209, 213-214

Relações jurídicas, 30, 31, 61, 124, 142, 183, 194, 248

Religião, 6, 17, 19, 84, 269

Repressão, 208

República brasileira, 63, 66

    fundamentos da, 63-65

    objetivos fundamentais, 65-66

    princípios, nas relações internacionais, 66

Responsabilidade civil, 107, 141, 261

Responsabilidade objetiva e solidária, como princípio do direito ambiental, 249

Retratação pública, 270

Revolução Industrial, 69, 240

S

Segurança nacional, 108, 243

Senado Federal, 56-57, 99, 108, 111-114, 117, 120

Separação consensual, 49

Sigilo das comunicações telefônicas, 80

Sigilo de correspondência e das comunicações telegráficas, 80

Sistema jurídico, 17, 19, 20-23, 25, 31, 34, 36, 42, 51, 257

Sistema Nacional de Registro de Empresa Mercantil (Sirem), 183

Soberania nacional, 49, 110

Soberania popular, 53, 58, 68, 95-96

Sociedade de economia mista, 230

Sociedade empresarial personificada/tipos societários, 185-188

    anônima, 186, 188

    cooperativa, 188

    em comandita por ações, 186, 188

    em comandita simples, 186, 188

    em nome coletivo, 185, 188

    limitada, 186, 188

    simples, 188

Sociedade

    contratual, 1

    natural, 1

    origem da, 1

Status quo ante, 250

Sucessões, direito das, 48, 123-124, 130, 141, 146, 170-176

Sujeito ativo do crime, 196

Sujeito passivo do crime, 196

Superior Tribunal de Justiça (STJ), 47

Supremo Tribunal Federal (STF), 49, 99, 113, 222

Sustentabilidade social, 255

T

Tecnologias nacionais, 244

Teoria geral do crime, 196-197

Teoria tridimensional do direito, 23-25

Territórios, 103, 108, 119, 244

Testamento, 128, 134-135, 164, 166-167, 175-176

Tipos societários, 185, 188

Títulos de crédito, 141, 179, 190-192

Tomada de decisão apoiada, 169-170

Tribunais de Contas, 233

Turbatio sanguinis, 152

Tutela, 18-19, 34, 79, 144-145, 152, 167-168, 194, 247, 248

Tutor testamentário ou legítimo, 168

U

União estável, 158-163

Uso coletivo, 242-243

Uso do solo

    racionalização do, 243

Uso dos recursos ambientais

    planejamento e fiscalização, 243

V

Vacatio legis, 43, 45

Vício de produto e serviço, 211

Vida civil, atos da, 125-129, 149, 164, 169

Vigência, como característica das normas jurídicas, 41

Vítima, 11, 14-16, 28, 30, 132, 150, 196, 215-216, 260, 262

Voto, 55-57, 59, 96-97, 100-101, 107, 112, 119

Vulnerabilidade do consumidor, 208-209

REFERÊNCIAS

ACQUAVIVA, M. C. *Teoria geral do estado*. São Paulo: Saraiva, 2002.

ARAUJO, L. A. D.; NUNES JR., V. S. *Curso de direito constitucional*. 15. ed. São Paulo: Saraiva, 2011.

AZAMBUJA, D. *Teoria geral do estado*. Porto Alegre: Globo, 1966.

AZEVEDO, A. J. *Negócio jurídico*. São Paulo: Saraiva, 2010.

AZEVEDO, A. V. *Bem de família*. 5. ed. São Paulo: Revista dos Tribunais, 2002.

BANDEIRA DE MELLO, C. A. *Conteúdo jurídico do princípio da igualdade*. 3. ed. São Paulo: Malheiros, 1999.

_____. Direito constitucional. 29. ed. São Paulo: Atlas, 2013. *Curso de direito administrativo*. 11. ed. São Paulo: Malheiros, 1998.

_____. Direito constitucional. 29. ed. São Paulo: Atlas, 2013. *Teoria geral do direito*. São Paulo: Saraiva, 1975.

BOBBIO, N. *A era dos direitos*. Rio de Janeiro: Campus, 1992.

BONAVIDES, P. *Curso de direito constitucional*. 7. ed. São Paulo: Malheiros, 1997.

BRASIL. *Ato das disposições constitucionais transitórias*. Disponível em: http://www.planalto.gov.br/ccivil_03/constituicao/constituicao.htm#adct. Acesso em: 15 jul. 2019.

BRASIL. COMISSÃO DE DIREITOS HUMANOS E MINORIAS. *Declaração de direitos da criança*. Adotada pela Assembleia das Nações Unidas de 20 de novembro de 1959 e ratificada pelo Brasil; através do art. 84, inciso XXI, da Constituição, e tendo em vista [...]. Disponível em: https://www2.camara.leg.br/atividade-legislativa/comissoes/comissoes-permanentes/cdhm/comite-brasileiro-de-direitos-humanos-e-politica-externa/DeclDirCrian.html. Acesso em: 15 jul. 2019.

BRASIL. *Constituição da república federativa do Brasil de 1988*. Disponível em: http://www.planalto.gov.br/ccivil_03/constituicao/constituicaocompilado.htm. Acesso em: 15 jul. 2019.

BRASIL. *Constituição política do império do Brazil (de 25 de março de 1824)*. Disponível em: http://www.planalto.gov.br/ccivil_03/constituicao/constituicao24.htm. Acesso em: 15 jul. 2019.

BRASIL. *Decreto n. 2.044, de 31 de dezembro de 1908.* Define a letra de câmbio e a nota promissória e regula as operações cambiais. Disponível em: http://www.planalto.gov.br/ccivil_03/decreto/historicos/dpl/DPL2044-1908.htm. Acesso em: 15 jul. 2019.

BRASIL. *Decreto n. 3.555, de 8 de agosto de 2000.* Aprova o regulamento para a modalidade de licitação denominada pregão, para aquisição de bens e serviços comuns. Disponível em: http://www.planalto.gov.br/ccivil_03/decreto/D3555.htm. Acesso em: 15 jul. 2019.

BRASIL. *Decreto n. 4.297, de 10 de julho de 2002.* Regulamenta o art. 9º, inciso II, da Lei n. 6.938, de 31 de agosto de 1981, estabelecendo critérios para o Zoneamento Ecológico-Econômico do Brasil – ZEE, e dá outras providências. Disponível em: http://www.planalto.gov.br/ccivil_03/decreto/2002/D4297.htm. Acesso em: 15 jul. 2019

BRASIL. *Decreto n. 5.450, de 31 de maio de 2005.* Regulamenta o pregão, na forma eletrônica, para aquisição de bens e serviços comuns, e dá outras providências. Disponível em: http://www.planalto.gov.br/ccivil_03/_Ato2004-2006/2005/Decreto/D5450.htm. Acesso em: 15 jul. 2019.

BRASIL. *Decreto n. 57.663, de 24 de janeiro de 1966.* Promulga as convenções para adoção de uma lei uniforme em matéria de letras de câmbio e notas promissórias. Disponível em: http://www.planalto.gov.br/ccivil_03/decreto/Antigos/D57663.htm. Acesso em: 15 jul. 2019.

BRASIL. *Decreto n. 9.412, de 18 de junho de 2018.* Atualiza os valores das modalidades de licitação de que trata o art. 23 da Lei n. 8.666, de 21 de junho de 1993. Disponível em: http://www.planalto.gov.br/ccivil_03/_Ato2015-2018/2018/Decreto/D9412.htm. Acesso em 7 set. 2019.

BRASIL. *Decreto-lei n. 1.001, de 21 de outubro de 1969.* Código penal militar. Disponível em: http://www.planalto.gov.br/ccivil_03/decreto-lei/del1001.htm. Acesso em: 15 jul. 2019.

BRASIL. *Decreto-lei n. 2.848, de 7 de dezembro de 1940.* Código penal. Disponível em: http://www.planalto.gov.br/ccivil_03/decreto-lei/del2848compilado.htm. Acesso em: 15 jul. 2019.

BRASIL. *Decreto-lei n. 201, de 27 de fevereiro de 1967.* Dispõe sobre a responsabilidade dos prefeitos e vereadores, e dá outras providências. Disponível em: http://www.planalto.gov.br/ccivil_03/Decreto-Lei/Del0201.htm. Acesso em: 15 jul. 2019.

BRASIL. *Decreto-lei n. 3.200, de 19 de abril de 1941.* Dispõe sobre a organização e proteção da família. Disponível em: http://www.planalto.gov.br/ccivil_03/Decreto-Lei/Del3200.htm. Acesso em: 15 jul. 2019.

BRASIL. *Decreto-lei n. 3.688, de 3 de outubro de 1941*. Lei das contravenções penais. Disponível em: http://www.planalto.gov.br/ccivil_03/decreto-lei/Del3688.htm. Acesso em: 15 jul. 2019.

BRASIL. *Decreto-lei n. 3.689, de 3 de outubro de 1941*. Código de processo penal. Disponível em: http://www.planalto.gov.br/ccivil_03/decreto-lei/del3689compilado.htm. Acesso em: 15 jul. 2019.

BRASIL. *Decreto-lei n. 4.657, de 4 de setembro de 1942*. Lei de introdução às normas do direito brasileiro. Disponível em: http://www.planalto.gov.br/ccivil_03/Decreto-Lei/Del4657.htm. Acesso em: 9 set. 2019.

BRASIL. *Decreto-lei n. 5.452, de 1º de maio de 1943*. Aprova a consolidação das leis do trabalho. Disponível em: http://www.planalto.gov.br/ccivil_03/decreto-lei/del5452.htm. Acesso em: 15 jul. 2019.

BRASIL. *Emenda Constitucional n. 19, de 4 de junho de 1998*. Modifica o regime e dispõe sobre princípios e normas da administração pública, servidores e agentes políticos, controle de despesas e finanças públicas e custeio de atividades a cargo do Distrito Federal, e dá outras providências. Disponível em: http://www.planalto.gov.br/ccivil_03/Constituicao/Emendas/Emc/emc19.htm. Acesso em: 15 jul. 2019.

BRASIL. *Emenda Constitucional n. 23, de 2 de setembro de 1999*. Altera os arts. 12, 52, 84, 91, 102 e 105 da Constituição Federal (criação do Ministério da Defesa). Disponível em: http://www.planalto.gov.br/ccivil_03/constituicao/Emendas/Emc/emc23.htm. Acesso em: 15 jul. 2019.

BRASIL. *Emenda Constitucional n. 50, de 14 de fevereiro de 2006*. Modifica o art. 57 da Constituição Federal. Disponível em: http://www.planalto.gov.br/ccivil_03/constituicao/emendas/emc/emc50.htm. Acesso em: 15 jul. 2019.

BRASIL, *Lei Complementar n. 64 de 18 de maio de 1990*. Estabelece, de acordo com o art. 14, § 9º da Constituição Federal, casos de inelegibilidade, prazos de cessação, e determina outras providências. Disponível em: http://www.planalto.gov.br/ccivil_03/LEIS/LCP/Lcp64.htm. Acesso em 1º set. 2019.

BRASIL. *Lei Complementar n 78, de 30 de dezembro de 1993*. Disciplina a fixação do número de deputados, nos termos do art. 45, § 1º, da Constituição Federal. Disponível em: http://www.planalto.gov.br/ccivil_03/LEIS/LCP/Lcp78.htm. Acesso em: 15 jul. 2019.

BRASIL. *Lei Complementar n. 101, de 4 de maio de 2000*. Estabelece normas de finanças públicas voltadas para a responsabilidade na gestão fiscal e dá outras providências. Disponível em: http://www.planalto.gov.br/ccivil_03/leis/lcp/lcp101.htm. Acesso em: 15 jul. 2019.

BRASIL. *Lei Complementar n. 107, de 26 de abril de 2001.* Altera a Lei Complementar n. 95, de 26 de fevereiro de 1998. Disponível em: http://www.planalto.gov.br/ ccivil_03/LEIS/LCP/Lcp107.htm#art1. Acesso em: 15 jul. 2019.

BRASIL. *Lei Complementar n. 123, de 14 de dezembro de 2006.* Institui o estatuto nacional da microempresa e da empresa de pequeno porte; altera dispositivos das Leis n. 8.212 e 8.213, ambas de 24 de julho de 1991, da consolidação das leis do trabalho (CLT), aprovada pelo Decreto-Lei n. 5.452, de 1º de maio de 1943, da Lei n. 10.189, de 14 de fevereiro de 2001, da Lei Complementar n. 63, de 11 de janeiro de 1990; e revoga as Leis n. 9.317, de 5 de dezembro de 1996, e 9.841, de 5 de outubro de 1999. Disponível em: http://www.planalto.gov.br/ccivil_03/leis/lcp/lcp123.htm. Acesso em: 15 jul. 2019.

BRASIL. *Lei Complementar n. 95, de 26 de fevereiro de 1998.* Dispõe sobre a elaboração, a redação, a alteração e a consolidação das leis, conforme determina o parágrafo único do art. 59 da Constituição Federal, e estabelece normas para a consolidação dos atos normativos que menciona. Disponível em: http://www.planalto.gov.br/ ccivil_03/LEIS/LCP/Lcp95.htm. Acesso em: 15 jul. 2019.

BRASIL. *Lei n. 4.737, de 15 de julho de 1965.* Institui o código eleitoral. Disponível em: http://www.planalto.gov.br/ccivil_03/leis/l4737.htm. Acesso em: 15 jul. 2019.

BRASIL. *Lei n. 1.079, de 10 de abril de 1950.* Define os crimes de responsabilidade e regula o respectivo processo de julgamento. Disponível em: http://www.planalto. gov.br/ccivil_03/leis/l1079.htm. Acesso em: 15 jul. 2019.

BRASIL. *Lei n. 5.292, de 8 de junho de 1967.* Dispõe sôbre a prestação do serviço militar pelos estudantes de medicina, farmácia, odontologia e veterinária e pelos médicos, farmacêuticos, dentistas e veterinários em decorrência de dispositivos da Lei n. 4.375, de 17 de agosto de 1964. Disponível em: http://www.planalto.gov.br/ ccivil_03/LEIS/1950-1969/L5292.htm. Acesso em 1º set. 2019.

BRASIL. *Lei n. 10.257, de 10 de julho de 2001.* Regulamenta os arts. 182 e 183 da Constituição Federal, estabelece diretrizes gerais da política urbana e dá outras providências. Disponível em: http://www.planalto.gov.br/ccivil_03/leis/leis_2001/ l10257.htm. Acesso em: 15 jul. 2019.

BRASIL. *Lei n. 10.406, de 10 de janeiro de 2002.* Institui o código civil. Disponível em: http://www.planalto.gov.br/ccivil_03/leis/2002/l10406.htm. Acesso em: 15 jul. 2019.

BRASIL. *Lei n. 10.520, de 17 de julho de 2002.* Institui, no âmbito da união, estados, distrito federal e municípios, nos termos do art. 37, inciso XXI, da Constituição Federal, modalidade de licitação denominada pregão, para aquisição de bens e serviços comuns, e dá outras providências. Disponível em: http://www.planalto.gov. br/ccivil_03/leis/2002/l10520.htm. Acesso em: 15 jul. 2019.

BRASIL. *Lei n. 10.741, de 1º de outubro de 2003*. Dispõe sobre o estatuto do idoso e dá outras providências. Disponível em: http://www.planalto.gov.br/ccivil_03/leis/2003/l10.741.htm. Acesso em: 15 jul. 2019.

BRASIL. *Lei n. 11.101, de 9 de fevereiro de 2005*. Regula a recuperação judicial, a extrajudicial e a falência do empresário e da sociedade empresária. Disponível em: http://www.planalto.gov.br/ccivil_03/_Ato2004-2006/2005/Lei/L11101.htm. Acesso em: 15 jul. 2019.

BRASIL. *Lei n. 11.106, de 28 de março de 2005*. Altera os arts. 148, 215, 216, 226, 227, 231 e acrescenta o art. 231-A ao Decreto-Lei n. 2.848, de 7 de dezembro de 1940 – código penal e dá outras providências. Disponível em: http://www.planalto.gov.br/ccivil_03/_Ato2004-2006/2005/Lei/L11106.htm. Acesso em: 15 jul. 2019.

BRASIL. *Lei n. 11.107, de 6 de abril de 2005*. Dispõe sobre normas gerais de contratação de consórcios públicos e dá outras providências. Disponível em: http://www.planalto.gov.br/ccivil_03/_Ato2004-2006/2005/Lei/L11107.htm. Acesso em: 15 jul. 2019.

BRASIL. *Lei n. 12.016, de 7 de agosto de 2009*. Dispõe sobre o mandado de segurança individual e coletivo e dá outras providências. Disponível em: http://www.planalto.gov.br/ccivil_03/_ato2007-2010/2009/lei/l12016.htm. Acesso em: 15 jul. 2019.

BRASIL. *Lei n. 12.232, de 29 de abril de 2010*. Dispõe sobre as normas gerais para licitação e contratação pela administração pública de serviços de publicidade prestados por intermédio de agências de propaganda e dá outras providências. Disponível em: http://www.planalto.gov.br/ccivil_03/_ato2007-2010/2010/lei/l12232.htm. Acesso em: 15 jul. 2010.

BRASIL. *Lei n. 12.349, de 15 de dezembro de 2010*. Altera as Leis n. 8.666, de 21 de junho de 1993, 8.958, de 20 de dezembro de 1994, e 10.973, de 2 de dezembro de 2004; e revoga o § 1º do art. 2º da Lei n. 11.273, de 6 de fevereiro de 2006. Disponível em: http://www.planalto.gov.br/ccivil_03/_Ato2007-2010/2010/Lei/L12349.htm. Acesso em: 15 jul. 2019.

BRASIL. *Lei n. 12.462, de 4 de agosto de 2011*. Institui o regime diferenciado de contratações públicas (RDC); [...]. Disponível em: http://www.planalto.gov.br/ccivil_03/_Ato2011-2014/2011/Lei/L12462.htm. Acesso em: 15 jul. 2019.

BRASIL. *Lei n. 13.105, de 16 de março de 2015*. Código de processo civil. Disponívelem:http://www.planalto.gov.br/ccivil_03/_ato2015-2018/2015/lei/l13105.htm. Acesso em: 15 jul. 2019.

BRASIL. *Lei n. 13.146, de 6 de julho de 2015*. Institui a lei brasileira de inclusão da pessoa com deficiência (Estatuto da Pessoa com Deficiência). Disponível em: http://www.planalto.gov.br/ccivil_03/_ato2015-2018/2015/lei/l13146.htm. Acesso em: 15 jul. 2019.

BRASIL. *Lei n. 13.300, de 23 de junho de 2016*. Disciplina o processo e o julgamento dos mandados de injunção individual e coletivo e dá outras providências. Disponível em: http://www.planalto.gov.br/ccivil_03/_ato2015-2018/2016/lei/L13300. htm. Acesso em: 15 jul. 2019.

BRASIL. *Lei n. 13.445, de 24 de maio de 2017*. Institui a lei de migração. Disponível em: http://www.planalto.gov.br/ccivil_03/_ato2015-2018/2017/lei/l13445.htm. Acesso em: 15 jul. 2019.

BRASIL. *Lei n. 4.504, de 30 de novembro de 1964*. Dispõe sobre o estatuto da terra, e dá outras providências. Disponível em: http://www.planalto.gov.br/ccivil_03/leis/l4504.htm. Acesso em: 15 jul. 2019.

BRASIL. *Lei n. 4.591, de 16 de dezembro de 1964*. Dispõe sôbre o condomínio em edificações e as incorporações imobiliárias. Disponível em: http://www.planalto.gov.br/ccivil_03/leis/l4591.htm. Acesso em: 15 jul. 2019.

BRASIL. *Lei n. 4.717, de 29 de junho de 1965*. Regula a ação popular. Disponível em: http://www.planalto.gov.br/ccivil_03/LEIS/L4717.htm. Acesso em: 15 jul. 2019.

BRASIL. *Lei n. 5.172, de 25 de outubro de 1966*. Dispõe sobre o sistema tributário nacional e institui normas gerais de direito tributário aplicáveis à união, estados e municípios. Disponível em: http://www.planalto.gov.br/ccivil_03/leis/l5172.htm. Acesso em: 15 jul. 2019.

BRASIL. *Lei n. 5.474, de 18 de julho de 1968*. Dispõe sobre as duplicatas, e dá outras providências. Disponível em: http://www.planalto.gov.br/ccivil_03/leis/l5474. htm. Acesso em: 15 jul. 2019.

BRASIL. *Lei n. 6.015, de 31 de dezembro de 1973*. Dispõe sobre os registros públicos, e dá outras providências. Disponível em: http://www.planalto.gov.br/ccivil_03/leis/L6015compilada.htm. Acesso em: 15 jul. 2019.

BRASIL. *Lei n. 6.404, de 15 de dezembro de 1976*. Dispõe sobre as sociedades por ações. Disponível em: http://www.planalto.gov.br/ccivil_03/leis/l6404consol.htm. Acesso em: 15 jul. 2019.

BRASIL. *Lei n. 6.880, de 9 de dezembro de 1980*. Dispõe sobre o estatuto dos militares. Disponível em: http://www.planalto.gov.br/ccivil_03/LEIS/L6880.htm. Acesso em: 15 jul. 2019.

BRASIL. *Lei n. 6.938, de 31 de agosto de 1981*. Dispõe sobre a política nacional do meio ambiente, seus fins e mecanismos de formulação e aplicação, e dá outras providências. Disponível em: http://www.planalto.gov.br/ccivil_03/LEIS/L6938.htm. Acesso em: 15 jul. 2019.

BRASIL. *Lei n. 7.210, de 11 de julho de 1984*. Institui a Lei de execução penal. Disponível em: http://www.planalto.gov.br/ccivil_03/LEIS/L7210.htm. Acesso em: 15 jul. 2019.

BRASIL. *Lei n. 7.347, de 24 de julho de 1985*. Disciplina a ação civil pública de responsabilidade por danos causados ao meio-ambiente, ao consumidor, a bens e direitos de valor artístico, estético, histórico, turístico e paisagístico (VETADO) e dá outras providências. Disponível em: http://www.planalto.gov.br/ccivil_03/leis/l7347orig.htm. Acesso em: 15 jul. 2019.

BRASIL. *Lei n. 7.357, de 2 de setembro de 1985*. Dispõe sobre o cheque e dá outras providências. Disponível em: http://www.planalto.gov.br/ccivil_03/leis/L7357.htm. Acesso em: 15 jul. 2019.

BRASIL. *Lei n. 7.716, de 5 de janeiro de 1989*. Define os crimes resultantes de preconceito de raça ou de cor. Disponível em: http://www.planalto.gov.br/ccivil_03/leis/l7716.htm. Acesso em: 15 dez. 2019.

BRASIL. *Lei n. 8.009, de 29 de março de 1990*. Dispõe sobre a impenhorabilidade do bem de família. Disponível em: http://www.planalto.gov.br/ccivil_03/leis/L8009.htm. Acesso em: 15 jul. 2019.

BRASIL. *Lei n. 8.038, de 28 de maio de 1990*. Institui normas procedimentais para os processos que especifica, perante o Superior Tribunal de Justiça e o Supremo Tribunal Federal. Disponível em: http://www.planalto.gov.br/ccivil_03/LEIS/L8038.htm. Acesso em: 15 jul. 2019.

BRASIL. *Lei n. 8.069, de 13 de julho de 1990*. Dispõe sobre o estatuto da criança e do adolescente e dá outras providências. Disponível em: http://www.planalto.gov.br/ccivil_03/leis/l8069.htm. Acesso em: 15 jul. 2019.

BRASIL. *Lei n. 8.078, de 11 de setembro de 1990*. Dispõe sobre a proteção do consumidor e dá outras providências. Disponível em: http://www.planalto.gov.br/ccivil_03/LEIS/L8078.htm. Acesso em: 15 jul. 2019.

BRASIL. *Lei n. 8.080, de 19 de setembro de 1990*. Dispõe sobre as condições para a promoção, proteção e recuperação da saúde, a organização e o funcionamento dos serviços correspondentes e dá outras providências. Disponível em: http://www.planalto.gov.br/ccivil_03/leis/l8080.htm. Acesso em: 15 jul. 2019.

BRASIL. *Lei n. 8.212, de 24 de julho de 1991*. Dispõe sobre a organização da seguridade social, institui plano de custeio, e dá outras providências. Disponível em: http://www.planalto.gov.br/ccivil_03/leis/L8212cons.htm. Acesso em: 15 jul. 2019.

BRASIL. *Lei n. 8.213, de 24 de julho de 1991*. Dispõe sobre os planos de benefícios da previdência social e dá outras providências. Disponível em: http://www.planalto.gov.br/ccivil_03/leis/l8213cons.htm. Acesso em: 15 jul. 2019.

BRASIL. *Lei n. 8.245, de 18 de outubro de 1991*. Dispõe sobre as locações dos imóveis urbanos e os procedimentos a elas pertinentes. Disponível em: http://www.planalto. gov.br/ccivil_03/leis/l8245.htm. Acesso em: 15 jul. 2019.

BRASIL. *Lei n. 8.429, de 2 de junho de 1992*. Dispõe sobre as sanções aplicáveis aos agentes públicos nos casos de enriquecimento ilícito no exercício de mandato, cargo, emprego ou função na administração pública direta, indireta ou fundacional e dá outras providências. Disponível em: http://www.planalto.gov.br/ccivil_03/leis/ l8429.htm. Acesso em: 15 jul. 2019.

BRASIL. *Lei n. 8.666, de 21 de junho de 1993*. Regulamenta o art. 37, inciso XXI, da Constituição Federal, institui normas para licitações e contratos da administração pública e dá outras providências. Disponível em: http://www.planalto.gov.br/ ccivil_03/LEIS/L8666cons.htm. Acesso em: 15 jul. 2019.

BRASIL. *Lei n. 8.742, de 7 de dezembro de 1993*. Dispõe sobre a organização da assistência social e dá outras providências. Disponível em: http://www.planalto.gov.br/ ccivil_03/LEIS/L8742.htm. Acesso em: 15 jul. 2019.

BRASIL. *Lei n. 8.934, de 18 de novembro de 1994*. Dispõe sobre o registro público de empresas mercantis e atividades afins e dá outras providências. Disponível em: http://www.planalto.gov.br/ccivil_03/leis/l8934.htm. Acesso em: 15 jul. 2019.

BRASIL. *Lei n. 8.971, de 29 de dezembro de 1994*. Regula o direito dos companheiros a alimentos e à sucessão. Disponível em: http://www.planalto.gov.br/ccivil_03/ LEIS/L8971.htm. Acesso em: 15 jul. 2019.

BRASIL. *Lei n. 8.987, de 13 de fevereiro de 1995*. Dispõe sobre o regime de concessão e permissão da prestação de serviços públicos previsto no art. 175 da Constituição Federal, e dá outras providências. Disponível em: http://www.planalto.gov.br/ ccivil_03/LEIS/L8987cons.htm. Acesso em: 15 jul. 2019.

BRASIL. *Lei n. 9.051, de 18 de maio de 1995*. Dispõe sobre a expedição de certidões para a defesa de direitos e esclarecimentos de situações. Disponível em: http:// www.planalto.gov.br/ccivil_03/leis/l9051.htm. Acesso em: 15 jul. 2019.

BRASIL. *Lei n. 9.096, de 19 de setembro de 1995*. Dispõe sobre partidos políticos, regulamenta os arts. 17 e 14, § 3º, inciso V, da Constituição Federal. Disponível em: http://www.planalto.gov.br/ccivil_03/leis/l9096.htm. Acesso em: 15 jul. 2019.

BRASIL. *Lei n. 9.099, de 26 de setembro de 1995*. Dispõe sobre os juizados especiais criminais e dá outras providências. Disponível em: http://www.planalto.gov.br/ ccivil_03/leis/l9099.htm. Acesso em: 15 jul. 2019.

BRASIL. *Lei n. 9.278, de 10 de maio de 1996*. Regula o § 3º do art. 226 da Constituição Federal. Disponível em: http://www.planalto.gov.br/ccivil_03/LEIS/L9278.htm. Acesso em: 15 jul. 2019.

BRASIL. *Lei n. 9.279, de 14 de maio de 1996*. Regula direitos e obrigações relativos à propriedade industrial. Disponível em: http://www.planalto.gov.br/ccivil_03/leis/l9279.htm. Acesso em: 15 jul. 2019.

BRASIL. *Lei n. 9.433, de 8 de janeiro de 1997*. Institui a política nacional de recursos hídricos, cria o sistema nacional de gerenciamento de recursos hídricos, regulamenta o inciso XIX do art. 21 da Constituição Federal, e altera o art. 1º da Lei n. 8.001, de 13 de março de 1990, que modificou a Lei n. 7.990, de 28 de dezembro de 1989.

BRASIL. *Lei n. 9.472, de 16 de julho de 1997*. Dispõe sobre a organização dos serviços de telecomunicações, a criação e funcionamento de um órgão regulador e outros aspectos institucionais, nos termos da Emenda Constitucional n. 8, de 1995. Disponível em: http://www.planalto.gov.br/ccivil_03/LEIS/L9472.htm. Acesso em: 15 jul. 2019.

BRASIL. *Lei n. 9.503, de 23 de setembro de 1997*. Institui o código de trânsito brasileiro. Disponível em: http://www.planalto.gov.br/ccivil_03/leis/l9503.htm. Acesso em: 15 jul. 2019.

BRASIL. *Lei n. 9.605, de 12 de fevereiro de 1998*. Dispõe sobre as sanções penais e administrativas derivadas de condutas e atividades lesivas ao meio ambiente, e dá outras providências. Disponível em: http://www.planalto.gov.br/ccivil_03/leis/l9605.htm. Acesso em: 15 jul. 2019.

BRASIL. *Lei n. 9.610, de 19 de fevereiro de 1998*. Altera, atualiza e consolida a legislação sobre direitos autorais e dá outras providências. Disponível em: http://www.planalto.gov.br/ccivil_03/leis/l9610.htm. Acesso em: 15 jul. 2019.

BRASIL. *Lei n. 9.648, de 27 de maio de 1998*. Altera dispositivos das Leis n. 3.890-A, de 25 de abril de 1961, n. 8.666, de 21 de junho de 1993, n. 8.987, de 13 de fevereiro de 1995, n. 9.074, de 7 de julho de 1995, n. 9.427, de 26 de dezembro de 1996, e autoriza o poder executivo a promover a reestruturação da centrais elétricas brasileiras (Eletrobrás) e de suas subsidiárias e dá outras providências. Disponível em: http://www.planalto.gov.br/ccivil_03/leis/L9648cons.htm. Acesso em: 15 jul. 2019.

BRASIL. *Lei n. 9.709, de 18 de novembro de 1988*. Regulamenta a execução do disposto nos incisos I, II e III do art. 14 da Constituição Federal. Disponível em: http://www.planalto.gov.br/ccivil_03/leis/l9709.htm. Acesso em: 15 jul. 2019.

BRASIL. Planalto. *Decreto n. 678, de 6 de novembro de 1992.* Promulga a Convenção Americana sobre Direitos Humanos (Pacto de São José da Costa Rica), de 22 de novembro de 1969. Disponível em: http://www.planalto.gov.br/ccivil_03/decreto/D0678.htm. Acesso em: 23 set. 2019.

BRASIL. Receita Federal. *Resolução CGSN n. 140, de 22 de maio de 2018.* Dispõe sobre o regime especial unificado de arrecadação de tributos e contribuições devidos pelas microempresas e empresas de pequeno porte (simples nacional). Disponível em: http://normas.receita.fazenda.gov.br/sijut2consulta/link.action?visao=anotado&idAto=92278. Acesso em: 15 jul. 2019.

BRASIL. Senado. *Panorama da violência contra as mulheres no Brasil:* indicadores nacionais e estaduais. Disponível em: http://www.senado.gov.br/institucional/datasenado/omv/indicadores/relatorios/BR.pdf. Acesso em: 31 jul. 2018.

BRASIL. STF. *Súmula 365.* Disponível em: http://www.stf.jus.br/portal/jurisprudencia/menuSumarioSumulas.asp?sumula=2667. Acesso em: 15 jul. 2019.

BONAVIDES, P. *Curso de direito constitucional.* 7. ed. São Paulo: Malheiros, 1997.

BULOS, U. L. *Curso de direito constitucional.* São Paulo: Saraiva, 2009.

CANOTILHO, J. J. G. MOREIRA, V. *Constituição da república portuguesa anotada.* 2 ed. v.1. Coimbra: Coimbra, 1984.

CARVALHO, K. G. *Direito constitucional didático.* Belo Horizonte: Del Rey, 2001.

CASTRO, A. M. (org.). *Fome:* um tema proibido. Rio de Janeiro: Civilização Brasileira, 2003.

CASTRO, C. A. P.; FALCÃO, L. P. *Ciência política:* uma introdução. São Paulo: Atlas, 2004.

CASTRO, J. A descoberta da fome. Prefácio. In: *Homens e caranguejos.* Lisboa, 1966.

_____. Direito constitucional. 29. ed. São Paulo: Atlas, 2013. Entrevista concedida a *Terre Entière,* numero double, set. 1972, feita por Jean Prédine e Roger Wellhoff.

_____. Direito constitucional. 29. ed. São Paulo: Atlas, 2013. Subdesenvolvimento: causa primeira de poluição. Trabalho apresentado no Colóquio sobre o Meio em junho de 1972, em Estocolmo. Publicado na revista *O Correio da Unesco,* ano I, n. 3, mar. 1973, In: CASTRO, A. M. (org.). *Fome:* um tema proibido. Rio de Janeiro: Civilização Brasileira, 2003.

CHIMENTI, R. C. et al. *Curso de direito constitucional.* São Paulo: Saraiva, 2007.

COELHO, F. U. *Manual de direito comercial.* São Paulo: Saraiva, 1992.

CONVENÇÃO AMERICANA SOBRE DIREITOS HUMANOS (Assinada na Conferência Especializada Interamericana sobre Direitos Humanos, San José, Costa Rica, em 22 de novembro de 1969). Acesso em: https://www.cidh.oas.org/basicos/portugues/c.convencao_americana.htm. Disponível em: 15 jul. 2019.

DALLARI, D. A. *Elementos de teoria geral do estado*. São Paulo: Saraiva, 2002.

DICIONÁRIO DO AURÉLIO ONLINE. Disponível em: https://dicionariodoaurelio.com/. Acesso em: 15 jul. 2019.

DINIZ, M. H. *Compêndio de introdução à ciência do direito*. São Paulo: Saraiva, 2012.

_____. Direito constitucional. 29. ed. São Paulo: Atlas, 2013. *Curso de direito civil brasileiro:* direito das sucessões. 22. ed. São Paulo: Saraiva, 2005a. v. 6.

_____. Direito constitucional. 29. ed. São Paulo: Atlas, 2013. *Curso de direito civil brasileiro:* direito de família. 22. ed. São Paulo: Saraiva, 2005b. v. 5.

_____. Direito constitucional. 29. ed. São Paulo: Atlas, 2013. *Curso de direito civil brasileiro:* teoria das obrigações contratuais e extracontratuais. 22. ed. São Paulo: Saraiva, 2005c. v. 3.

_____. Direito constitucional. 29. ed. São Paulo: Atlas, 2013. *Curso de direito civil brasileiro:* teoria geral do direito civil. 22. ed. São Paulo: Saraiva, 2005. v. 1.

_____. Direito constitucional. 29. ed. São Paulo: Atlas, 2013. *Lei de introdução ao código civil brasileiro interpretada.* São Paulo: Saraiva, 2012.

_____. Direito constitucional. 29. ed. São Paulo: Atlas, 2013. *Lições de direito empresarial.* 2. ed. São Paulo: Saraiva, 2012.

_____. Direito constitucional. 29. ed. São Paulo: Atlas, 2013. *O estado atual do biodireito.* 6. ed. São Paulo: Saraiva, 2009.

_____. Direito constitucional. 29. ed. São Paulo: Atlas, 2013. *Norma constitucional e seus efeitos.* 3. ed. São Paulo: Saraiva, 1997.

DI PIETRO, M. S. Z. *Direito administrativo.* 26. ed. São Paulo: Atlas, 2013. p. 50.

FARIAS, C. C.; ROSENVALD, N. *Curso de direito civil:* famílias. 6. ed. Salvador: Juspodivm, 2014.

FERRAZ JÚNIOR, T. S. *Estudos de filosofia do direito:* reflexões sobre o poder, a liberdade, a justiça e o direito. São Paulo: Atlas, 2002.

_____. Direito constitucional. 29. ed. São Paulo: Atlas, 2013. *Introdução ao estudo do direito.* São Paulo: Saraiva, 1984.

FERREIRA, A. B. H. *Novo aurélio século XXI:* o dicionário da língua portuguesa. 3 ed. Rio de Janeiro: Nova Fronteira, 1999.

FERREIRA FILHO, M. G. *Curso de direito constitucional.* São Paulo: Saraiva, 2008.

FIORILLO, C. A. P. *Curso de direito ambiental brasileiro.* São Paulo: Saraiva, 2000.

FREDERICO MARQUES, J. *Tratado de direito penal.* Campinas: Bookseller, 1997. v. I.

FRIEDE, R. *Curso analítico de direito constitucional e de teoria geral do estado.* Rio de Janeiro: Forense, 2002.

GAGLIANO, P. S.; PAMPLONA FILHO, R. *Novo curso de direito civil:* parte geral. São Paulo: Saraiva, 2006.

GOMES, O. *Contratos.* Rio De Janeiro: Forense, 2007.

GONÇALVES, C. R. *Direito civil brasileiro:* contratos e atos unilaterais. São Paulo: Saraiva, 2007b. v. 3.

_____. Direito constitucional. 29. ed. São Paulo: Atlas, 2013. *Direito civil brasileiro:* direito das coisas. São Paulo: Saraiva, 2007c. v. 5.

_____. Direito constitucional. 29. ed. São Paulo: Atlas, 2013. *Direito civil brasileiro:* direito de família. São Paulo: Saraiva, 2007a. v. 6.

_____. Direito constitucional. 29. ed. São Paulo: Atlas, 2013. *Direito civil brasileiro:* parte geral. São Paulo: Saraiva, 2007. v. 1.

GUSMÃO, P. D. *Introdução ao estudo do direito.* Rio de Janeiro: Forense, 1984.

HORTA, R. M. *Estudos de direito constitucional.* Belo Horizonte: Del Rey, 1995.

KELSEN, H. *Teoria geral do direito e do estado.* São Paulo: Martins Fontes, 2016.

_____. Direito constitucional. 29. ed. São Paulo: Atlas, 2013. *Teoria pura do direito.* Tradução de João Baptista Machado. 6. ed. São Paulo: Martins Fontes, 1998.

LAFER, C. A *reconstrução dos direitos humanos.* São Paulo: Companhia das Letras, 1998.

LAZARINI NETO, P. *Código penal comentado e leis penais especiais comentadas.* 4. ed. São Paulo: Primeira Impressão, 2010.

LEITE, G. P. J. Fundamentos de direito empresarial. *Âmbito Jurídico,* Rio Grande, XVI, n. 114, jul. 2013. Disponível em: http://www.ambito-juridico.com.br/site/? n_link=revista_artigos_leitura&artigo_id=13463. Acesso em: 15 jul. 2019.

MALUF, S. *Teoria geral do estado.* 25. ed. atual. São Paulo: Saraiva, 1999.

MARTINELLI, J. P. O. *Progressão de regimes e súmula 471 do STJ.* Disponível em: https://jpomartinelli.jusbrasil.com.br/artigos/121938071/progressao-de-regimes-e- -a-sumula-471-do-stj. Acesso em: 15 jul. 2019.

MATEO, R. M. *Derecho ambiental.* Madrid: Instituto de Estudios de Administracion Local, 1977. p. 21.

MAZZA, A. *Manual de direito administrativo.* São Paulo: Saraiva, 2013.

MEIRELLES, H. L. *Direito administrativo brasileiro.* 35 ed. São Paulo: Malheiros, 2002.

_____. Direito constitucional. 29. ed. São Paulo: Atlas, 2013. *Direito administrativo brasileiro.* 30. ed. São Paulo: Malheiros, 2005.

MELLO, C. A. B. *Curso de direito administrativo.* 11. ed. São Paulo: Malheiros, 1998

MENEZES, A. *Teoria geral do estado.* Rio de Janeiro: Forense, 2002.

MILARÉ, E. *Direito do ambiente.* São Paulo: Revista dos Tribunais, 2018.

MONTEIRO, W. B. *Curso de direito civil:* parte geral. São Paulo: Saraiva, 1960.

MORAES, A. *Direito constitucional.* 29. ed. São Paulo: Atlas, 2013.

NUCCI, G. S. *Manual de direito penal.* 7. ed. São Paulo: RT, 2011.

NUNES, L. A. *Manual de introdução ao estudo do direito.* São Paulo: Saraiva, 1996.

PINHO, R. C. R. *Teoria geral da constituição e direitos fundamentais.* São Paulo: Saraiva, 2009.

PIVA, F.; MILHORANZA, M. G. *LICC comentada.* Disponível em: https://www.paginas-dedireito.com.br/index.php/artigos/68-artigos-fev-2008/5990-licc-comentada. Acesso em 8 set. 2019.

RAMOS, A. L. S. C. *Direito empresarial esquematizado.* Rio de Janeiro-São Paulo: Forense/ Método, 2012.

REALE, M. *Lições preliminares de direito.* São Paulo: Saraiva, 1993.

RODRIGUES, S. *Direito civil:* direito das sucessões. São Paulo: Saraiva, 2002.

_____. *Direito constitucional.* 29. ed. São Paulo: Atlas, 2013. *Direito civil:* dos contratos e das declarações unilaterais da vontade. São Paulo: Saraiva, 2002.

ROSS, A. *Direito e justiça.* Tradução de Edson Bini. Revisão técnica de Alysson Leandro Mascaro. Bauru: Edipro, 2000.

SANTOS, M. O. F. F. *Teoria geral do estado.* São Paulo: Atlas, 2001.

SILVA, J. A. *Curso de direito constitucional positivo.* São Paulo: Malheiros, 2006.

_____. Direito constitucional. 29. ed. São Paulo: Atlas, 2013. *Direito ambiental constitucional.* São Paulo: Saraiva, 1999.

SOUZA, L. C. *Águas e sua proteção.* Curitiba: Juruá, 2004.

_____. Direito constitucional. 29. ed. São Paulo: Atlas, 2013. in: CUNHA, B. P.; AUGUSTIN, S.; LIMA, L. G. D.; COSTA, N. R. A. Lacunas da percepção: um olhar na paisagem. *Revista da Faculdade de Direito Padre Anchieta,* Jundiaí, ano 7, n. 11, p. 87-102, maio 2006.

_____. Direito constitucional. 29. ed. São Paulo: Atlas, 2013. O meio ambiente na Constituição Federal. *Revista da Faculdade de Direito Padre Anchieta,* ano 5, n. 9, p. 87--92, nov. 2004.

_____. Direito constitucional. 29. ed. São Paulo: Atlas, 2013. Responsabilidade constitucional ambiental. *In:* FIGUEIREDO, G. J. P. (org.). *Direito ambiental em debate.* APRODAB: Esplanada, 2004. v. 1.

_____. Direito constitucional. 29. ed. São Paulo: Atlas, 2013. União estável. *Revista da Faculdade de Direito Padre Anchieta,* ano 4, n. 6, p. 45-64, maio 2003.

SUNDFELD, C. A. *Fundamentos de direito público.* São Paulo: Malheiros, 2000.

TAVARES, A. R. *Curso de direito constitucional.* 2. ed. São Paulo: Saraiva, 2003.

TEMER, M. *Elementos de direito constitucional.* São Paulo: Revista dos Tribunais, 1990.

TRATA BRASIL. *Ranking do saneamento 2019.* Disponível em: http://www.tratabrasil.org.br/estudos/estudos-itb/itb/ranking-do-saneamento-2019. Acesso em: 15 jul. 2019.

UNICEF BRASIL. *Convenção sobre os direitos da criança.* Disponível em: https://www.unicef.org/brazil/convencao-sobre-os-direitos-da-crianca. Acesso em: 15 jul. 2019.

VELASCO, C.; CAESAR, G.; REIS, T. Cresce o n. de mulheres vítimas de homicídio no Brasil: dados de feminicídio são subnotificados. *G1,* mar. 2018. Disponível em: https://g1.globo.com/monitor-da-violencia/noticia/cresce-n-de-mulheres-vitimas-de-homicidio-no-brasil-dados-de-feminicidio-sao-subnotificados.ghtml. Acesso em: 31 jul. 2018.

VENOSA, S. S. *Direito civil:* direito das sucessões. São Paulo: Atlas, 2003b.

_____. Direito constitucional. 29. ed. São Paulo: Atlas, 2013. *Direito civil:* direito de família. São Paulo: Atlas, 2003a.

_____. Direito constitucional. 29. ed. São Paulo: Atlas, 2013. *Direito civil:* parte geral. São Paulo: Atlas, 2003.

_____. Direito constitucional. 29. ed. São Paulo: Atlas, 2013. *Lei do inquilinato comentada.* 10. ed. São Paulo: Atlas, 2010.